中国外语教育研究丛书

刘道义　主编

范文芳　庞建荣　著

英语听说教学论

YINGYU TINGSHUO JIAOXUELUN

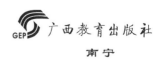

广西教育出版社

南宁

图书在版编目（ＣＩＰ）数据

英语听说教学论 / 范文芳，庞建荣著. —南宁：广西教育出版社，2018.12（2022.8 重印）
（中国外语教育研究丛书 / 刘道义主编）
ISBN 978-7-5435-8610-9

Ⅰ．①英… Ⅱ．①范… ②庞… Ⅲ．①英语－听说教学－教学研究 Ⅳ．①H319.9

中国版本图书馆 CIP 数据核字（2018）第 286990 号

策　　划	黄力平	装帧设计	刘相文
组稿编辑	邓　霞　黄力平	责任技编	胡庆团
责任编辑	陶春艳	责任校对	石　刚　钟秋兰
封面题字	李　雁		

出 版 人：石立民
出版发行：广西教育出版社
地　　址：广西南宁市鲤湾路 8 号　　邮政编码：530022
电　　话：0771-5865797
本社网址：http://www.gxeph.com
电子信箱：gxeph@vip.163.com
印　　刷：广西昭泰子隆彩印有限责任公司
开　　本：787mm×1092mm　1/16
印　　张：20
字　　数：296 千字
版　　次：2018 年 12 月第 1 版
印　　次：2022 年 8 月第 4 次印刷
书　　号：ISBN 978-7-5435-8610-9
定　　价：48.00 元

如发现印装质量问题，影响阅读，请与出版社联系调换。

序 一

　　由广西教育出版社策划、刘道义研究员主编的"中国外语教育研究丛书"是出版界和外语教学界紧密合作的一个重大项目。广西教育出版社归纳了本丛书的几个特色：基于中国特色的比较研究，原创性、研究性和可操作性，理论与实践相结合，学科和语种相融合，可读性较强。道义研究员则谈到五点，即理论性、实践性、创新性、研究性、可读性。我非常赞同来自出版社和主编的归纳和总结，尽可能不再重复。在这里，只是从时代性方面汇报一下自己的感受。第一，本丛书上述各个特色具有新时期所散发的时代气息。众所周知，我国的外语教育在 20 世纪 50 年代以俄语及其听、说、读、写四项技能的教学为主，改革开放后强调的是英语交际教学法。进入新时期后，我国外语教育的指导思想着眼于如何更好地为"一带一路"倡议和"教书育人"素质教育服务。应该说，外语教材和有关外语教学理念的专著在我国不同时期均有出版，但本丛书更能适应和满足新时期的要求。如果说过去出版社关注的是如何让外语教材在市场上占有一定的份额，那么，本丛书更关注的是如何指导外语教师做好本职工作，完成国家和学校所交给的任务，让学生收到更好的学习效果，让家长和社会提高对外语教学重要性的认识。当然，这套丛书也帮助外语教师实现从"教书匠"转变为真正的外语教学工作者，使他们既是教师，又是研究者。第二，本丛书的内容不仅适用于英、俄、日、法、德等传统外语语种，也适用于其他非通用语种。第三,就本丛书的选题而言,除传统的技能教学和教育学外,还有社会学、心理学、哲学、美学、神经学等内容。这体现了当代多种学科相互融合的先进思想。随着信息技术的发展,多模态的课堂教学和网络教学已成为本丛书关注的选题内容。

我和本丛书的主编刘道义研究员相识多年。由于她从不张扬,因此我有必要以老大哥的身份来介绍一下她。第一,道义自1960年从北京外国语学院(今北京外国语大学)毕业后,从事大、中、小学英语教学工作17年,对不同层次的外语教学均有亲身体验。第二,从1977年8月起,道义参加了历次的全国中小学英语教学大纲编制工作,编写和修订了12套中小学英语教材,并承担其中9套教材的主编工作;编著教师理论丛书4套、中学生英语读物2套、英语教学辅助丛书3套;发表有关英语教学改革的文章百余篇。由此可见,除参与教学实践外,她还长期从事外语教学理论的研究。最近在许多学校内时有争论,那就是教师只要教书即可,不必费神搞研究。我想道义以自己的行动回答了这个问题。第三,道义曾任教育部中小学教材审定委员会英语专家组组长、中国教育学会外语教学专业委员会理事长、课程教材研究所副所长、人民教育出版社副总编辑。这表明道义具有很强的领导和组织能力。第四,道义曾任党的十四大代表,我认为这说明了道义本人的政治品质好。党员既要把握正确的政治方向,又要在业务工作中起表率作用。所有这些归纳成一句话,本丛书主编非道义莫属。

除道义外,本丛书汇聚了我国从事外语教育研究的专家和名师。以道义所在的人民教育出版社为例,就有吴欣、李静纯、唐磊三位研究员参与编写工作。我退休后曾经在北京师范大学兼课10年,见到丛书各分册的作者名单上有王蔷、程晓堂、罗少茜等大名,顿时兴奋起来。这些当年的同事和年轻学者承担了本丛书15卷编写任务中的4卷,实力雄厚,敢挑重担,我为之感到骄傲。作者名单上国内其他师范院校从事外语教育的领导和专家有华东师范大学的邹为诚、华南师范大学的何安平、东北师范大学的高凤兰、浙江师范大学的付安权、福建师范大学的黄远振、天津师范大学的陈自鹏,来自综合性大学的则有清华大学的崔刚、范文芳和中国人民大学的庞建荣。在这个意义上，本丛书是对我国外语教育研究力量的一次大检阅。难怪本丛书的一个特色是中外外语教育思想和理论的比较研究，而且重点是中国外语教育的实践和理论。上述作者中不少是我的老相识。虽然有的多年未见，如今见到他们仍活跃在第一线，为我国的外语教育事业而奋斗，令我肃然起敬。祝他们身体健康，在事业上更上一层楼。上述作者中有两位（范文芳教授和程晓堂教授）是我在北京大学和北京师范大学指导过的博士生。目睹当年勤奋学习的年轻学子，现已成为各自学校的教学科研骨干，内心一方面感到欣慰，一方面感到自己落在后面了。

本丛书的策划者广西教育出版社成立于 1986 年 12 月。就出版界来说，时间不算太早，但本丛书的成功出版在于该社英明的办社方针。据了解，该社主要出版教育类图书。其中教师用书和学术精品板块是该社最为器重的。本丛书的良好质量和顺利出版还得益于该社两个方面的经验。首先，早在 20 世纪 90 年代，该社已出版了一套外语学科教育理论丛书（胡春洞、王才仁主编）。该丛书总结了改革开放后外语学科教育研究的成果，展示了其发展的前景，给年轻一代学者的成长提供了帮助，在外语教学界产生了很好的影响，为本丛书的组织和编写提供了宝贵的经验。其次，新时期以来，该社相继出版了数学、化学、物理、语文等学科教育研究丛书，积累了较多经验，如今策划、组织和出版"中国外语教育研究丛书"更是驾轻就熟。

天时、地利、人和，在此背景下诞生的"中国外语教育研究丛书"必然会受到国内外外语教学界和出版界的欢迎和重视。我很荣幸，成了第一批点赞人。

北京大学外国语学院

2016 年 12 月 1 日

胡壮麟简介：教育部基础教育课程教材专家咨询委员会委员，北京大学资深教授、博士生导师。曾任教育部高等学校外语专业教学指导委员会委员、英语组副组长，中国英语教学研究会副会长，中国语言与符号学研究会会长，中国高校功能语法教学研究会会长。

序 二

一年多以前，当我接到广西教育出版社的邀请，让我主编一套外语教育理论研究丛书时，我欣然接受了。我担此重任的这份自信并非源于自己的学术水平，而是出自我对外语教育事业的责任和未竟的情结。

我这辈子从事外语教育，无非是跟书打交道：读书、教书、编书、写书。虽然教书认真，有良好的英语基础，但成绩平平。因为缺乏师范教育，并不懂得有效的教学方法。然而，17年的大、中、小学教学为我后来的编书和写书提供了宝贵的实践经验。改革开放后，我有幸参加了国家英语课程和教材的研制工作，零距离地与教育专家前辈共事，耳濡目染，有了长进；又有幸出国进修、考察，与海外同行交流切磋，合作编写教材、研究教法、培训师资，拓宽了视野。由于工作需要，我撰写了不少有关英语教育、教学的文章。文章虽多，但好的不多。为了提升自己的理论水平，我对语言教学理论书籍产生了浓厚的兴趣。退休后有了闲空，我反倒读了许多书，而这些书很给力，帮助我不断写文章、写书。2015年，我实现了一个心愿，就是利用我的亲身经历为我国的英语教育做些总结性的工作。我与同行好友合作，用英文撰写了《英语教育在中国：历史与现状》一书，又用中文写了《百年沧桑与辉煌——简述中国基础英语教育史》和《启智性英语教学之研究》等文章。

我已近耄耋之年，仍能头脑清楚，继续笔耕不辍，实感欣慰。

当我正想动笔写一本书来总结有关英语教材建设的经验时，我收到了广西教育出版社的邀请信。这正中我的下怀，不仅使我出书有门，还能乘此机会与外语界的学者们一起全面梳理改革开放以来，特别是这十几年的外语教育教学的研究成果。我计划在20世纪90年代出版的，由胡春洞、王才仁先生主编的外语学科教育理论丛书的基础上进行更新和补充。发出征稿信后，迅速得到了反馈，10所大学及教育研究机构的多位学者积极响应，确定了15个选题，包括外语教学论、教与学的心理过程研究、课程核心素养、教学资源开发、教学策略、教学艺术论、教师专业发展、信息技术的运用、教材的国际比较研究等。

作者们都尽心尽力，克服了种种困难，完成了写作任务。我对所有的作者深表谢意。同时，我还要感谢胡壮麟教授对此套丛书的关心、指导和支持。

综观全套丛书，不难发现此套丛书的特点主要反映在以下几个方面：

一、理论性。理论研究不仅基于语言学、教育学，还涉及社会学、心理学、哲学、美学、神经学等领域。语种不只限于英语，还有日语和俄语。因此，书中引用的理论文献既有西方国家的，也有东方国家的。

二、实践性。从实际问题出发，进行理论研究与分析，提供解决问题的策略和案例。

三、创新性。不只是引进外国的研究成果，还反映了我国改革开放以来的教育改革历程，具有鲜明的中国特色，而且还开创了基础教育教材国际比较的先例。

四、研究性。提供了外语教育科学研究的方法。通过案例展示了调查、实验和论证的过程，使科学研究具有可操作性和说服力。

五、可读性。内容精练，言简意赅，深入浅出，适合高等院校、基础教育教学与研究人员阅读。

此套丛书为展示我国近十几年的外语教育理论研究成果提供了很好的平台，为培养年轻的外语教育研究人才提供了很好的平台，为广大外语教研人员共享中外研究成果提供了很好的平台，也在高等教育机构的专家和一线教学人员之间建起了联通的桥梁。为此，我衷心感谢平台和桥梁的建造者——广西教育出版社！

　　我除组稿外，还作为首位读者通读了每一本书稿，尽了一点儿主编的职责。更重要的是，我从中了解到了我国外语教育近期的发展动态，汲取了大量信息，充实了自己，又一次体验了与时俱进的感觉。为此，我也很感谢广西教育出版社给了我这个学习的机会。

　　1998 年，我曾经在我的文章《试论我国基础外语教学现代化》中预言过，到 21 世纪中叶中华人民共和国成立一百年时，我国的基础外语教学将基本实现现代化。今天，这套丛书增强了我的信心。我坚信，到那时，中国不仅会是世界上一个外语教育的大国，而且会成为一个外语教育的强国，将会有更多的中国成功经验走出国门，贡献给世界！

刘道义

2016 年 11 月 21 日

　　刘道义简介：课程教材研究所研究员、人民教育出版社编审。曾任中国教育学会外语教学专业委员会理事长、课程教材研究所副所长、人民教育出版社副总编辑。曾参与教育部中学英语教学大纲的编订和教材审定工作。参加了小学、初中、高中 12 套英语教材和教学参考书的编写和修订工作。著有《刘道义英语教育自选集》《英语教育在中国：历史与现状》，主编"著名英语特级教师教学艺术丛书"、《基础外语教育发展报告（1978—2008）》、《新中国中小学教材建设史 1949—2000 研究丛书：英语卷》等，并撰写了有关英语教育与教学的文章 100 多篇。

前　言

这本书，不到三十万字，从 2016 年 4 月初开始写作到 2017 年 1 月底结稿，历时整整 10 个月。在此期间，谢绝了几乎所有的学术活动，停止了几乎所有的户外运动。一台电脑，一堆书，一杯茶，一个苹果相伴。就这样夜以继日地想，孜孜不倦地写：写自己最钟情、最熟悉、最有研究的学术领域的内容——中国义务教育阶段的英语教学。

对我来说，无论是写专著还是写学术论文都不是一件容易的事。然而，写这本书的难度更大。其实，难度不在于写作本身，而是在于写作背后的思考。外语教学始于十八世纪的欧洲，经历了数百年的理论研究与实践探索，到目前已经遍及世界的各个角落。这期间，听说教学从开始的毫无立足之地到当代的先于读写而居首要地位，探索听说教学的理论也随之不断地被翻新和更替。但是到目前为止，对于外语课堂听说教学的方法却仍然莫衷一是。在这样的背景下，我们需要进一步深入探讨：中国的英语听说教学应该遵循什么样的理论？采用什么样的教学方法？

在思考、写作，再思考、再写作的反复过程中，我们回到外语教学的出发点，提出了最基本也是最根本的观点：中国英语听说教学就是对学生进行听说语言基本技能的训练和听说语言能力的培养，达到这一目标的途径在于，在课堂上创设目标语环境，在目标语环境中进行不同形式的互动交际。

围绕这一观点，我们完成了本书的写作。

在第一章中，我们以尊重历史为原则，按照时间顺序客观地介绍了主要外语教学流派的基本观点，同时以继承与发展为原则，对它们进行了大胆的评论，以期使读者既能系统地了解这些理论，又能通过我们的评论引发对这些理论的进一步思考。毕竟思考得越多，认识就越深刻，也就越接近我们所追求的目标。

在第二章和第三章中，我们分别探讨了听和说的能力培养问题。我们分析了我国义务教育阶段英语听、说教学的现状及其存在的问题。在此基础上，提出了听、说教学三要素，并提供了用于实现该教学三要素的课堂教学材料样本，提出并阐释了实现既定听、说教学目标的课堂教学原则，并提供了用于听说教学的多种课堂活动。我们希望这两章的内容可以为一线教师提供英语听、说教学的基本理念和课堂听说教学的基本模式。

在第四章中，我们对多媒体与英语课堂听说教学的相关问题进行了梳理，旨在为教师提供一个将多媒体与英语课堂听说教学对接的理念。我们首先简单地介绍了西方多媒体的起源，分析了我国多媒体教学的现状。在此基础上，我们分析了多媒体在课堂听说教学中的功效，提出并阐释了多媒体课堂听说教学的原则和多媒体用于课堂听说教学的策略。

在第五章中，我们首先呈现了小学和初中课堂听说教学的案例。这两个案例旨在提供将英语听说教学的基本理念和课堂教学方法运用在课堂教学实践中的范例。其中，小学案例提供了同课异构两个版本，希望能够对一线教师的课堂教学设计提供一些有益的启示。此外，我们还探讨了听说课堂上的教师反馈问题。在课堂上，教师对学生的学习行为给予合理的反馈是确保课堂教学成功的一个重要因素。希望这一部分的探讨能够为教师组织课堂教学提供一定的指导。

需要指出的是，在本书中，我们大胆地评论了一些似乎已经根深蒂固的观念。在此基础上，提出了新的教学理念，构建了新的教学模式。希望读者对这些内容给予特别的关注，并对这些内容提出质疑和修正。让我们为探索英语口语教学的有效途径而共同努力。

在结束本书的写作之时，我和我的合作者——中国人民大学的庞建荣老师对同行、友人和家人的相助表示衷心的感谢。

丛书主编刘道义老师对本书的整体框架进行了指导，并在写作过程中给予了及时的建议和鼓励；我的导师北京大学资深教授胡壮麟老师和同门师妹国防科技大学李战子教授，一直关注本书的写作进展，不时地从外语教学的宏观层面进行点拨，并在情感上给予关爱；就读于北京大学外国语学院的女儿向洋，电话里总会记得问一句"How's your book going?"，她认真通读了整本书稿，"毫不客气"地提出了一些修改意见和建议，并进行了许多文字上的润色。这些帮助和支持使我们的写作过程顺利、美好而难忘。

另外，诚挚的感谢还要送给东北大学秦皇岛分校的赵玉荣老师，北京理工大学的柳君丽老师，清华大学附属中学的程惠云和鲁碧珍老师，清华大学博士研究生朱冬怡、谢韶亮同学和硕士研究生荣嵩、于越同学。谢韶亮同学撰写了第四章中西方多媒体教学的起源与发展，赵玉荣老师撰写了第四章中多媒体课堂听说教学的策略。感谢亦生亦友的他们为我们提出的宝贵意见以及对本书所做的精心校对和修改。

特别的感谢要送给邯郸学院的马靖香老师。马靖香老师凭借自己丰富的教学经验和对外语教学理论的独到见解，对本书的框架提出了建设性的建议，对整本书稿进行了反复校对和修改。另外，她撰写了第二章和第三章中关于中小学英语课堂听力、口语教学现状分析和中国学生英语听力理解、口语障碍分析两个部分，并主持了第五章中的小学英语课堂听说教案设计版本 Ⅱ 和中学英语课堂听说教学案例的写作。如果没有马靖香老师的付出，这本书很难达到目前的水平。

最后，感谢广西教育出版社为我们提供出版英语教育教学研究专著的平台。

于清华园

2018 年元月

目　录

第一章 | 引 论

外语口语教学经历了一个漫长的历史发展过程。

在 18 世纪盛行语法翻译法的年代，外语教学注重词汇积累和书面语教学，不注重口语教学。19 世纪末期开始的改革运动（reform movement）提出"口语优先"的教学原则，把教授发音作为外语教学的首要任务，并且倡导课外学习歌谣、歌曲等[1]，使口语教学跨入了外语教学的大门。20 世纪 50 年代，听说法的兴起给口语教学的命运带来了真正的转机。从 20 世纪 70 年代开始，外语教学进入交际语言教学时代。在交际语言教学时代，使用目标语进行交际的能力不仅被认为是理想的教学目标，而且被认为是获得语言系统的途径[2]。从此，听说教学成为外语教学的重中之重。

［1］ HOWATT A P R. A history of English language teaching[M].
上海：上海外语教育出版社，1984：171.
［2］ FINOCCHIARO M, BRUMFIT C. The functional-notional approach: from theory to practice[M]. New York: Oxford University Press, 1983.

第一节　英语听说教学的意义

在外语教学中，我们需要培养学生听、说、读、写四项语言基本技能。将听和说放在读和写之前，足见听说二者的重要性[1]。

听说语言技能的重要性是由多个方面的原因决定的。数百年来，学者们试图从多个方面阐释听说语言技能的重要性。在本节中，我们将从语言发展、遗传学和外语教学三个视角进行讨论。

一、语言发展视角

迄今为止，语言的起源仍然是一个谜。进化论者从语言发展的角度阐释语言的起源。他们认为，劳动使语言的产生成为必须。在组织原始社区的过程中，同伴们逐渐聚集起来参与公共活动，这就需要社区成员之间的相互合作和交际。在这种强烈的需求下人们开始交流。这就是最初的语言交际——口语交际。后来，随着生产力的发展和人类文明的进步，口语交际的局限性日益突显，仅有口头语言已经不能满足人类交际的需要。在这种情况下，文字应运而生，于是出现了书面语。"从语言发展的历史来看，口语先于书面语，口语在书写系统产生以前很久、很久就存在了。即使今日，许多非常发达的语言仍然只有口语而没有书写系统。"[2]

口语早于书面语问世，是第一性的，是人与人交际中最基本的需求。"在语言中，活在人们口中的口语是第一性的，是紧跟着社会发展不断变化的。"[3] Henry Sweet[4] 指出，许多语法学家默认，口语只是文学语言的变体，但实际上情况恰恰相反：口语才是文学语言的真正来源。因此，所有语言学习，不管是理论还是实践，都应该基于口语。

[1] RENUKADEVI D. The role of listening in language acquisition: the challenges and strategies in teaching listening[J]. International journal of education and information studies，2014，4（1）：59-63.
[2] 胡壮麟，刘润清，李延福. 语言学教程[M]. 北京：北京大学出版社，1988：23.
[3] 钱乃荣. 论语言的多样性和"规范化"[J]. 语言教学与研究，2005（2）：1-13.
[4] SWEET H. The practical study of languages: a guide for teachers and learners[M]. Oxford：Oxford University Press，1964.

二、遗传学视角

从遗传学角度来讲，听说先于读写来源于三个方面的原因。第一，儿童首先学会听和说，而后学习读和写。第二，听说技能是在语言环境里潜移默化地习得的。儿童从出生开始就面对语言输入，处于听的状态之中，随后出现牙牙学语的前期语言输出，说的技能逐渐发展起来。而读写技能则属于更加高级的语言技能，需要在父母和教师的帮助下，通过学习而获得。第三，任何一个神经系统发育正常的人都可以自然而然地获得听说能力。"失聪者是神经系统发育正常的人中唯一到成人阶段还不能习得语言的人群"[1]，但是，读写能力则不同。即使在现代社会，也有许多人是文盲，他们不识字也不会写字。因此，从遗传学角度来看，听说的获得属于人类本能的范畴，听说是第一位的。

另外，关于语言技能习得的研究证明，在交际过程中，"我们从听中获得45%的语言技能，从说中获得30%，从读中获得15%，从写中获得10%"[2]。通过简单的计算，我们就可以得到以下结论：在有效的交际中，听和说的语言技能所占语言能力的百分比都分别高于读和写两项语言技能的总和，而听说二者的总和是读写二者总和的三倍。

从语言发展的历史和遗传学角度来看，听说先于读写。从语言能力发展的事实来看，我们通过听说所获得的语言技能在语言四项基本技能中占有绝对优势。在当今以交际语言教学为指导思想的外语教学中，培养学生的口语交际能力成为外语教学的首要目标。听和说是开启外语学习大门的钥匙，听说能力的高低也是衡量外语交际能力高低的重要标志。同时，听和说也是培养作为书面语读和写的语言技能的基础。从这个意义上来说，没有口语教学就谈不上书面语教学，也就谈不上对学生语言交际能力的培养。

[1] PINKER S. The language instinct[M]. New York: William Morrow and Company, 1994: 36.

[2] RENUKADEVI D. The role of listening in language acquisition: the challenges and strategies in teaching listening[J]. International journal of education and information studies, 2014, 4 (1): 59-63.

三、外语教学视角

教育部 2007 年颁布的《大学英语课程教学要求》[1]规定:"大学英语的教学目标是培养学生的英语综合应用能力,特别是听说能力,使他们在今后学习、工作和社会交往中能用英语有效地进行交际,同时增强其自主学习能力,提高综合文化素养,以适应我国社会发展和国际交流的需要。"这确立了听说能力培养在教学中的重要地位。但是,有的学者认为,突出听说能力培养应该是大学英语教学的阶段性或暂时性目标。大学的长远目标应该锁定在培养大学生逐步具备较强的国际竞争力上,摆脱"聋子英语"和"哑巴英语"的目标应该在中小学实现[2]。也就是说,社会的发展,全球一体化进程的推进促使国家与国家之间的交往日益频繁,运用外语进行交际已经成为人们不可或缺的现实需求。传统的教学模式使学生过多地注重词汇和语法的学习,而使用英语进行交际的能力十分薄弱,因此造成了"大学生听说学习仍要从零开始"的尴尬局面。"中学搞语法和阅读,大学解决听力是违背外语学习规律的。二语习得相关理论告诉我们,学习听说,年纪越小,效率越高。这种效率是随着年龄的增长而降低的。"[3]由此可见,在中小学英语课堂上加强听说教学对学生的语言发展起着重要的作用。

传统的外语教学以教授语言知识为主,如今的外语教学已经转向以培养学生运用外语进行交际为主要目标。2001 年,《教育部关于积极推进小学开设英语课程的指导意见》[4]明确指出:"……培养学生一定的语感和良好的语音、语调基础,引导学生乐于用英语进行简单的交流,防止和纠正以教授语音和语法等语言知识为主的做法,把教学重点放在培养学生用英语进行交流的能力和兴趣上。"教育部把小学英语教学的重点放在培养学生用英语进行交流的能力和兴趣上,意味着培养学生的听说

[1] 教育部高等教育司.大学英语课程教学要求[M].北京:清华大学出版社,2007.

[2] 蔡基刚.我国大学英语教学目标设定研究——再论听说与读写的关系[J].外语界,2011(1):21-29.

[3] 同[2].

[4] 中华人民共和国教育部.教育部关于积极推进小学开设英语课程的指导意见[J].教育部政报,2001(3):139-143.

能力成为小学英语教学的主攻方向。

　　总之，从外语教学的角度看，在中小学阶段，培养学生的听说能力应该成为外语教学的重中之重。

第二节 外语教学法概述

在外语教学的产生与发展过程中出现了不同的外语教学方法。了解外语教学法演变的整体脉络，有助于我们对口语教学法的理解。

回顾外语教学法一般要追溯到语法翻译法（grammar-translation method）。语法翻译法开始于18世纪末期的德国[1]，并于19世纪上半期成为学校外语教学使用的主要方法。

在学校使用语法翻译法教授外语的同时，许多语言教师认识到语法翻译法的缺陷，于是开始对教授和学习外语的方法进行探索和改革。许多改革者及其教学理念虽然没有在当今留下响亮的名字，但是他们对今天已经成为一门独立学科的外语教学却做出了不可磨灭的贡献。其中，法国小学拉丁语教师 Francois Gouin（1831—1896）和他所创建的连续法（the series method）就是典型代表。

在语法翻译法之后形成的第一个对当代影响最大的外语教学方法是直接法（direct method）。直接法是许多外语教学法改革者经过长期的教学探索和思考积累而发展起来的外语教学方法。19世纪前，在欧洲的私人家教中，直接法是教授外语所使用的常见方法，其教学实践及其教学理念逐渐吸引了外语教学职业领域改革者的兴趣。到19世纪末，直接法风靡于欧洲和美国的一些私立学校，其主要传播者 Maximilian D. Berlitz（1852—1921）因此成为外语教学领域家喻户晓的名字。

当直接法在欧洲和美国的一些私立学校盛行的时候，美国公立学校使用的教学方法仍然是语法翻译法，外语教学仍然是以阅读教学为主。在第二次世界大战期间，出于培养参战士兵外语口语技能的需要，美国使用后来被称为"军队法"（army method）的方法，对士兵进行集中口语培训。口语培训的成功引起了语言教师的极大兴趣。同时，美国行为主义心理学和结构主义语言学的兴起，为创建新的外语教学方法奠定了理论基础。在这样的历史条件下，19世纪50年代，听说法（audio-lingual

---

[1]　当时为普鲁士王国。

method）在美国诞生了。

听说法是当时风靡世界的外语教学方法，独霸外语教学领域直到19世纪60年代。19世纪70年代早期，Noam Chomsky（1928—）提出的语言习得"天赋论"，使作为听说法理论基石的行为主义心理学理论陷入困境。同时，心理语言学、认知语言学、社会语言学等交叉学科的兴起，唤醒了多年醉心于听说法的外语教学界，引发了对外语教学的重新认识和进一步研究。于是，聚焦于语法结构教学的听说法受到批判，而遵循人文主义原则的外语教学方法（humanistic approach）大量出现，包括社团语言学习（community language learning）、暗示法（suggestopedia）、沉默法（the silent way）、纯身体反应（total physical response）[1]等。这些新的教学方法纷纷受到这样或那样的褒贬，而对于这些新的教学方法的褒贬，为意念－功能教学大纲（notional-functional syllabuses）的产生奠定了基础。

1972年，针对Chomsky提出的语言能力（linguistic competence），Dell H. Hymes[2]提出了语言交际能力（communicative competence），使语言使用的得体性成为外语教学中一个新的维度。在欧洲理事会（Council of Europe）的推动下，旨在迎合Hymes所倡导的语言交际能力的意念－功能教学大纲诞生了[3]。意念－功能教学大纲以教授语言的功能为目的，并提供实现这些功能的意念环境，使外语教学开始走出以句型教学为核心的听说法的困境。但是，意念－功能教学大纲最终只是停留在大纲阶段，没有发展成为一种外语教学方法。

进入20世纪80年代，交际语言教学成为外语教学的核心概念。自然法（natural approach）和任务型教学（task-based language teaching）作为交际外语教学框架下的两种具有代表性的交际语言教学方法，在外语教学领域产生了巨大影响。

在当今社会，外语教学作为一门独立的学科，外语教学方法呈现出

---

[1] 即TPR，通常被翻译为"全部身体反应"。

[2] HYMES D H. On communicative competence[M]//PRIDE J B, HOMES J. Sociolinguistics: selected readings. Harmondsworth: Penguin Books, 1972: 269-293.

[3] JOHNSON K. An introduction to foreign language learning and teaching[M]. 北京: 外语教学与研究出版社, 2002: 183.

名副其实的百花齐放、百家争鸣的局面，像听说法那样独占外语教学统治地位多年的局面不再重现。目前，虽然交际语言教学理念在全球盛行，但是，接受折中主义（eclecticism）教学方法的倾向性逐渐显现出来。未来外语教学法的发展方向将会随着时间的推移逐渐明朗。

第三节 听说教学法

在第二节中，我们简略地回顾了18世纪至今的主要外语教学方法。本书名为《英语听说教学论》，因此，以下对外语具体教学方法的讨论，将聚焦于关于听说教学的方法或以听说教学优先的教学方法。

一、直接法

语法翻译法在19世纪上半期成为学校教授现代语言的主要教学方法。但是，在19世纪的最后几十年里，语法翻译法受到猛烈的抨击，被认为是"冰冷的、没有生命力的语言教学方法，导致了外语教学的失败"[1]。从19世纪后期到20世纪前半叶的语言教学改革主要是针对语法翻译法进行的。

在针对语法翻译法进行的语言教学改革中，外语教学研究者创建了多种不同的教学方法。这些不同的教学方法被冠以不同的名称，如改革法（reform method）、自然法（natural method）、心理法（psychological method）、语音法（phonetic method）等，这些新的语言教学方法的总称是"直接法"[2]。

直接法最根本的特征是：在外语教学课堂上使用目标语作为教学媒介，禁止使用母语解释和交流，禁止使用翻译作为教学和练习的手段。在这些直接法中，需要首先给予笔墨的是连续法及其创建者Gouin。然后，我们再从总体上介绍主要以Berlitz为代表人物的直接法。

（一）连续法

1.连续法产生的背景

Gouin是倡导和实践外语口语教学的先驱。他创建的连续法，以口语教学取代了书面语教学。了解Gouin创建连续法的详细经过有助于了解

---

[1] STERN H H. Fundamental concepts of language teaching[M]. 上海：上海外语教育出版社，1999：454.
[2] 同[1]457.

外语口语教学的起源和本质。

Gouin 于 1831 年生于法国诺曼底。他通过传统方式（classical method）学习了拉丁语，成为法国一所小学的拉丁语教师。在做小学教师期间，他利用业余时间到大学辅修文学和理工科课程。Gouin 的老师发现他有哲学天赋，就写信推荐他到德国柏林大学[1]去听黑格尔和谢林的大弟子们宣讲哲学思想。Gouin 为此兴奋不已，但是，他知道自己首先必须学习德语。

Gouin 首先到达洪堡。他想用几个星期的时间打下德语基础，而后再到柏林大学去听课。Gouin 到洪堡的一所大学里听课，他想通过认真观察教授们的肢体语言和识别发音的方式来理解讲座的内容，但是，他所看到的只有其他同学兴高采烈地听讲，而自己却丝毫听不懂。这使他意识到，自己必须从最基础的语言学习开始。

生活在这个时代的我们很难想象，Gouin 当时身居德国，却把自己关在房间里，按照语法翻译法的模式学习德语。他拿起一本语法书和一本词典，开始刻苦学习语法。他在十天内学会了德语的语法。于是他激动地跑回大学再次去听课，想测试一下自己第一步学习德语的成效，遗憾的是，他仍然是连一个单词都听不懂。沮丧之余，Gouin 继续着自己学习德语的努力：学习语法、背诵词根和词缀、背诵不规则动词表、背诵德语词典、借助词典翻译歌德和席勒的著作。十个月过去了，无论是在洪堡还是在柏林的大学课堂上，他仍然听不懂德语。带着自己在德国学习德语的失败经历和对传统外语教学方法的质疑，Gouin 沮丧地回到了自己的国家。

回到家中，Gouin 发现，他两岁半的侄子已经从他离开时不会说一个法语词的小孩变成了一个话匣子。Gouin 对这个现象产生了极大的好奇：这么小的孩子，他们不学任何语法、不背词根或不规则动词，也从不使用词典，为什么会这么容易就成功地习得语言呢？而自己，具有学习德语的强烈动机，并付诸行动努力学习，为什么却没有学会德语呢？儿童一定有习得语言的秘密！为寻求教授外语的方法，Gouin 花费了大量时间

---

[1] 现在的柏林洪堡大学。

观察他的侄子和其他一些正处在习得语言过程中的儿童。他发现了两个显著的特点：第一，儿童是"用语言直接组织经历"，而使用语法翻译法学习外语是"用另一种语言作为媒介间接地组织经历"；第二，儿童将事件描述为连续发生的序列。基于此，Gouin 创建了教授外语的连续法[1]。

2.连续法

连续法使用目标语组织教学，以动词为中心描述事件的发生过程，使学习者通过描述事件发生的一系列连续的动词和句子理解并学习语言。学习这些句子时不经过母语翻译，也不解释语法规则。下边是 Gouin 用于教学的"I OPEN THE DOOR"序列[2]：

walk	I walk towards the door.
draw near	I draw near to the door.
get to	I get to the door.
stop	I stop at the door.
stretch out	I stretch out my arm.
take hold	I take hold of the handle.
turn	I turn the handle.
pull	I pull the door.
moves	The door moves.
turns	The door turns on its hinges.
let go	I let go the door handle.

用连续法建构的话语，按照事件发生的时间和空间的顺序推进，将语言与外部世界联系起来。从客观意义上讲，通过观察一系列连续发生的事件，学习者容易理解、记忆和回顾并描述事件所涉及的一系列动词和句子。从主观方面讲，连续法易于使学习者积极参与到教学活动中，容易引起学习者学习和探究的兴趣。同时，使用连续法教学，教师容易创设互动情景，引导学生根据自己的现实生活生成有意义的话语。例如，教师说出某个事件发生的一些情况，而后问学生"And then..."，引导学

[1] GOUIN F. The art of teaching and studying languages[M]. London：George Philip and Son Ltd., 1892.

[2] 同[1]174.

生继续建构这个连续的过程，完成描述整个事件：

come	I come to the field.
dig	I dig a hole in the ground.
take out	I take out the seeds.
T：What happens next?	

由此，引导学生说出：

put	I put the seeds in the hole.
cover	I cover the seeds with earth.
water	I water the seeds.
…	

3. 连续法评述

连续法是外语学习初始阶段教授外语的一个有效的教学方法。在当今的外语课堂上，经常会发现有教师使用类似以下序列教授外语，这应该归功于 Gouin[1]。例如（T=Teacher，S=Student，全书举例同）：

T〔to Maria〕：　　　　　Maria, go and close the window.

T〔to another student〕：What is Maria going to do?

S1：　　　　　　　　　She is going to close the window.

T〔to another student〕：What is Maria doing?

S2：　　　　　　　　　She is closing the window.

T〔to another student〕：What has Maria just done?

S3：　　　　　　　　　She has just closed the window.

在以上例子中，教师通过现实情景呈现的是时态序列，即一般将来时（be going to do）、现在进行时（be doing）和现在完成时（have done），这与 Gouin 呈现动词序列的本质是相同的，即使用连续法呈现教学内容。

在我国义务教育英语教科书中，也可以看到使用连续法呈现的教学内容。以下微型语篇就是以动词为中心，应用连续法建构语篇，呈现语

---

[1] JOHNSON K. An introduction to foreign language learning and teaching[M]. 北京：外语教学与研究出版社，2002：168.

言材料的典型例子[1]：

Growing plants is fun. You dig a hole in the ground and put seeds in the hole. Then you cover the seeds with earth.

Then the plants begin to grow. They come out of the earth. Leaves grow and flowers open.

在以上这个微型语篇中，构成语篇的连续动词为：dig、put、cover、begin to grow、come out of、grow 和 open。

在现实生活中，连续发生的事件无处不在。在教学中使用连续法对现实生活中的事件进行描述，不仅易于学生理解、记忆和回顾，而且能够培养学生的观察能力、有序思考能力以及运用语言描述世界的能力，发展学生的认知能力和逻辑思维能力。因此，连续法是外语教学初始阶段的一种重要的方法。

但是，外语教学中需要学习的内容不可能都适合使用连续法呈现。因此，连续法不能作为一种独立的外语教学方法存在，而应该与其他外语教学方法一起，共同完成外语教学的任务，达到外语教学的最终目标。

（二）直接法

1. 直接法

在 19 世纪末，民间用于私人家教的教学方式，即模拟儿童习得母语的自然式教学方法，得到了应用语言学家的认可。应用语言学家认为，"学习二语应该像习得母语那样，要通过大量口头互动自发地使用语言，不经过母语和二语之间的翻译，少分析或不分析语法规则"[2]。直接法就是以儿童习得母语为模板创建的外语教学方法。

直接法的主要理念是使用目标语直接进行教学，而不是像语法翻译法那样以母语为媒介教授二语。直接法强调在课堂教学中完全避免使用母语，也不做任何翻译练习。我们以学习英语单词 house 为例来说明这一点。使用语法翻译法的教师往往是通过汉语"房子"来教授 house：

---

[1] 范文芳. 义务教育教科书 小学英语 五年级上册（一年级起点）[M]. 北京：清华大学出版社，2004：6.

[2] BROWN H D. Teaching by principles：an interactive approach to language pedagogy[M]. 北京：外语教学与研究出版社，2001：55.

house→房子；而使用直接法的教师在教授英语单词house的时候，往往是让学生先看"房子"的图片，而后说出单词house。二者之间的对比可见下图（图1-1）：

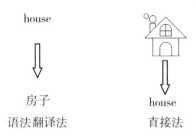

图1-1 语法翻译法与直接法的对比

直接法主要遵循以下四条原则[1]：（1）课堂教学完全使用目标语进行；（2）只教授日常词汇和句子；（3）口语交际能力的培养建立在围绕教师和学生之间以问与答的方式进行互动和不断进行话轮转换的基础之上；（4）用归纳法教授语法。

2. 直接法评述

直接法使用目标语进行课堂教学，利用此时此地（here and now）的现实环境为学习者提供可理解性语言输入，使学习者在语言和所要表达的意义之间建立起直接的联系。这有利于学习者理解所学语言的意义，像母语习得那样在目标语的自然环境中学习外语，形成语感，"直接法用二语直接进行外语教学和课堂交际，使所学语言的声音与其在现实世界中的所指直接联系起来，为基础阶段的外语课堂教学提供了一个可行的教学体系……，是适用于外语初级阶段（甚至包括中级阶段）教学的有效方法"[2]。

但是，直接法作为一种教学方法具有明显的缺陷。这首先表现在，使用直接法的任课教师的母语必须是目标语，或者至少基本达到熟练掌握目标语的程度。事实上，当时Berlitz所经营的私立学校里的教师都是本族语者，他们统一使用直接法教授二语是十分方便而且恰当的。然而，由于对教师资源、经费等方面的要求，直接法只能用于学生学习动机强

［1］ RICHARDS J C, RODGERS T S. Approaches and methods in language teaching[M]. Cambridge：Cambridge University Press, 1986：9-10.

［2］ HOWATT A P R. A History of English language teaching[M]. 上海：上海外语教育出版社, 1984：198.

烈、有充足经费可以雇佣本族语教师的私立学校,而不能大量进入公立学校的课堂。另外,直接法更多的是根据儿童语言习得的经验而对外语教学进行的实践性探索,没有形成一套基于任何语言理论或学习理论的系统的教学方法。直接法的成功"更多地在于教师个人的教学技能和魅力,而不是由于教学方法本身"[1]。

二、 听说法

听说法不同于以母语习得为外语教学主要依据的连续法和直接法。它产生于 20 世纪 50 年代,是以行为主义心理学的学习理论和结构主义语言学为理论支柱的外语教学方法。

(一)行为主义的学习理论

在听说法之前,有关语言学习的观点主要来自学习的一般理论,很少有基于学习者生成的真实话语而进行的二语习得研究,更没有使用实验的方法观察二语习得过程的研究。

在 20 世纪初期,美国心理学家 John B. Watson(1878—1958)领导了一场心理学革命。他在《行为主义者眼中的心理学》[2]一文中提出了行为主义理论。他指出,心理学应该从研究大脑的意识转向用严密客观的方法来研究可观察到的客观行为。在行为主义者看来,人生来是一块白板,人的所有行为都是由于受外界环境因素的影响而获得的。行为主义者把"刺激—反应"作为解释有机体的所有行为的模式,即某个刺激的出现引起某种反应,当某一特定的刺激频繁地出现时,就会与某一特定的反应之间产生规律性的联系,这样便形成了习惯。

行为主义后期的新行为主义代表人物 Burrhus F. Skinner(1904—1990)用"操作条件反射"(operant conditioning)来解释习惯的形成。Skinner 认为,"习惯可以通过模仿和强化两种方式形成:学习者经常模仿某种刺激行为,最终使该行为自动化。学习者的反应恰当时得到奖励,

---

[1] RODGERS T S. Language teaching methodology[J]. ERIC issue paper,2001(2): 1-4.

[2] WATSON J B. Psychology as the behaviorist views it[J]. Psychological review, 1913(20):158-177.

反应不恰当时受到惩罚，从而使恰当的反应行为得到强化"[1]。

行为主义者不仅用习惯的形成解释一般的学习行为，也用它来解释语言学习：语言学习就是一系列通过模仿、强化而形成的习惯。在母语习得中，儿童模仿成人的话语，表达正确时受到奖励而得以强化，表达错误时得到纠正，于是正确的话语得到鼓励，错误的话语受到阻止。儿童以这种方式逐渐建立起所学语言的知识模型或形成习惯。二语的习得是以类似的方式进行的。

（二）结构主义语言学

20 世纪 30—40 年代，以 Leonard Bloomfield（1887—1949）为代表的美国结构主义语言学兴起。

受行为主义理论的影响，美国结构主义语言学家主张用严密的方法对现实中的语言进行科学描写。他们注重口语研究，注重对不同语言进行对比分析，强调语言之间的差异。在对不同语言的研究过程中，他们发现许多语言只有口语而没有书面语。因此，他们认为语言就是口语，书面语来自口语。

结构主义语言学家研究语法的方法被称为"直接成分分析法"或"短语结构法"。他们首先用录音的方式收集大量口语语料，然后在不同的语言层次上对语料中的元素进行分类。首先划分出能够区分意义的最小声音元素，即音位，而后分析由音位构成的更高一个层次的单位，即词素，再分析由词素构成的更高一个层次的单位，即单词和由单词组成的各种短语（如名词短语、动词短语等），最后分析到最高层次，即句子。结构主义语言学家只对语言的形式进行描写，不考虑语言的意义或其他任何观察不到的特征，"他们重视研究语言的结构，分析句子中可以观察到的形式特征，解释句子中各个成分之间的相互关系"[2]。

（三）听说法

以行为主义学习理论和结构主义语言学为理论基础，外语教学领域

---

[1] ELLIS R. Understanding second language acquisition[M]. 上海：上海外语教育出版社，1999：21.

[2] RIVERS W M. Teaching foreign-language skills[M]. Chicago：University of Chicago Press，1981：71.

创建了听说法。顾名思义，听说法是把教学重点放在教授口语上的教学方法。它是基于逐级编排的结构进行大量的句型操练，以便学生进行机械模仿并记忆。听说法主要遵循以下三个教学原则：

第一，语言是口语而不是书面语。听说法提倡在教学中教授口语，认为过早地呈现书面语会对掌握语音和发展接近本族语的口音产生潜在的影响。听说法倡导根据听、说、读、写的顺序教授语言，主张听先于说，读先于写，只有在学习听说之后才能进行读写活动。

第二，语言学习就是通过模仿形成习惯。根据 Skinner 的操作条件反射理论，学习者通过模仿和强化形成习惯。这个观点用于外语教学中，就是对学生进行反复的句型操练，让学生反复模仿、机械记忆所学语言材料，以便形成语言习惯，自动操控所学句型结构，最终能够像本族语者那样，不用有意识地考虑语言的形式就能自如地表达自己的思想。

第三，教使用语言而不是教认识语言。早期的语法翻译法重视教授语法规则，而听说法强调学生在课堂上要积极进行语言的口语练习，对话是其呈现语言的主要手段。听说法认为使用语言进行交际才是语言初始阶段的主要目标，而详细地分析语言的结构则是语言学习高级阶段的任务。

（四）听说法评述

听说法扎根于行为主义心理学和结构主义语言学的理论土壤中，建立在当时合理的、坚实的理论基础之上，是语言教学领域的一次勇敢的尝试。它从语法翻译法解释语法规则和聚焦于书面阅读的传统教学方法中挣脱出来，从听说入手，关注本族语者的真实语言，强调学生在课堂上积极地进行口语练习，在语言学习初期阶段注重培养学生的语感，为他们使用语言进行交际打下基础，为我们探索新的教学理论提供了重要的借鉴作用。

20 世纪 60 年代，随着行为主义和结构主义理论遭到批判，听说法也因其所奉行的"反复操练、机械模仿、死记硬背"等错误观念而受到尖锐批评。听说法把学习过程当作通过反复操练、机械模仿、死记硬背而形成习惯的过程，忽略了学习者的主观能动性，没有充分体现学习的过程以及语言的本质，因此不可能真正培养学习者的语言交际能力。学习者通过反复训练、机械记忆而"储存大量的句子并不等于习得了语言"[1]。事实上，即使那些在课堂上表现很好、认真做句型训练、记住了所学对话材料的学生，在现实中也不能使用目标语进行交际。因此，听说法最终被更先进的教学方法取代是外语教学研究与实践发展的必然结果。

三、情景法

（一）情景法

当听说法在美国兴起的时候，情景语言教学（situational language teaching）（以下简称"情景法"）在欧洲兴起。情景法在许多方面与听说法享有共同的特点。例如，它也提倡把口语教学放在首位，之后再进行读写教学，因此情景法也被称为欧洲版本的听说法。但是，情景法有其区别于听说法的理论基础和教学特点。

英国伦敦大学的普通语言学教授 John R. Firth（1890—1960）是英国功能语言学的创始人，他提出的"情景语境"[2]概念具有重要的理论意义。他认为，话语的意义是由它所处的社会情景语境决定的。因此，Firth 和其他一些欧洲语言学家倡导在语言的真实情景中学习语言。情景法就是以情景语境为理论基础创建起来的外语教学方法。

情景法认为，情景对学习语言具有重要作用，因此每一个结构都应该呈现在语言行为的情景中，"不仅仅是要通过语境呈现使教学内容容易记忆，而且要尽量通过视频手段使语境'生动'起来"[3]。呈现情景的重要手段之一是播放电影片段。因此，情景法也被称为情景视听说（audio-visualism）语言教学。情景法的教学程序通常是：第一，通过相关视频片段呈现对话情景，用录音磁带提供对话和解说，使图像和语言二者之间建立起形象化的联系，形成一个有机的意义整体；第二，教师通过指认、示范、选择性播放录音或者问答的方式解释所要教授的语言目标；第三，

［1］STERN H H. Fundamental concepts of language teaching[M]. 上海：上海外语教育出版社，1999：144.

［2］FIRTH J R. Papers in linguistics（1934~1951）[C]. London：Oxford University Press，1957.

［3］JOHNSON K. An introduction to foreign language learning and teaching[M]. 北京：外语教学与研究出版社，2002：180.

通过反复听录音，学生重复对话，直至背诵。之后便逐渐脱离视频和磁带所呈现的教学内容，让学生回忆解说或自编解说，也可以让学生把所教授的语言内容改编成与自己、朋友和家人相关的内容，进行对话或角色扮演活动。除了这样在情景中处理对话外，每课都包括一个或一组通过视频和录音呈现的对话中的句型操练，用于练习语法或语音项目[1]。

除使用视频手段外，情景法也倡导通过纸板"图画"提供情景。我们所熟悉的《新概念英语》第一册，就是它的典型代表。首先，这本书的副标题定为 *First Things First*，明确了其从句型训练出发教授外语的理念；其次，它用对话的形式呈现新的句型结构，并为每个句型配以相应的图画，其目的是为句型提供情景，然后再安排句型操练，练习语法或语音项目。

（二）情景法评述

与听说法相比，情景法提倡把所教授的语言内容放到情景语境中，学习者可以借助情景理解语言。同时，在情景中呈现出的语言生动形象，可以调动学习者的多种感官，更容易引起学习者的学习兴趣。另外，通过视频和录音呈现对话，为探索多媒体教学开创了先例。

但是，情景法也存在自身的缺陷。首先，像听说法一样，情景法同样是通过机械的句型操练、模仿记忆教授语言。其次，情景法严格的教学顺序可能会带来消极后果。例如，当所学内容中含有比较多的语言难点时，学生很可能无法理解视频所要传达的意义，甚至产生错误的理解。这样的话，通过视频所提供的情景，不仅无助于理解语言，而且可能会导致负面影响。再次，一味地通过视频或图画呈现语言情景，可能会导致无关信息的干扰。例如，在《新概念英语》第一册第6课中，教授 It's a... 句型，连续呈现了多幅不同牌子的汽车图片，在每幅图片下分别写"It's a Volvo.""It's a Ford.""It's a Fiat."……其实，当我们看到一辆汽车的图片时，我们想到的可能不是"它是沃尔沃"，很可能是"汽车""这汽车怎么这么脏呀！""沃尔沃！""沃尔沃是我最喜欢的汽车！""福特便宜多了，但是也挺好"等。因此，无论是多媒体视频还是纸板图画，都

---

[1] STERN H H. Fundamental concepts of language teaching[M]. 上海：上海外语教育出版社，1999：467.

不能确保学生正确地理解所要教授的语言的意思。

最后，情景法的根本问题在于，它没有为学生提供互动交际的机会。离开了互动交际，培养学生的语言交际能力就成为一句空话。

四、交际法

（一）Chomsky的语言"天赋论"

在 20 世纪中期，美国语言学家 Chomsky 对新行为主义代表人物 Skinner 的语言行为理论提出了尖锐的批评。在评论 Skinner 的《语言行为》一书时，Chomsky[1] 指出，Skinner 通过对低级动物的实验研究得出结论，认为语言行为的外部环境因素，如刺激、反应和强化，对习得语言是至关重要的，而说话者的作用是微不足道的，这一点很难令人信服。儿童习得语言的某些方面是靠模仿和强化而形成习惯的行为主义理论无法解释的。Chomsky 认为，儿童在语言习得过程中所得到的语言输入是杂乱无章的，并且儿童所接触到的语言输入以及儿童的个人环境具有极大的差异和局限性，但是，他们却都能迅速地建立一个丰富的、统一的语言知识系统。另外，在习得语言的过程中，儿童所接触到的话语的数量是有限的，而他们却可以理解和生成无限多的句子，这说明儿童处理语言的能力并不完全来自所接触到的语言输入，而是具有创造性。因而他提出语言习得的"天赋论"，即"普遍语法"。普遍语法提供人类语言的普遍形式和功能，包括所有语言的规则。在 Chomsky 看来，儿童的大脑在接触语言前不是一块等待用经验书写的白板，也不具备解决问题的普通技能，如模仿、记忆、类比或普遍的归纳推理，而是拥有包括各种具体语言的普遍特征的普遍语法。在普遍语法的指导下，儿童接触某一特定的语言，基于个人经验，学习由普遍语法衍生出来的该语言的特征。因此，任何正常儿童在短短几年内，未经任何特别指导，在输入贫乏并且杂乱无章的情况下都可以成功地习得语言。这是天赋的普遍语法引导其习得语言的结果。"很难相信，一个生来对语言基本性质毫无所知的人

---

[1] CHOMSKY N. A review of B. F. Skinner's verbal behavior[J]. Language，1959，35（1）：26-58.

可以学会语言的结构"[1]，"儿童的任务只是将其头脑中内在的关于基本语法关系的知识与他正在学习的语言中的句子的表层结构联系起来"[2]，因此，儿童可以迅速、高效地习得语言。

Chomsky 把儿童与生俱来的语言知识称为"语言能力"（linguistic competence），本族语者的语言能力表现在他能够本能地判断任何句子是否合乎语法，并且有能力生成合乎语法的句子（尽管有时做不到这一点）。对应于语言能力，Chomsky 提出了语言行为（linguistic performance）这一概念，语言行为指的是在现实情境中的语言运用。语言行为的变数很多，可能永远不能完全反映说话者或听者的语言能力。Chomsky 认为，本族语者内化了一个复杂的语法"规则系统"，这个规则系统帮助他生成他所操语言的所有合乎语法的句子。

Chomsky 关于普遍语法的假说，否定了行为主义靠模仿、强化形成语言习惯的学习理论，对外语教学法产生了重要影响。首先，他的"天赋论"挖掉了听说法的理论基石，使其陷入困境，从而结束了听说法长期独自统治外语教学的霸主地位；其次，"天赋论"对儿童语言习得的解释，强调儿童在语言习得中的重要贡献，使人们认识到学习者在外语学习中的主体地位。另外，Chomsky 对语言能力和语言行为的划分，促使后期"语言交际能力"概念的产生，为风靡世界的交际语言教学法的创立打下了基础。

（二）语言交际能力

在 20 世纪 60 年代末期，新一代语言学家开始对 Chomsky 的句法学理论提出异议。他们逐渐认识到，语言学不能只研究句法结构，还需要重视研究语义问题[3]。

语言研究一旦冲破语言形式研究的局限，进入到对意义和语言行为的研究，其研究范围就不可避免地涉及语言在社会中的使用。在 20 世纪 70 年代早期，研究语言在社会中使用的语言学分支——社会语言学，得

---

［1］ CHOMSKY N. Aspects of the theory of syntax[M]. Cambridge, Mass.: MIT Press, 1965: 58.

［2］ WATSON J B. Psychology as the behaviorist views it[J]. Psychological review, 1913（20）: 158–177.

［3］ RIVERS W M. Teaching foreign-language skills[M]. Chicago: University of Chicago Press, 1981: 85.

到迅速发展。社会语言学将研究兴趣从语法结构转向语言在社会中的交际互动和语言在情景中的使用，将语言学习和说话者与听者、外部现实、情境、话题连接起来。针对 Chomsky 提出的语言能力，Hymes[1] 提出了语言交际能力的概念。在 Hymes 看来，社会语言学研究应该致力于指导说话者建立在重要的文化情景中如何有效地进行交际的规则系统。

Hymes 的语言交际能力概念对语言教学方法产生了深远影响。教师们开始意识到，为了在重要的文化情境中进行有效的交际，学生仅仅学会使用正确的语法句型表达意思是不够的，而且还"需要知道与他人进行口头交际时可接受的文化方式，即在不同的情景中使用得体的语言、掌握对话技巧；使用什么样的手势及体态语合适；什么时候可以插话、什么时候应该等待；可以问什么样的问题、做什么样的评论；什么样的问题和评论可能会冒犯他人。他们也需要理解重音和语调所传递的信息内容"[2]。如果学生只具有语言结构能力而缺乏交际能力的话，他们有可能在现实情景中连一件很小的交际任务也无法完成。Leonard Newmark[3] 举了一个逗笑的例子来说明具备结构能力而没有交际能力的学生的表现。一个学生在街上想跟一个陌生人借火柴，他可能会使用这三个句子："Have you fire？""Do you have illumination？""Are you a match's owner？"。Newmark 指出，尽管这些句子的语法都是完全正确的，但是在这种场合下，本族语者根本不可能使用这些句子。

社会语言学的创立带来了外语教学方法的革命，以培养学生语言交际能力为目标的新的外语教学法 —— 交际教学法（communicative methodology）产生了。

（三）交际法

交际教学法（以下简称"交际法"）是教育者和研究者在对语法翻译法和听说法的质疑中创建的外语教学方法。他们认识到，学生通过语法

[1] HYMES D H. On communicative competence[M]//PRIDE J B, HOMES J. Sociolinguistics: selected readings. Harmondsworth: Penguin Books, 1972: 269-293.

[2] RIVERS W M. Teaching foreign-language skills[M]. Chicago: University of Chicago Press, 1981: 84.

[3] JOHNSON K.An introduction to foreign language learning and teaching[M]. 北京：外语教学与研究出版社，2002：183.

翻译法和听说法学到的语言不够真实，不知道在真实的语境中应该怎样使用合适的语言、体态语、表情等进行交际。20 世纪 70 年代，交际法得到蓬勃发展。

交际法是以互动的观点看待语言教学的，它包括以下四个主要特征[1]：（1）学习者通过使用语言进行交际来学习语言；（2）流利是交际的重要维度；（3）交际是不同的语言技能的有机结合；（4）学习是一个创造性的建构过程，在这个过程中会出现试错和犯错。

在交际法理论框架下产生了不同的教学法分支，包括自然法（natural approach）、合作语言学习（cooperative language learning）、基于内容的教学（content-based instruction）和任务型教学（task-based language teaching）等。这些不同的交际语言教学分支所遵守的基本原则相同，只是在理念细节和教学实践方面有所不同。其中，自然法和任务型教学对中国的英语口语教学产生了重要影响。

1. 自然法及其评述

（1）自然法

1983 年，Stephen D. Krashen 和 Tracy D. Terrell 出版了专著《自然法》[2]（*The Natural Approach*），它标志着与当时盛行的听说法截然不同的外语教学方法的诞生。

自然法是主要用于外语初学者的教学方法，主要包括以下四个方面的特点：

第一，自然法提倡教学重在交际而非形式，主张不对语言进行分析。

第二，自然法倡导在课堂环境中创建接近儿童习得母语的非正式学习环境，使学习者之间、学习者和教师之间在轻松愉快的环境中互相交流，自然而然地获得语言。

第三，自然法的教学目标是培养学生基本的语言交际技能，即在日常语言环境中，聊天、购物、听广播等的能力。在学习初期，教师的任

［1］ RODGERS T S. Language teaching methodology[J]. ERIC issue paper, 2001（2）：1-4.

［2］ KRASHEN S D, TERRELL T D. The natural approach：language acquisition in the classroom[M]. New York：Pergamon Press, 1983.

务是为学习者提供可理解性输入，即学习者可以理解，或者微量超出学习者可以理解程度的口语。自然法的倡导者认为"可理解性输入"是触发语言习得的关键所在。学习者的早期语言经过由简单到复杂的自然发展阶段，即从不反应或只使用 yes/no，到使用一个词回答，再到使用几个词、短语直至完整句做出回答。

第四，教师是学习者语言输入的主要来源，也是各种课堂活动的组织者。在二语习得初期，学习者不急于输出，而是等到他们觉得可以自然而然地开口的时候，口语自动地"涌现"出来。这个"沉默期"对习得语言是大有裨益的。另外，学习者在课堂上应该尽量放松，多进行沟通交流，这样，语言习得自然就会发生。

按照自然法所提倡的教学方法，学习者大概需要经历三个阶段：①前语言输入阶段，即培养听力技能阶段。在这一阶段，学生处于"沉默期"。②早期语言输出阶段。在这个阶段，学生在努力使用语言的过程中难免犯错，教师不应该聚焦于输出的形式，而应该关注意义。教师不要纠正错误，除非所犯的错误严重影响了意义的表达。③最后阶段。在这一阶段，学习者可以输出较长话语，涉及更复杂的游戏、角色扮演、开放式对话、讨论和扩展的小组活动等。

（2）自然法评述

自然法提倡在目标语环境中进行外语教学，主张在学习初期，教师提供可理解性输入。这些与早期的直接法没有本质上的区别，因为直接法把所学语言与它们在外部世界中所指事物直接联系起来的做法，为的就是使用目标语直接进行外语教学，使学生在外语环境中学习外语。与直接法不同的是，自然法主张教师通过组织各种有趣的、能够更好地激发学习者学习动力的课堂活动，如指令、游戏、短剧表演、小组活动等来建立学生与学生之间的互动，使学生在活动中进一步学习语言[1]。自然法的这些理念值得我们在外语教学中借鉴。

但是，自然法倡导母语式的非正式课堂教学环境的理念不符合外语教学环境下的课堂教学。如果具备各个相关方面的条件的话，以儿童习

---

[1] BROWN H D. Teaching by principles: an interactive approach to language pedagogy [M]. 北京：外语教学与研究出版社，2001：65.

得母语的方式教授和学习另一门语言是很理想的教学方法。但是，课堂教学需要考虑在教室里可能发生的实际情况。在外语教学的课堂上，由于师资力量、班级人数等多个方面条件的限制，不可能创设完全非正式的课堂环境。我们需要根据外语课堂教学的实际情况，探索适合外语教学环境下的外语课堂教学方法。

2. 任务型教学及其评述

（1）任务型教学

作为一种交际教学法，任务型教学是当今外语课堂教学中常用的一种教学方法。虽然它有不同的版本，但是所有的版本都遵循一个基本原则：强调学习者在课堂上参与活动或完成任务。

对于任务型教学中的"任务"，不同的研究者给出的定义各不相同。H. Douglas Brown[1]指出，Michael Breen 给出的定义似乎抓住了"任务"的基本精神。在 Breen 看来，任务指的是"任何具有特定的目标、合适的内容、明确的行动步骤，以及对从事这项任务的人而产生效果的有组织地学习语言的活动"。因此，任务指的是一系列具有促进语言学习整体效果的工作计划——从简单、短小的练习类型，到更复杂、漫长的活动，包括小组解决问题或模拟和做出决策。David Nunan[2]指出："任务的价值在于它们为活动提供了一个超越'为练习语言而练习语言'的目的。"

支撑任务型教学的基本学习原理是"学习者学习语言的最佳效果是他们参与具有真实性的互动活动"[3]。因此，任务型教学的大纲内容和教学过程的选择都需要考虑学习者将来在课堂外需要从事的交际任务。Nunan[4]总结了任务型教学的五个特点：①强调通过目标语互动学习交际；②将真实课文引入学习情境中；③为学习者提供聚焦于语言和学习过程本身的机会；④把提升学习者的个人经历作为课堂学习的重要元素

［1］ BROWN H D. Teaching by principles: an interactive approach to language pedagogy［M］. 北京：外语教学与研究出版社，2001：83.

［2］ NUNAN D. Communicative tasks and the language curriculum［J］. TESOL quarterly，1991，25（2）：279-295.

［3］ BACHMAN L F. Fundamental considerations in language testing［M］. Oxford: Oxford University Press，1990.

［4］ NUNAN D. Communicative tasks and the language curriculum［J］. TESOL quarterly，1991，25（2）：279-295.

之一；⑤试图将课堂内的语言学习与课堂外使用语言的活动联系起来。

实施任务型教学需要解决许多问题，其中最主要的问题之一就是对任务的设计与确认。Keith Johnson[1] 介绍了一种与语言学习、技能习得和自动化相关联的任务型教学。这种任务型教学提出一个"ra-1"公式。其中，ra 代表"所需注意力"（required attention）。根据这个公式，在学习外语的过程中，对语言形式的聚焦应该逐渐减少，直到 ra=0，这时就实现了完全自动化，即不再关注语言的形式，而是把注意力完全放到语言的意义上来。他举了以下例子来说明，在这个 ra-1 模式下应该怎样设计任务，以便促使学习者将注意力集中在思考问题上，从而减少对语言形式的关注。

在教授句型 Have + just + -ed 时，注重语言形式的做法是教师示范后，组织学生做这样的句型转换练习：

教师：She's closing the window.

学生：She's just closed the window.

在这种情况下，句型训练完全聚焦在语言的形式上，学习者将所有的注意力都放在了寻找正确的语言形式上。

采取任务型教学方法时，其做法是：教师给全班学生出示一张由几个画面组成的图，每个画面描述的都是一个人刚刚完成某项活动，如刚关上窗户，或刚吃过晚饭等。每一个人的名字都写在图片的下方。这个活动的核心是记忆游戏。针对每张图，教师只给全班学生一分钟看图的时间，然后开始做游戏。学生做配对练习，必须尽可能多地记住所发生的动作，并说（或写）句子，如"John has just closed the window.""Mary has just finished her dinner."等。说得多且正确率高的一组学生获胜。

由于这个任务是以游戏的形式进行的，涉及记忆成分，于是学习者的大量注意力聚焦于努力记住谁做了什么动作，这就意味着减少了对句型本身的注意力。

（2）任务型教学评述

在当今外语教学领域，公认的教学理念是教授学生怎样使用语言进

---

[1] JOHNSON K. An introduction to foreign language learning and teaching[M]. 北京：外语教学与研究出版社，2002：194-195.

行交际。任务型教学主张通过组织活动学习语言，把课堂上进行真实交际活动作为学习语言知识和培养语言能力的手段，把培养语言交际能力作为教学的目标，这可谓交际教学法的一面鲜明的旗帜，对外语课堂教学产生了深远的影响。

但是，把任务型教学应用到外语课堂教学环境中存在一个严重的问题。当学生掌握的语言形式贫乏时，面临一项交际任务，学生往往没有足够的语言能力来表达自己的思想，不能有质量地完成交际任务。当他们找不到合适的语言形式来表达自己的思想时自然会感到十分为难。一种可能是他们在说话时错漏百出，甚至达到"胡言乱语"的程度；另一种可能是他们诉诸自己的母语。在这种情况下，他们就不可能在交际活动中获得语言知识和提高语言交际能力。这正是在我国中小学英语课堂上经常出现的情况。当教师布置交际活动，请学生以小组为单位进行交际活动时，学生常常使用母语进行讨论，而后请英语水平较高的学生在准备好之后代表小组在全班发言。在这样的交际活动中，学生不可能学到有关目标语的语言知识，也不可能提高使用目标语进行交际的能力。在许多公开课上，教师和学生花费大量时间和精力进行课前准备，以便到现场"表演"交际活动。而在日常课堂上，教师却又不得不重新回到以教授语言形式为主的传统的教学方式上。

因此，能否正确地处理教授语言知识和培养语言交际能力二者之间的关系，是任务型教学在外语课堂教学中是否得以有效实施的主要问题之一。

五、折中法

至此，我们回顾并简要评述了18世纪以来以教授口语或优先教授口语为主的外语教学方法，即直接法（包括连续法）、听说法（包括情景法）和交际法（包括自然法和任务型教学）。

直接法、听说法和交际法这三大教学方法具有许多相似之处：（1）它们都是以教授日常口语为主的教学方法；（2）其教学目的都是培养学生的语言交际能力；（3）它们都提倡使用目标语进行教学。但是，不同的教学方法又各自具有其独特之处。

直接法模拟儿童习得语言的方法进行外语教学，用目标语直接呈现语言输入，通过师生之间的问与答进行互动，目的是使学习者在目标语环境中"自然而然地"获得语言。听说法以行为主义学习理论和结构主义语言学为理论基础，利用影音材料进行句型操练，目的是使学习者通过反复模仿、机械记忆形成语言习惯，从而"习惯成自然地"使用语言。交际法的主要特点是在交际活动中学习语言知识，培养语言交际能力，目的是在交际中流利地使用语言。

在过去两个多世纪的历史进程中，外语教师和外语教学研究者不断进行探索，寻求教授外语的有效方法。但是到目前为止，还没有找到任何一种令人完全满意的外语教学方法。

实际上，由于教学环境、教学对象以及学习语言的目的等方面的不同，我们很难期望找到一种放之四海而皆准的理想的外语教学方法。在各种独特的外语教学环境中，教师需要决定使用哪一种方法或将哪几种方法结合起来使用，以适用于具体的教学环境。当我们决定将哪几种方法结合起来使用的时候，采取的就是折中主义的教学方法。

折中主义者提倡"将各种著名的语言教学方法中最有效的成分吸收到自己的课堂教学中，恰到好处地运用它们以实现自己的教学目的"[1]，好的教学方法首先需要全面、折中，而不是一种绝对不变的方法。Palmer[2]提出了"多线条途径"(the multiple line of approach)。他指出，在教学中，接受任何两种或两种以上的不同方法，使每一种方法都可以在一个比例恰当、组织合理的整体中扮演好自己的角色。我们可以使用利于推进既定目标的每一种方法、过程、练习、操练或手段，以便更加接近我们的最终目标。我们采用的每一个好想法，都将打开通向未来发展的大门。我们不拒绝除无用和有害的方式之外的任何方法。多线条途径体现的是折中主义原则，因为它使我们明智、无偏见地选择可能

---

[1] RIVERS W M. Teaching foreign-language skills[M]. Chicago: University of Chicago Press, 1981: 55.

[2] PALMER H E. The principles of language-study[M]. Oxford: Oxford University Press, 1964: 141.

对我们有益的所有方法。Rodgers[1]倡导遵循原则的折中主义（disciplined eclecticism）外语教学法，即从已有的各种教学方法中选择其合理成分，形成一个折中的外语教学方法。

外语教学法的发展与完善是一个实践、认识，再实践、再认识的过程。在这一过程中，我们摒弃不合理元素，保留精华，增加新的合理元素，使外语教学方法在循环往复中呈现螺旋式上升的趋势。目前还无法确定今后的外语教学会朝着哪个方向发展，但是有一点是肯定的：外语教学研究者和实践者会继续努力探索，未来的外语教学方法一定会更科学、更有效。在现阶段，采取折中主义教学法不失为一种明智的选择。

[1] RODGERS T S. Language teaching methodology[J]. ERIC issue paper, 2001（2）：1-4.

第四节　中国的英语听说教学

一、中国外语教学发展概述

中国的外语教学是从 1862 年清朝设立同文馆（School of Combined Learning）开始的，"同文馆虽说是一所初等外语学校，却是我国学校英语教学的正式开端"[1]，其目的是为了"解决洋务活动中受骗、受压的问题，其远期目的是通过学习外语而'借法自强'"[2]，以及"培训翻译人员，以应付对外交往的需要。当时的外语课是聘请'洋人'执教，教学方法主要是翻译法，尚谈不上语法翻译法"[3]。

20 世纪初，我国开始了全国通用的新学制。新学制包括初、中、高三段，中学设外语科，"教法使用语法翻译法，教材多为引进的"[4]。20 世纪 20 年代至 1949 年中华人民共和国成立前，我国"英语教学的研究主要表现在宣传和推广直接教学法……主张先有耳、口练习时期，以句为单位，大量重复句型，后眼看（读）、手写；用英语教英语，不用母语，充分利用表演和使用视听教学设备，如留声机、无线电、幻灯、电影等；提倡情境教学；语法教学用螺旋法，先重实用、归纳，后归纳和演绎并用。为了推行直接法，他们编写了教材，并培训教师，搞教学实验。直接教学法宣传了 20 多年，影响很大"[5]，其主要教学目的在于培养能够使用外语从事各种商务、外事、交通和邮政等工作的人才，着重培养语言能力。

中华人民共和国成立初期，中学主要教授俄语，只有在不具备俄语师资、教材等条件的学校才教授英语，所使用的主要教学方法是当时的苏联外语界流行的自觉对比法（conscious-comparative method）。"自觉对比教学法起源于传统的翻译法。它主张在初学外语时，分析外语与母

［1］刘道义.百年沧桑与辉煌——简述中国基础英语教育史［J］.中国教育科学，2015（4）：94-133.

［2］张正东.论中国外语教学法理论（上）［J］.基础教育外语教学研究，1999（2）：36-43.

［3］陈琳.辩证实践外语教育途径［M］.北京：外语教学与研究出版社，2013：68.

［4］同［1］.

［5］同［1］.

语的异同点,从而更好地掌握外语的语言知识,以达到不自觉地(无意识地)运用外语的目的。"[1]例如,词法提倡大量教授单词的曲折变化,进行母语与俄语的对比学习。在20世纪五六十年代,大学英语专业的课程以所谓"精读课"(intensive reading)为主,课堂上"以一篇精读课文为主要学习内容。其中出现的生词教师都要给予全面的讲解——各种词类(parts of speech)的用法、不同的含义、可能组成的短语,甚至同义词和反义词,简直要把这个词在词典中的全部内容都介绍了,但学生却没有实践的机会"[2]。

当时的英语课堂教学有以下主要特征:(1)课堂主要由讲和练两部分组成。教师首先通过翻译和对比母语与外语两种语言进行讲解,而后通过外语译成母语、母语译成外语、还原翻译的方式进行练习。教师很少讲英语,学生也很少有使用英语进行交流的机会。(2)背单词是英语学习的重要组成部分。每一课都有一个词汇表,其标准格式为:英语单词+国际音标+词性+中文翻译,如happy /'hæpɪ/ *adj.*幸福的,愉快的。多遍抄写单词并将单词翻译成汉语是家庭作业的必要组成部分。(3)用演绎法系统地、详细地讲解语法规则。教师通常是事先把某个语法规则写在讲义或卡片上,上课时抄写在黑板上,学生逐条抄写在笔记本上,并在课后背诵。(4)讲解完生词和语法后,讲解课文。教师念一句英文,然后翻译一句,再逐句分析语法。

使用母语教学讲解语法,进行母语与外语之间的互译,可能会使学生对外语有一定的理解,获得一定的语言知识,但是却不能为学生提供有效的目标语输入,也不能为学生提供使用目标语进行交流的机会,而且学生会形成中、英文对照的思维习惯,这些都不利于搞好外语听说教学,不能培养学生使用目标语进行交际的能力。

从20世纪60年代起,俄语教学范围大大缩小,英语教学得到恢复。在教学方法上,我国引进了当时在西方流行的听说法。在20世纪70年代末80年代初,我国又逐步引入了情景法。但是,由于师资力量所限,

[1] 王英华.自觉对比教学法与成人英语入门[J].广西教育学院学报,2002(5):23–26.
[2] 陈琳.辩证实践外语教育途径[M].北京:外语教学与研究出版社,2013:10.

这种方法在中小学英语课堂教学中呈现出以下主要特征：（1）英语课堂的指令基本上都使用汉语进行；（2）学习材料大部分是以对话的形式出现，对话主要是用来为重点句型做示范；（3）背诵句型和课文是学习的主要方法；（4）大量使用由本族语者录制的磁带和视频，录音机是必要的教学设备。

听说法的引进使我国的英语教学告别了语法翻译法，开始走向以口语教学为主的教学模式。

从 20 世纪 80 年代中期起，我国外语教学界开始引进交际法，功能和意念的概念在我国外语教学界得到广泛传播。在 20 世纪 90 年代，随着社会对外语听说能力的要求的提高，外语教学中越来越注重对学生外语交际能力的培养，甚至明确提出了中学英语教学的目标是"使学生获得英语基础知识和为交际初步运用英语的能力"[1]。教育部于 2001 年颁发的《全日制义务教育普通高级中学英语课程标准（实验稿）》[2]把"培养学生的综合语言运用能力"作为课程目标。而如今，交际语言教学的概念已经无人不知，无人不晓。

二、英语听说教学的变迁

听说教学在我国的起步较晚。20 世纪 60 年代引进的听说法，标志着口语教学在外语教学中获得了一定的地位。20 世纪 70 年代末至 80 年代引进的情景法，逐步确立了"听说领先，阅读跟上"的教学原则[3]。

像西方采用听说法和情景法一样，我国的外语教学中也同样把教学聚焦在句型教学上，所不同的是反复操练、机械模仿、死记硬背的程度更深。这主要表现在教师用大量的精力和课余时间检查学生背诵句型和课文的情况。当时，在办公室里，学生手拿英语课本排队站在英语教师办公桌前等候被检查背诵是普遍现象。在等候的同时，学生们往往口中

---

[1] 章兼中. 小学英语教育学[M]. 太原：山西高校联合出版社，1996：147.（另外，当时教育部没有要求小学开设英语课程，于是只制定了中学英语教学大纲。许多小学自愿开设了英语课。）

[2] 中华人民共和国教育部. 全日制义务教育普通高级中学英语课程标准（实验稿）[S]. 北京：北京师范大学出版社，2001.

[3] 陈琳. 辩证实践外语教育途径[M]. 北京：外语教学与研究出版社，2013：69.

念念有词，不时地翻看课本，生怕忘记需要背诵的内容。通过背诵检查的学生往往兴高采烈地跑回教室，而没有通过背诵检查的学生则需要站到一旁继续练习背诵，等待再次接受检查。

使用听说法和情景法，像先前的语法翻译法一样，学生很少获得使用语言进行实践的机会，因此，它最终不能培养学生在实际情景中运用语言进行交际的能力。

需要指出的是，在任何教学方式下都有取得成功的学生。在我国，听说法具有"贵族式"特征，因为在师资和教学设备条件良好的学校如外语学校，通过大量听录音和机械背诵，学生获得了一定的英语语感和自信心。与盛行语法翻译法的年代相比，学生的英语语言技能，特别是口语表达能力大大提高。也正因如此，至今为止，听说法仍然被许多一线教师认为是适合中国英语教学的方法。在大力提倡交际语言教学法的今天，当交际语言教学法中出现一些问题，如学生在说英语时出现许多语法错误时，有些教师便进行反思，认为交际法不适合中国英语教学的环境，于是开始怀念并重新捡起听说法，甚至语法翻译法。从某种意义上来说，"怀旧并回到过去"的行为在一定程度上影响了交际语言教学的实施。

从 1978 年起，我国开始实行改革开放政策，随之社会对英语学习，特别是口语交际的需求增加，于是我国外语教学界开始引进交际法。在 20 世纪 90 年代，随着社会对外语听说能力要求的不断提高，外语教学也越来越注重对学生口语交际能力的培养。但是，那时在中小学的课堂上，由于缺乏英语师资等原因，实际上并没有能够有效地使用交际法进行教学，主要使用的仍然是语法翻译法和听说法相结合的方法。也就是说，当时外语课堂教学的主要方式仍然是教师上课使用母语讲解语法，翻译所学词汇、句型和课文，而后播放录音让学生模仿句型，并在模仿的基础上进行对话练习，达到最终能背诵句型和课文的目的。这样的教学不仅不能达到培养学生口语交际能力的目的，而且容易使中小学生对英语课产生抵触情绪。

造成以上问题的原因是多方面的，但是最直接的问题在于师资的匮乏。当时，许多中小学英语教师来自非英语专业毕业生，他们自己都不能达到使用英语进行交际的程度,更不用说使用英语组织课堂教学。因此,使用传统的语法翻译法和听说法进行教学实际上是教师无奈的选择,这就注定了在外语课堂教学中无法贯彻交际法的主要教学理念。外语教学的效果不尽如人意是可想而知的。

有的学生进入大学后,需要从基础英语重新学起,这种现象被外语界称为"炒冷饭"。"炒冷饭"现象造成外语教学效率低下。1996年,在中南海召开的外语教学座谈会上指出,中国外语教学普遍存在费时较多、收效较低的问题[1],其原因之一被归结为不重视培养学生的口语交际能力:"为片面追求升学率,把外语作为知识来传授,教学方法和手段落后,不重视培养学生的外语交际能力,其后果是许多学生的英语能力只是不能说的'哑巴英语'能力和听不懂的'聋子英语'能力……"[2]

如今,在我国的中小学英语教学界,交际语言教学的概念已经成为主流。但是,由于教学理念、教学方法以及教师英语专业水平等条件的限制,或者是出于个人得心应手的学习和教学经验等原因,在现实教学中,尤其是在某些师资短缺的学校,还存在"明修功能,暗渡形式"的做法,即在公开课上使用交际法,倡导以培养学生的交际能力为教学目标,而回到现实课堂上却使用语法翻译法和听说法相结合的教学方式;用中文翻译单词和课文、讲解句型和语法知识仍然是外语课堂教学中常见的现象;家庭作业让学生抄写单词、句型和课文,并附上中文翻译的现象也仍然普遍存在;为应试而花费大量时间和精力反复操练句型、单词和短语的做法更是中学英语教学的家常便饭。事实上,除了在课堂教学中,在"明处"也仍然有"难言之隐"。例如,在中考、高考英语试卷中,每一道试题的题目,包括听力部分,都在英文题目之后加上了中文翻译。

我国的英语教学领域,在理念上大力倡导交际语言教学,而在实践中却不能摒弃传统的教学方法,如语法翻译法和听说法。这种状况在很大程度上导致了英语教学达不到我们所倡导的培养学生运用语言进行交际的能力的教学目标。在这种情况下,有些教研人员和一线教师把矛头指向了交际语言教学本身,试图回到传统的外语教学方法时代,即使用母语讲解语法知识、进行目标语与母语互译和机械操练句型的时代。这样的错误理念深深地影响着交际语言教学法的贯彻，使课堂口语教学效果遭到削弱。

1996年，在中南海召开的外语教学座谈会引起了大学层面教育者的广泛关注，随即触发了大、中、小学"一条龙"英语教学研究与实践[1]，引发了以国内高校教育者牵头的中国新一轮英语教学改革。"一条龙"英语教学改革是从"一条龙"的龙头，即小学入手的，因为"从某种意义上来说，学生在中、小学打下的英语基础决定了大学时期的英语能力的发展"[2]。其中，从1999年秋季开始，清华大学大、中、小学"一条龙"项目组在全国范围内从小学一年级开始的"一条龙"英语教学实验是其典型代表。

中国的中小学英语教学主要依赖于课堂，课堂上用于教学的语言材料主要依赖于教科书。因此，"一条龙"英语教学改革的显著性标志就是英语教科书的写作、实验以及出版。新一轮教材的编写体现了新时代的外语教学理念和教学方法，即交际语言教学。例如，清华大学出版社出版的《小学英语》实验教材的前言中写道："本套教材力求体现新的教育思想、新的语言观和外语学习观，以发展语言实践能力为主线，突出语言的交际功能及其工具性特点，以培养学生用英语进行交际的能力为最终目的，同时注意学习兴趣的培养。"[3]同时，为了在课堂上切实贯彻交际语言教学方法，在进行课堂教学改革的同时，也对英语任课教师实行了同步培训。因此，许多参加"一条龙"英语教学实验的学校，可以说基本上成功地实施了交际语言教学，取得了社会公认的良好的教学效果[4]。

自改革开放到目前为止，全国外语教育工作者从不同角度，以多种

［1］陈琳.让"多语种、高质量、一条龙"愿望完满实现［J］.基础英语教育，2008，10（5）：3-9.（关于外语教学实行大、中、小学"一条龙"有机衔接的理念，根据陈琳教授记载，最早是由国务院前总理周恩来于20世纪60年代初提出来的。）

［2］范文芳.大、中、小学英语教学的"一条龙"规划［J］.外语教学与研究，2000（6）：442-444.

［3］范文芳.小学英语实验教材1A［M］.北京：清华大学出版社，2001：Ⅰ.

［4］晓艾，白宏太.我说，我唱，我快乐！——清华大学附小"英语教学一条龙"实验纪实［J］.人民教育，2001（7）：46-49.

形式进行了数十年的英语教学研究与实践，为我国实施交际语言教学改革奠定了理论和实践的基础。同时，师范院校英语专业的扩招、多种形式的教师培训，大大提高了英语教师的英语水平，为课堂上真正贯彻实施交际语言教学提供了大批比较合格的师资队伍。

三、英语听说教学大纲的演变

在外语教学历史上，口语教学大纲看似多种多样，但是从本质上来说只有两种，即结构大纲（structural syllabus）和交际大纲（communicative syllabus）。结构大纲和交际大纲对外语教学，特别是我国的中小学英语教学产生了重大影响。

（一）结构大纲及其评述

结构大纲是基于结构主义语言学理论制定和实施的教学大纲。结构大纲往往与听说法联系在一起，但实际上，与情景法相关联的情境大纲在本质上也属于结构大纲。这是因为，情境大纲的倡导者虽然接受语言是用于交际的观点，将教学内容与情境（如在飞机场、在超市等）结合在一起，并在其教学材料中，借助图片为所呈现的句型提供情境。但是，它也是基于结构主义语言学理论制定和实施的教学大纲，"一些人认为它是'假功能的'（pseudo-functional）"[1]。因此，情境大纲实际上是贴有交际概念和交际情境标签的结构大纲。

1.结构大纲

受结构主义语言学的影响，结构大纲是一个以语法为导向的教学大纲。结构大纲设计者根据句型选择教学内容，试图通过一个一个的句型教授学生语法规则。他们精心选择所要教授的语言项目，根据句型的难易度编排教学顺序，同时也兼顾句型出现的频率、效能以及内容之间的相互联系等。请看《新概念英语》第一册从第1课到第10课的目录：

Lesson 1　　Excuse me!

Lesson 2　　Is this your...?

Lesson 3　　Sorry, sir.

---

[1]　胡壮麟.语言学教程（修订版）[M].北京：北京大学出版社，2001：361.

Lesson 4　Is this your...?

Lesson 5　Nice to meet you.

Lesson 6　What make is it?

Lesson 7　Are you a teacher?

Lesson 8　What's your job?

Lesson 9　How are you today?

Lesson 10　Look at...

从以上这 10 课的标题可以看出，每课都教授一个句型。其中第 2 课和第 4 课教授同一个句型。

结构大纲提倡的主要教学方法是句型操练（pattern drills），操练的方法是替换练习。例如，在第 4 课中，句型 Is this your...? 通过替换其中的名词，共反复出现了 15 次：

Is this your pen?　Is this your pencil?　Is this your book?

Is this your watch?　Is this your coat?　Is this your dress?

…

Is this your teacher?　Is this your son?　Is this your daughter?

在进行替换练习的句型中，任何部分都可以作为"空位"（slot）进行替换。例如，句子"My mother is going to give me a laptop."可以做的替换练习如下：

（1）把主语 My mother 作为空位进行替换练习

_____ is going to give me a laptop.

My friend/His father/Her aunt/Jane/...

（2）把动词 give 作为空位进行替换练习

My mother is going to _____ me a laptop.

buy/bring/get/send/...

（3）把直接宾语 a laptop 作为空位进行替换练习

My mother is going to give me _____.

a pen/a hat/a hug/a surprise/...

教师的任务就是提供空位让学生进行替换练习，组织学生反复操练某个句型。结构大纲倡导者认为，当学生熟练地掌握句型时，即可以准确地、下意识地对句型做出反应或使用句型说出句子时，他们就可以自然而然地使用这个句型进行交际了。

2. 结构大纲评述

结构大纲对我国的外语教学产生了深远影响。即使在大力倡导交际语言教学的当今，许多教师也仍然以反复操练句型为教学的主要任务，目的是让学生通过反复操练和机械记忆，掌握所学句型。"结构大纲已经实施多年，在一些语言项目，包括中国的外语课程中，仍然占据统治地位"[1]，"这种以操练句型为基础的教学文化主要与听说法联系在一起。虽然我们认为听说法已经消亡，但是这种基于操练句型的文化，即使在名为实施交际大纲的课堂上仍然很活跃、很盛行"[2]。

然而，结构大纲在教学内容和教学方法上都存在缺陷。首先，结构大纲所提供的教学内容偏颇。固然，语法知识是外语学习的重要组成部分，因为没有理解和生成正确句子的语言能力，就谈不上运用语言进行交际。但是，学习语言不等于学习语言本身，还应该培养学习者在交际中使用语言的语用能力。语法能力和语用能力二者缺一不可。Widdowson[3]指出："我们完全承认，生成正确的句子的能力是学习语言的关键一环，但是重要的是要认识到，它不是学习者需要获得的唯一能力。掌握语言不只是听、说、读、写句子，也需要知道句子是怎样用于交际的。"在谈到形容词比较级的复制性练习(reproductive exercise)时，Nunan[4]也明确表示："……对于多数学习者来说，句型练习是学习过程中的基本成分，它培养了完成后期交际活动的语言能力。然而，在培养学习者的交际能力方面，它们本身的作用是非常有限的。"胡壮麟[5]也持有相同的观点，他指出，结构大纲的主要缺点在于"它只关注语法结构和单个词语的意义，而认为长句的意义是显而易见所以无需讲解的，而且对句子意义的解释不考

[1] 胡壮麟. 语言学教程（修订版）[M]. 北京：北京大学出版社，2001：360.

[2] NUNAN D. Second language teaching and learning[M]. 北京：外语教学与研究出版社，2001：75.

[3] WIDDOWSON H G. Teaching language as communication[M]. Oxford：Oxford University Press，1978：1.

[4] 同[2]76.

[5] 同[1].

虑语境的因素。学生没有学会在真实的语境下地道地使用语言。结果是，被结构大纲教出来的学生们往往缺少实际的语言交际能力"。

此外，结构大纲所提倡的反复操练、机械模仿记忆的教学方法通常导致学生脱离语境、忽略意义，脱口而出的语言常常可能是结构正确却没有任何交际意义的"句型"。虽然句型操练和机械模仿记忆在语言学习中占有一定的地位，但是，把教学的主要甚至全部精力都用于反复操练句型，使学生像鹦鹉学舌一样，通过反复操练、机械模仿记忆把句型储存在大脑中，即使可以熟练到"自动化"地脱口而出的程度，仍然是僵化的知识，不能被学习者吸收而变为有意义的语言运用于交际。请看以下课堂教学片段[1]：

外教首先使用图片和动画教授不同类型的动物，包括 pets、farm animals 和 wild animals。在讲到 pets 的时候，她和学生进行互动交际：

T：Do you have a pet?

S：Yes. I have a dog.

T：What's your dog's name?

S：My name is X.

这个学生的回答一出口，便引起哄堂大笑。该学生窘迫地左顾右盼，一脸迷茫。外教再次问，并使用重音强调 dog：

T：What's your dog's name?

这时，邻桌的学生用中文对他说"问你的狗的名字呢"，这个学生恍然大悟，然后做出正确回答：

S：My dog's name is Coco.

上例中"My name is..."的句型已经在学生脑海中根深蒂固，以至于只要一听到有关 name 的提问，就自动用"My name is ..."的句型与之匹配，这是结构大纲指导下进行教学所导致的典型后果。

以上例子绝非个别现象。在一次外教主持的中小学英语教师培训会上，外教看到听课的教师疲惫不堪的样子，便问："How are you?"，许多教师下意识地回答道："I'm fine, thank you, and you?"。外教感到困惑，

---

[1] 2016年7月，外教给一所乡镇中学里的初二学生上口语课。

说："But you look tired."。这时有一些教师才恍然大悟，回答道："Yes, we're tired."。

另外，对于大多数学生，尤其是对中小学生来说，通过反复操练，机械记忆一个又一个基于语法选择的句型枯燥无味，不能激发他们的学习兴趣。因此，操练和背诵所学句型多是在教师的督促、监督下进行的。这样做，教师往往要花费许多的时间和精力，而学生往往是应付差事，鹦鹉学舌般地背诵。其结果是，这些背诵的产物暂时存储在短时记忆里，一旦通过了老师的检查，就很快被学生抛到脑后。实际上，即便是将死记硬背的句型永久地储存在大脑中，也不能被学生恰当地运用于真实的交际场景之中。

结构大纲由于不能培养学生的交际能力而受到批评，最终被交际大纲所代替。

（二）交际大纲及其评述

交际大纲是个涵盖性术语，它指的是旨在培养学习者交际能力的教学大纲，包括意念－功能大纲（notional-functional syllabus）、基于话题的大纲（topic-based syllabus）等不同种类的交际大纲。

1. 意念－功能大纲及其评述

（1）意念－功能大纲

受 Hymes 等交际能力理论的影响，Wilkins[1] 提出了旨在培养交际能力的两类范畴，一类是后来被称为意念的"语义－语法范畴"（semantic-grammatical categories），另一类是后来被称为功能的"交际功能范畴"（categories of communicative functions）。用意念和功能这两类范畴取代语法结构，成为制定外语教学大纲的基础。意念－功能大纲就这样问世了。

在意念－功能大纲中，意念指的是人们想要表达的意义，功能指的是人们使用语言的目的。Wilkins 将意念分为一般意念和具体意念。一般意念指的是抽象的概念，如存在、空间、时间、数、质等，它们属于我们使用语言表达思想和情感的领域。例如，在空间和时间这个一般意念

---

［1］ WILKINS D A. Notional syllabuses[M]. Oxford：Oxford University Press，1976.

下是位置、运动、维度、速度、时间的长度、频率等概念。而具体意念与我们已经习惯于谈论的语境或情境相对应。例如，个人身份识别是一个包括姓名、地址、电话号码等个人信息的具体意念。其他具体意念包括旅游、健康和福利、教育、购物、服务和消遣等[1]。

"意念－功能"中的功能部分与我们通常所说的语言的功能相对应，指的是使用语言的目的，即使用语言可以做的事情，例如，自我介绍、致谢、邀请、请求帮助、询问信息、道歉、警告、否认、接受等。意念－功能大纲有两个主要教学目的：首先是使学习者获得语言结构知识，其次是使用语言结构知识在不同的情境中表达思想[2]。

（2）意念－功能大纲评述

意念－功能大纲是交际大纲的雏形。它的问世受到了极大的关注，为外语教学内容的选取提供了新的视角：意念－功能大纲框架下的教学内容实际上就是话题，它以"意念功能话题"代替了结构大纲的"语法句型"。话题作为教学内容对 20 世纪 70 年代以后语言教学大纲的制定产生了深远的影响，是外语教学从倡导和实施结构大纲转向交际大纲的里程碑。

但是，作为教学大纲，意念－功能大纲本身是不完善的，因为它只提供了教学内容，却没有提出相应的教学方法，而它所提供的教学内容也存在缺陷。

首先，意念－功能大纲是通过举例的方式给出意念和功能的，而没有清晰地定义什么是意念和功能，更没有给出完整的意念系统或功能系统，这就决定了它只能凭借经验和主观臆断选择功能话题。其结果是，这些功能话题以零星的碎片，即一个个孤立的语言单位出现。从这个意义上讲，意念－功能大纲与结构大纲同出一辙，所不同的只是它所列出的语言单位是意念的，而不是语法的，而"零星的意念和功能话题是不可能穷尽的"[3]，"Van Ek 和 Alexander 就列出了 70 多个不同的语言功

［1］ BROWN H D. Teaching by principles: an interactive approach to language pedagogy[M].北京：外语教学与研究出版社，2001：67.
［2］ 胡壮麟.语言学教程（修订版）[M].北京：北京大学出版社，2001：360.
［3］ 同[2]363.

能"[1]。

其次，意念－功能大纲所提供的功能话题之间并不存在有机的联系，很难用科学的方法对所教授的功能话题做出合理的顺序安排。在很大程度上，"从'需求'或'意念'产生出来的大纲是随意的，因为没有任何明显的方式能够显示，表达致谢的能力建立在表达道歉的能力之上，或者表达请求的能力建立在表达警告的能力之上"[2]。

学习一个个孤立的功能话题，正像学习一个个孤立的语法句型一样，不能实现培养学生语言交际能力的目标。Widdowson[3]指出："有人认为，从关注句子转移到关注'意念'或'功能'就算是教授交际，但是，靠表达孤立的意念或完成孤立的功能同说出孤立的句型一样，是不能进行交际的。因此，简单地用孤立的认知或行为类话题取代抽象孤立的语言类句型，在教学方法上我们不会取得多大的进步。"总之，这样一个大纲"难以达到意念－功能大纲所制定的培养交际能力的教学目标"[4]。

2. 基于话题的大纲

意念－功能大纲的问世结束了结构大纲一统天下的局面，开启了交际大纲的发展历史。它是在摒弃结构大纲的教学内容，即语法句型的基础上形成的交际大纲的雏形。其本质就是用话题来实现意念和功能。从这个意义上讲，下文即将介绍的"自然途径大纲"和"任务型大纲"，都属于基于话题的教学大纲，前者的话题是基于儿童的日常生活，后者的话题是基于学习者在现实生活中所需要完成的交际任务。与意念－功能大纲不同的是，自然途径大纲和任务型大纲都有自己所提倡的教学方法。

（1）自然途径大纲及其评述

自然途径大纲是用于儿童教学起始阶段的教学大纲。它按照学生感兴趣的话题选择教学内容，包括娱乐消遣活动、家庭、朋友和日常活动、

［1］ BROWN H D. Teaching by principles: an interactive approach to language pedagogy[M]. 北京：外语教学与研究出版社，2001：67.

［2］ BROWN G, YULE G. Teaching the spoken language[M]. Cambridge: Cambridge University Press, 1983：27.

［3］ WIDDOWSON H G. Teaching language as communication[M]. Oxford: Oxford University Press, 1978: ix.

［4］ 胡壮麟. 语言学教程（修订版）[M]. 北京：北京大学出版社，2001：360.

计划、责任和职业、住所、亲身经历描述、健康、病痛与急救、饮食、交通与旅游等，每个话题下又分出若干个子话题。教师也可以和学生一起讨论选择他们感兴趣的话题作为教学内容[1]。

自然途径大纲提倡话题教学，采取的是一种自然习得语言的方法。Krashen[2]认为，只要大纲囊括了学生感兴趣的所有话题，语法自然就会包括在内，最好的习得不需要也不应该按照语法排序。但是它不排斥学习语法，只是在课堂上不安排教授语法，学生可以放学后回家自学。

自然途径大纲对我国外语教学大纲的制定和教科书的编写产生了深远影响。首先，它使话题作为教学内容的理念更加清晰明确；其次，它所选择的话题与中小学生的生活接近，对我们选择用于课堂教学的话题具有重要的参考价值；再者，它所提倡的教学方法，即自然途径教学方法，为我们进行外语课堂教学提供了重要的启示。

但是，自然途径大纲是为二语环境中教授儿童二语制定的教学大纲，它所倡导的教学方法，即自然途径，不适合外语教学环境下的外语教学。我国中小学英语教学是典型的外语教学，而不是二语教学。首先，无论在数量和质量上，我们都不具备按照自然途径进行教学的师资力量；其次，自然途径倡导在自然环境中教学，教师基本不进行教学管理，而我们的教学班级比较大，离开教师的教学管理便无法进行教学；再者，对于绝大多数学生来说，课堂外几乎没有任何目标语环境，让中小学生在课下自己学习语法的做法是行不通的。

（2）任务型大纲及其评述

和自然途径大纲一样，任务型大纲实际上也是以话题为教学内容的交际大纲。所不同的是，在任务型大纲的框架下，话题（如购物、问路）被作为一种任务，即需要完成的具体工作，而不是作为一种意义功能来学习。在"任务"这个概念里，暗含了学习这些话题的途径，即在模拟情景中，通过排练的方式，完成课堂外真实交际情景中的具体工作。

对于任务型大纲设计者来说，"任务"是很明确的，即学习者将来

［1］ KRASHEN S D. Inquiries and insights[M]. New Jersey：Alemany Press，1985.

［2］ KRASHEN S D. The input hypothesis：issues and implications[M]. London：Longman，1985.

在课堂外需要完成的具体工作。任务型教学重要的倡导者之一，Mike H. Long[1] 把任务型大纲中的任务定义为"一项为自己或他人免费或为获得报酬而做的工作。因此，任务的例子包括刷栅栏、给孩子穿衣服、填表、买鞋、预订机票、从图书馆借书、整理信件、预订宾馆、写支票、找路标、帮助他人过马路等。换句话说，所谓任务就是人们日常生活、工作、娱乐以及介于这些之间的各种事务"。因此，"大纲设计者以作为语言使用者的学习者在课堂外的需求为出发点选择相应的语言内容和学习经历。在设计课程时，他们考虑的是学习者在结束一段时间的学习时可以完成的具体交际任务。这样的话，学习者就比较容易把他们在课堂上所学到的东西运用到现实世界的交际活动中，让他们的老板知道他们能干什么"[2]。

任务型大纲的产生对我国中小学外语教学产生了深远影响。任务型教学是在课堂环境中进行的教学。它把话题作为交际任务完成，强化了交际理念，有力地推动了交际语言教学的发展，为我们探讨外语教学大纲提供了可供借鉴的理念和做法。但是，任务型大纲所定义的教学内容不适合我国中小学外语课堂教学，其倡导的教学方法也不能完全满足外语环境下的教学需要。

首先，任务型大纲是基于特殊用途（ESP）的教学大纲。其学习者处于二语环境中，为解决在现实生活或工作等场景中遇到的具体交际问题，如购物、问路、预订宾馆、工作面试等而参加短期目标语课程学习。因此，任务型大纲中的任务带有明显的具体性和即时性特点，正如上文提到的那样"让他们的老板知道他们能干什么"。而中国的中小学外语教学是在外语环境中进行的，它的教学目标具有多元性[3]和长期性特点[4]。在课堂上学习英语的绝大多数学生，他们可能在一生中都不会有机会面对

［1］ LONG M H. A role for instruction in second language acquisition[M]// HYLTENSTAM K, PIENEMANN M. Modelling and assessing second language acquisition. Clevedon, Avon: Multilingual Matters, 1985: 77-99.

［2］ NUNAN D. Second language teaching and learning[M]. 北京：外语教学与研究出版社，2001: 73.

［3］ 龚亚夫. 英语教育新论：多元目标英语课程[M]. 北京：高等教育出版社，2015.

［4］ 中华人民共和国教育部. 义务教育英语课程标准（2011年版）[S]. 北京：北京师范大学出版社，2012.

任务型大纲中所规定的任何具体任务，如使用英语购物、预订宾馆等。因此，我们不能把基于特殊用途的任务型教学大纲中所规定的"任务"作为我国中小学课堂教学中实施的主要任务，而是要具体分析我国中小学生的需求，制定适合我国中小学英语课堂教学的"任务"。

其次，任务型大纲是为具有一定目标语基础的成人所设计的教学大纲，如 Nunan[1] 使用任务型大纲教授的是中上等水平的学习者。因此，他们在课堂上可以不学或少学语言知识本身，而直接进入模拟交际活动，在教师的指导下训练使用语言进行交际的技能。但是，即使是在这种情况下，学习一定的语言知识也是必要的。Ellis[2] 明确指出，在教学方法这个层面，认为语法在任务型语言教学中没有地位是完全错误的。在我国，中小学生面对的是一门完全陌生的语言。如果不学习词汇、语法等语言知识，而直接使用任务型大纲进行任务交际的话，就意味着在听不懂、不会说的前提下进行口语交际活动，如同无源之水，无本之木。

最后，中小学生的生理、心理、认知等特点和兴趣与成人也有很大的差异，完全以实用性为目的组织的交际任务活动无法激发他们的学习兴趣。因此，把用于培训成人二语学习的任务型教学用于中小学英语课堂显然是不合适的。

毋庸置疑，交际语言教学是外语教学，特别是口语教学所应该遵循的基本理念。但是，在我国中小学外语课堂教学中，怎样才能真正贯彻交际语言教学的理念，是一个需要不断深入探讨的问题。

［1］ NUNAN D. Second language teaching and learning[M].北京：外语教学与研究出版社，2001：80.
［2］ ELLIS R. Task-based language teaching: sorting out the misunderstandings[J]. International journal of applied linguistics，2009，19（3）：221-246.

本章小结

在当今全球化文化背景下，英语口语交际能力的高低直接影响着我们在国际舞台上扮演的角色。在本章的第一节中，我们首先从语言发展、遗传学和外语教学三个视角简要地讨论了英语听说教学的意义，旨在阐释听说能力的培养在中小学外语课堂教学中的重要性。

在第二节中，我们概括性地回顾了外语教学发展史上具有重要影响的外语教学方法。在第三节中，我们特别介绍了对听说教学产生过重要影响的听说教学法，概括了它们的主要观点，肯定了其合理的部分，也指出了各自存在的问题，以引发读者对它们的进一步思考。

在本章的最后一节，即第四节中，我们首先回顾了我国外语教学发展和英语听说教学发展的历史，而后回顾了听说教学大纲演变的历程，指出了其所取得的成绩，并提出了需要进一步探讨和解决的问题。在此基础上，我们即将进入第二章和第三章，分别探讨有关听和说的能力培养问题。

第二章　　　听的能力培养

听是人体感官能力发展的最早阶段。"人一出生，首先使用到的是听觉，通过听来接收信息，通过听使意识被唤醒，思维得到锻炼。"[1] 在个体语言发展过程中，儿童是从听开始进入说的阶段，而后再进入读和写的阶段。

随着外语教学理论研究与实践的不断深入，我们逐渐认识到听在外语教学中的重要地位。位于四项语言基本技能之首的听，是学习和掌握其他语言技能的基础。没有一定的听力理解能力，就不能理解课堂上的语言输入，学习就不能发生。因此，正像 Brown[2] 指出的那样："在语言学习中，不管怎样估价听的重要性都不为过。"

儿童在自然语言环境中，可以毫不费力地获得母语的听力理解能力。但是对于外语学习来说，情况并非如此。在外语教学环境中，如何有效地培养学生的听力理解能力，是一个值得我们深入探讨的问题。

［1］RENUKADEVI D. The role of listening in language acquisition: the challenges and strategies in teaching listening[J]. International journal of education and information studies，2014，4（1）：59–63.

［2］BROWN H D. Teaching by principles: an interactive approach to language pedagogy[M]. 北京：外语教学与研究出版社，2001：233.

第一节　中小学英语课堂听力教学现状分析

一、对中小学听的能力要求

在 20 世纪五六十年代，外语课堂教学以教师组织学生进行句型操练和学生反复模仿、机械记忆为主要特征。那时，"可以听到满屋子学生在进行口头句型训练"[1]，学生甚至可以用比较清晰、流利的口语陈述自己事先准备好的观点，但是却根本听不懂听众就自己的陈述所提出的问题，这样的"聋子英语"现象并不少见。

在 20 世纪 80 年代后期，我国开始引进交际语言教学的理念，听说能力的培养逐渐受到重视。从 20 世纪 90 年代起，我国英语教学大纲对听力提出明确要求，同时在测试中也增加了听力部分。教育政策层面和测试层面对学生提出的听力要求，使培养学生听的能力成为中小学外语教学的重要目标之一，奠定了听力教学在外语课堂教学中的重要地位。

（一）教育政策要求

根据教育部《义务教育英语课程标准（2011 年版）》[2]规定，学生在小学毕业时，听的能力应该达到二级目标的水平：

（1）能借助图片、图像、手势听懂简单的话语或录音材料。

（2）能听懂简单的配图小故事。

（3）能听懂课堂活动中简单的提问。

（4）能听懂常用指令和要求并做出适当的反应。

学生在初中毕业时，听的能力应该达到五级目标的水平[3]：

（1）能根据语调和重音理解说话者的意图。

（2）能听懂有关熟悉话题的谈话，并能从中提取信息和观点。

（3）能借助语境克服生词障碍、理解大意。

---

[1] BROWN H D. Teaching by principles: an interactive approach to language pedagogy[M]. 北京：外语教学与研究出版社，2001：233.

[2] 中华人民共和国教育部. 义务教育英语课程标准（2011年版）[S]. 北京：北京师范大学出版社，2012：14.

[3] 同[2]17.

（4）能听懂接近正常语速的故事和叙述，理解故事的因果关系。

（5）能在听的过程中用适当方式做出反应。

（6）能针对所听语段的内容记录简单信息。

教育部在《义务教育英语课程标准（2011年版）》中对学生听的能力所提出的明确要求，使培养学生听的能力成为中小学英语课堂教学中不可或缺的重要组成部分。

（二）现实考试要求

1. 小学阶段

目前，小学升初中没有统一要求的听力理解测试，但是，在学校组织的英语期末考试中，听力通常占有重要地位。以参加清华大学"一条龙"英语教学实验的学校为例，在一至六年级的英语期末考试中，听力所占英语总成绩的百分比分别为：一年级和二年级的期末考试只包括听力和口语两项，二者各占50%；从三年级开始，考试成绩中包括了书面表达，听力和口语所占英语成绩的百分比开始降低，在三年级和四年级，听力和口语所占英语成绩的百分比均降低到40%；在五年级和六年级，随着书面表达所占比例的提高，听力和口语所占的比例再次降低，其中，听力降低到30%，而口语则降低到20%。从听、说、读、写所占英语总成绩的百分比可以看出：在听、说、读、写四项语言基本技能中，听和说领先；在听和说两项语言基本技能中，听领先。这反映了在小学阶段，听在听、说、读、写四项语言基本技能中所处的重要地位。

2. 中学阶段

在中考和高考试卷中，听力所占的比例是有统一规定的。根据《九年义务教育全日制初级中学英语教学大纲（试用修订版）》[1]的要求，全国各省、市、自治区的中考英语听力的分值占总分的比例应不少于20%。在各地的中考英语试卷中，听力的占比基本都是25%：满分120分，听力部分30分，其他部分90分。中学英语试卷中不包括口语测试。

总之，教育政策和测试层面的要求，决定了听力理解能力的培养在中小学英语课堂教学中占有重要地位。

[1] 中华人民共和国教育部. 九年义务教育全日制初级中学英语教学大纲（试用修订版）[J].基础教育外语教学研究，2000（2）：3-11.

二、中小学课堂听力教学的现状

（一）听力教学现状

近年来，人们逐渐认识到听说的重要性。同时，听力理解在中考、高考中的要求使教师和学生都十分重视听力理解的训练，因此，听力教学取得了显著成绩。

在经济发达的大中型城市，尤其是在条件优越的重点学校里，教师的教学理念和教学水平较高，教学条件较为先进，为培养学生的听力理解能力创造了多方面的积极条件。其中一个重要原因是，任课教师有能力使用英语组织课堂教学，有的学校甚至雇用英语本族语者给学生上课。学生在课堂上有机会得到英语听力输入，甚至有机会与英语本族语者进行面对面的口语交流。因此，在这些学校里，学生的听力理解能力总体较强。在考试中，听力理解题目对他们来说似乎是小菜一碟，大多数学生在英语考试（包括中考）中能够轻松拿下听力理解部分，得满分或达到接近满分的水平。

显而易见，当学校在课堂教学中可以为学生提供良好的英语听力环境，学生在考试中能够轻松得到比较理想的成绩的时候，课堂听力教学便走入良性循环。但是，在我国的绝大多数地区，尤其是在欠发达的中小型城市，中小学的英语教学条件很不理想，听说教学仍然存在许多问题[1-3]。

1. 学生听力水平现状

总的来说，在应试教育氛围较浓的区域和欠发达的中小型城市，学生的听力能力普遍偏低。在四项语言基本技能中，学生听懂内容的能力最弱，读懂内容的能力最强。属于"说"的口头输出比属于"写"的笔头输出偏弱。在英语考试中，听力理解部分的成绩明显低于阅读理解和写作部分的成绩。这导致了学生对听力学习的消极态度，有的学生甚至

［1］颜艺华.中学英语听力培养的探讨[J].教育评论，2002（1）：76-77.

［2］冯志鹏.农村中学英语听力教学的现状与对策[J].中国校外教育（理论），2008（9）：124.

［3］丁微微，丁立芸.中学英语听力教学现状的实证调查和对策[J].温州大学学报（社会科学版），2008，21（3）：96-100.

明确表示，在考试中会放弃听力部分的分数，把更多的精力放在提高阅读理解的分数上。

在中学阶段，听力教学主要以考试为指挥棒，以训练听力考试题型、培养学生应试技巧为听力教学的主要内容，以提高考试分数为主要教学目标。于是，在初一、初二年级，许多教师几乎不进行任何旨在提高听力能力的教学活动，到了初三才围绕考试题型安排听力集中训练。结果，在面对面的口语交际中，学生除能够听懂最简单的、程式化的几句寒暄语外，基本上听不懂具有真实交际意义的内容。同时，由于听力训练是在学生听力理解能力偏低的状况下反复做听力练习题，考试成绩也往往难以从实质上得到提高。在考试中表现为听力部分经常靠猜来完成，所以成绩不理想是可想而知的。

由于听力理解能力偏低致使考试中听力成绩偏低的状况给学生带来了心理上的焦虑，成为提高学生听力理解能力的阻碍因素之一。听力理解过程本身的动态性、即时性和不可逆性，已经使许多学生对听力输入产生恐惧心理。在心理焦虑的状态下，本来偏低的听力理解水平更是几乎得不到发挥，这使学生很难提高听力水平。

听力理解水平偏低和心理焦虑状态相互影响，使学生形成了对听力理解的消极态度。Scovel[1]指出，焦虑按其产生的不同结果可以分为两种类型：促进性焦虑（facilitating anxiety）和退缩性焦虑（debilitating anxiety）。由于某事件而产生促进性焦虑的人会努力克服困难，主动解决问题，促进事件朝着自己意愿的方向发展，而具有退缩性焦虑的人在困难或任务面前则倾向于选择逃避或放弃。就语言学习而言，促进性焦虑促使学习者的语言得到发展，而退缩性焦虑则阻碍学习者的进步。在实际教学中发现，大多数学生对于英语听力所具有的焦虑属于退缩性焦虑。在笔者与学生进行的非正式访谈中，有的学生说："最害怕听力部分了，那是我的软肋。"有的学生在中考前说："到最后的冲刺阶段就打算放弃听力那部分的分数了，反正短时间内也提高不了，还不如多做点语法和阅读。"这种无望消极的态度使教师在英语课堂上组织听力教学难上加难。

[1] SCOVEL T. The effect of affect on foreign language learning: a review of the anxiety research[J]. Language learning, 1978, 28 (1): 129-142.

总之，与其他三项语言基本技能相比，听力水平偏低的学生面对听力理解任务普遍会产生退缩性焦虑。这种消极情绪不利于提高听力理解能力。

2. 课堂听力教学现状

在中小学英语课堂上，听力教学主要分为两种类型。

第一类听力教学是作为呈现课文的热身活动，为随后讲解课文做铺垫，旨在体现"听说领先"的理念，即在阅读和讲解课文之前，让学生通过听先接触课文的语言材料。这时，用于听力的材料是即将进行阅读和讲解的课文。在这个听力活动中，大多数教师是按照听力教学的三个阶段，即听前、听中和听后阶段组织听力教学活动的，但是这三个阶段的教学往往只是流于形式，匆匆地走个过场。在这三个阶段中，教师所使用的教学形式趋于简单化和机械化：听前阶段主要是用中文讲解词汇表中的单词，列出一些相关问题；听中阶段只是教师按键播放录音；听后阶段主要是让学生回答事先列出的问题，然后让学生打开课本通过阅读文本检查答案，或者教师公布正确答案，随后进入阅读理解阶段。

另一类听力教学多是在初中，特别是初三阶段进行的，即针对中考的听力考试题目而进行的听力专项训练。这种听力专项训练常常是机械化的过程：教师发练习题、放录音，学生听录音做题，然后核对答案。

以上两类听力教学活动都不是为提高听力理解能力所专门设立的听力教学活动。对于第一类教学，学生都知道，听不听、是否听得懂都没有关系，因为听的这个教学环节过后就会看到所听内容的书面材料，有的学生甚至在上课之前就已经提前阅读了这个书面材料。因此，这个听力教学环节实际上是流于形式的，对培养学生听力理解能力的作用不大。而第二类教学，对于缺乏课堂听力训练而听力能力偏低的学生来说，为考试而进行听力理解集中训练则是一件十分痛苦的事：在几乎听不懂的状态中听录音，而后从多项选择中毫无根据地靠猜测来选择答案。在对答案的时候，面对几个正确的选择而庆幸，面对多个错误的选择而长吁短叹，最后只能做出在中考中放弃听力理解部分的决定，这也就意味着放弃了在课堂上提高听力理解能力的努力。

（二）听力教学现状分析

在听力教学中，教师采取听前预热、听中监控、听后检查与拓展的形式是目前课堂听力教学的主要模式。但是，部分教师教学理念陈旧，缺乏理论指导，或迫于应试压力等原因，使课堂听力教学在这三个阶段出现了不利于培养学生听力理解能力的问题。

1.听前阶段存在的问题

英国心理学家 Frederic Bartlett[1] 提出图式理论（schema theory）来解释意义理解的过程。图式是人们储存在大脑中的已有知识和经验以及对世界的认识。当人们看到新的事物或听到新的信息时，大脑中的相关图式就会被激活。图式是理解新事物新信息的认知基础。图式的有效激活能够帮助人们组织和加工新信息，从而正确地认识和理解新信息。图式分为两种类型：形式图式和内容图式[2]。就语言而言，形式图式表现为语言形式，包括拼读特征、结构特征、文体特征等；内容图式则是人们对相关话题的了解，包括与内容相关的信息和文化背景知识等。语言意义理解的失败常常源于两个原因[3]：一是图式缺失，也就是大脑中不存在与新信息相关联的图式，进而导致理解困难；二是图式未激活，指的是新信息无法有效地激活已有图式，从而无法正确理解所听到的信息。

听前阶段是帮助学生有效地激活已有图式或建立相关新图式的阶段。听前阶段的教学活动要求教师对语言材料和学生都要有充分的了解。教师不仅要组织学生复习他们已有的语言知识，学习新的语言结构，以激活或建立相关形式图式，还要知晓学生对话题的熟悉程度，激活他们已有的内容图式或有针对性地补充必要的文化背景知识，帮助他们建立所需要的新的内容图式。但是，在目前的课堂教学中，教师往往单纯地关注语言的形式，花大量时间组织学生学习单词、讲解相关语法知识、阅

［1］ BARTLETT F C. Remembering：a study in experimental and social psychology［M］. Cambridge：Cambridge University Press，1932.

［2］ CARREL P L，EISTERHOLD J C. Schema theory and ESL reading pedagogy［J］. TESOL quarterly，1983，17（4）：553–573.

［3］ RUMELHART D E. Schemata：the building blocks of cognition［M］∥SPIRO R，BRUCE B，BREWER W. Theoretical issues in reading comprehension. Hillsdale，NJ：Lawrence Erlbaum Associates，1980.

读听前所提出的问题，激活或帮助学生建立形式图式，而不关注学生理解目标听力材料所需要的文化背景知识，造成学生内容图式的缺失，导致学生对目标听力材料理解困难。请看以下教学片断：

教师给学生播放了一段关于美国阿拉斯加州的听力材料。题目是 *Winter Tourism in Alaska*。在教师的教案里，记录了以下听前教学活动：

Activity 1　Words and phrases: Alaska, telescope, satellite, comet, meteor, polar bears, polar ice cap

Activity 2　Background information: Alaska

Activity 3　Read the questions before listening: (1) Why is there always a heavy snowfall in Alaska? (2) What can you do in winter in your spare time in Alaska? (3) What is greenhouse effect? (4) How do the polar ice caps affect ocean levels?

在课堂教学过程中，教师基本是按照教案里的步骤进行教学的。首先，教师用中文组织学生学习将要听到的录音材料中出现的新单词和短语，即对词汇和短语进行中文翻译和解释；接着，教师借助 PPT 中的图片，简要地用中文介绍阿拉斯加州的地理环境、气候和人文特征，如阿拉斯加州是美国面积最大的州，部分区域是极地气候，冬天寒冷风大，以及北极圈和北极熊的相关知识等；最后，教师组织学生读问题。这些问题是教学材料中提供的，后面配有四选一的选择题，教师告诉学生要带着这些问题去听录音。这三个听前活动，从形式上看既涉及了词汇的学习，又涉及了背景知识的讲解，是符合听前活动要求的。但是，从学生听的结果来看，大多数学生都能顺利地找到问题（1）和问题（2）的答案，但是只有少数几个学生找对了问题（3）和问题（4）的答案。

反观教师的听前教学，我们注意到，教师处理词汇时并没有对相关文化信息进行讲解，背景知识的补充也不够充分，相关度不高。这个班里的所有学生都没有去过阿拉斯加州，对阿拉斯加的了解仅限于教师课堂上用中文所做的简单介绍。因此，学生关于阿拉斯加的内容图式几乎是不存在的，对于什么是温室效应及其产生的原因的了解也不够，从而导致学生对听力材料中"温室效应"和"极地冰冠"两个问题理解失败。我们通过课下对学生所做的非正式访谈证实了这一点。一个被采访的学生说:"材料里几乎没有生词,但就是不明白说的是什么。"

总之,由于受传统教学方法的影响,教师往往注重语言形式的讲解,而忽略相关背景知识的介绍,结果只能激活学生头脑中的形式图式,而不能激活其内容图式,造成学生的内容图式缺失,从而导致听力理解的失败。

2. 听中阶段存在的问题

听中阶段存在的问题主要集中体现在教学模式的机械化、程序化和简单化,具体表现为教师刻板地遵循"泛听一遍,精听两遍,听中不停顿"的教条。在听中阶段,有些教师仅仅起着"按键"的作用,只管播放录音,而不对学生的听中表现进行任何监控。我们在课后对多位教师的非正式访谈中了解到,有些教师对听中阶段的看法基本是"放录音让学生听",较少考虑在播放录音期间是否需要停顿、是否需要重复听、是否需要补充信息或检查学生注意力是否集中等问题。

听中阶段是播放录音让学生听的阶段,但这绝不意味着教师的作用只是按键播放录音。在播放录音期间,只有密切监控学生听录音的状态,了解学生的难点所在,才能灵活应对学生的听中行为,从而根据学生的实际情况做出教学调整,使学生在听中阶段成功地解码听力语篇,理解其意义,完成听力理解的任务。

3. 听后阶段存在的问题

在分析听后阶段的问题之前,请看以下课堂教学片段:

T:Next question:"What will the boy do next?"

S:(no response)

T:What do they say?

S:(no response)

T:文中不是讲到了吗,女孩说"看电影之前,可以给家人打个电话",然后男孩说了什么?"Wait for me,OK?"男孩肯定是要给家人打电话啊。所以选 B,对吧?

S:Yes.

在以上教学片段中,存在以下几个问题:

第一,教师的问题"What will the boy do next?"本身是不清楚

的。句子"What will the boy do next？"的背景是什么？即 next 指的是什么？实际上，这个问题的背景是："The girl said, 'You can call and tell your parents before the movie starts.' The boy responded, 'Wait for me, OK？'"。只有在这个背景下提出"What will the boy do after his response？"，学生才可能理解问题本身，以便做出正确的回答。

第二，问题"What do they say？"本身也不合适。在这个问题中，they 指的是谁？其中的一般现在时表示的是什么意思？这个问题旨在引导学生回答问题"What will the boy do next？"，由于问题本身的缺陷，使这个用于引导的问题与所需要回答的问题之间逻辑关系产生混乱。

第三，教师提出问题"What will the boy do next？"后，学生一时没有做出回应。这时，教师提出一个新的问题："What do they say？"，学生仍然没有做出回应。这时，教师不去分析学生没有做出回答的原因，而是用中文和英文混杂的语言进行解释，让人听得一头雾水。在这样的情形下，教师直接说出了问题"What will the boy do next？"的答案，即B。可以看出，教师的关注点不是学生是不是理解听力材料本身，也不是分析学生不能回答这个问题的原因所在，而是急于给出事先做好的答案。

这个教学片段中出现的问题并不是罕见的特例，而是日常教学实践中存在的普遍现象。第一，英语教师的英语水平制约了英语教学。第二，课堂教学存在教师"一言堂"问题。在这种情况下，很难有效地提高学生的英语听力理解水平。第三，就听后阶段的教学来看，教师的普遍做法是检查答案和给出答案，而不是组织有效的教学活动。

总之，在我国的一些中小型城市，由于英语教师自身英语语言水平偏低，语言输入无论是在数量上还是在质量上都存在不尽如人意之处，以致学生很难得到充足的优质语言输入。语言输入在数量和质量上的缺失是导致学生听力理解能力偏低的主要原因。

第二节 中国学生英语听力理解障碍分析

许多外国学者[1-4]对培养学习者听力理解能力的困难或者听力障碍做过论述，但是对于中国学生在听力理解过程中存在的障碍的研究却不够充分，而汉语和英语的区别、中国学生学习外语的习惯等，都使中国学生在听力理解中所遇到的障碍具有特殊性。

一、语音障碍

英语是拼音文字，而汉语是象形文字。两种语言在语音，包括单词与汉字的发音和重音、句子重音、韵律节奏和语调等方面都存在巨大差异。例如，绝大部分汉语是由一个声母和一个韵母组成的，并且都是以韵母结尾，相当于英语单词中的一个音节，而英语单词却可以是单音节词、双音节或多音节词，而一个音节也常常包括多个辅音，并且许多音节是以辅音结尾的。英语和汉语在语音特征上的差异，给中国学生听力理解带来了很大障碍。

（一）音位辨认的困难带来识别单词的困难

英语单词的发音是由不同的音位（phoneme）[5]组成的。不能正确、及时地辨认音位给学生带来辨认英语单词的困难，从而产生听力障碍。

第一，英语中的许多音位与汉语中的音位不同，其中，有些在汉语中不带来意义变化的音位，在英语中却可能属于不同的音位，这使学生难以辨别英语单词中的某些音位，从而导致识别单词的失败。例如：在汉字中，使用 /w/ 还是 /v/ 不会带来意义上的变化，如把"伟大"中的"伟"

［1］ BROWN H D. Teaching by principles: an interactive approach to language pedagogy［M］.北京：外语教学与研究出版社，2001：55.

［2］ DUNKEL P. Listening in the native and second/foreign language: toward an integration of research and practice［J］.TESOL quarterly，1991，25（3）：431-457.

［3］ RICHARDS J C. Listening comprehension: approach, design, procedure［J］.TESOL quarterly，1983，17（2）：219-240.

［4］ RIVERS W M. Teaching foreign-language skills［M］.Chicago：University of Chicago Press，1981：71.

［5］ 简单地说，一个音标就是一个音位。

说成 /wei/ 还是 /vei/，听者一般不会误以为是其他字。但是在英语中，/w/ 和 /v/ 却是两个不同的音位，即在单词中，是 /w/ 还是 /v/ 意味着两个不同的单词，如 wet 和 vet、west 和 vest。另外，在英语中有许多汉语中没有的音位，它们也常常给中国学生识别单词带来困难，如 bed 和 bad 中的 /ĕ/ 和 /ă/ [1]。

第二，英语音位的读音在单词中常常发生变化，如 /t/ 在单词 student 中因为受到前面清辅音 /s/ 的影响而变为 /d/；而在单词 mutton 中，/t/ 由于受后面元音的影响，其发音也向 /d/ 靠近。这种音位的变化常常给中国学生识别单词带来困难。

第三，英语单词中有许多音位组合（juxtaposition），学生常常由于不能顺利地辨认辅音组合而错误地识别单词，如 parts 和 parks。

在听力理解过程中，对某些音位辨别的困难常常导致在听力过程中迟疑或停顿。"虽然有时候想清楚某个单词的正确发音只需要一秒钟或更短的时间，但是它也会耽误理解的进程——口语速度很快，语篇又不可能重现。对于外语学习者来说，耽误一点时间，即使迟疑一下，也可能会引起连锁反应，耽误对内容的理解。"[2] 另外，错误地辨别某些音位会导致错误地理解单词。有时尽管这个解释不符合上下文的语义，但是学生却没有时间做进一步考虑，从而将错就错，导致听力理解的失败。

（二）单词与单词之间的连读带来理解上的困难

单词与单词之间的连读也常常带来理解上的困难。在汉语中，每个汉字在句子中的发音与其独立时的发音基本上相同。但是，在英语中，相邻单词与单词之间常常连读，在发音上组合成一个"长单词"，如 get up 连读为 ge-tup。这种连读现象常常造成听力理解上的困难。

（三）句子的语调、重音和韵律

在英语中，语调、重音和韵律等都属于超音位，即它们都是大于音位的意义单位。不同的语调、重音和韵律节奏所表达的意义往往不同。

[1] 这里单词的注音使用的是自然拼音，/ĕ/和/ă/所对应的国际音标为/e/和/æ/。本书中所使用的注音符号均为自然拼音。

[2] UR P. Teaching listening comprehension[M]. Cambridge：Cambridge University Press，1984：12.

不能正确地理解句子中的语调、重音和韵律节奏是造成听力理解障碍的重要原因。

1.语调

在英语中，语调的不同会导致不同的话语意义。一个重要的单词常常是靠使用高音调说出而得以强调的。在具体语言情景中，交际的语用意义，如可信程度、怀疑、讽刺、询问、惊讶、幽默等，除使用词汇手段外，也经常靠语调的变化来实现。请看以下两个学生之间的对话：

A：John worked out that super difficult math problem.

B：Really?/Really.

在以上对话中，听者 B 的前一种语调，即疑问语调，表示相信 A 所说的"John 做出了那道极难的数学题"这个信息并且感到惊讶；而后一种语调，即降调，却表示 B 由于某种原因，如事先得知 John 是抄袭其他同学的答案，或者问过教师，或者由其家长帮助做出的答案等，对 A 所说信息表示轻蔑或者不信任等态度。这种意义上的不同不是通过不同的词汇语法体现出来的，而是通过语调以隐性、间接的方式表达出来。这种由语调的不同而带来的微妙的意义差异通常会给英语初学者带来听力理解上的困难。

2.句子的重音和韵律节奏

英语是以重音作为计时标记的语言，其韵律特征是生成和理解意义的重要辅助手段。

音步（foot）是构成韵律节奏的基本单位。一个音步可以包括一个重读音节和一个或多个非重读音节，也可以只包括一个重读音节。小句的韵律节奏是基于音步中的重读音节而形成的。在口语中，音步中的重读音节读得清楚、响亮，占用的时间较长，而非重读音节则读得弱、不清楚，占用的时间短促，常常一带而过，以确保小句的整体韵律节奏。我们借用 Jack C. Richards[1] 的例子来说明句子的韵律节奏问题：句子"The CAT is INterested in proTECting its KITtens."由 14 个音节组成，包括四个音步：cat is、intersted in pro-、tecting its、kittens，句子起始处的 the 为弱起，不计入音步。其中，第二个音步"INterested in pro-"共

---

［1］ RICHARDS J C. Listening comprehension: approach, design, procedure[J]. TESOL quarterly, 1983, 17（2）: 219-240.

包括 6 个音节：1 个重读节 in- 和 5 个非重读音节。这一个重读音节读得清楚、响亮，而 5 个非重读音节读得既快又不响亮，甚至模糊难以辨认其发音，以便说这 5 个非重读音节 "-terested in pro-" 和说一个重读音节 "in-" 所占用的时间大约相等。在很大程度上，正是因为这种既快又模糊的非重读音节，使几乎所有初学英语的学生都感到英语本族语者说话的语速太快，从而难以理解。

汉语的韵律特征与英语的韵律特征截然不同。汉语是以字作为计时标记的。在汉语中，每个字相当于英语的一个音节，每个字所占的时长几乎一样，并且每个字都需要读得清楚。在一般情况下，重音和韵律节奏的变化不会引起意义的重大变化。汉语和英语在韵律特征上的这些差异，给中国英语学习者听力理解带来了很大的困难。习惯于关注每个汉字来理解句子的中国英语学习者，往往不可控制地关注所听语篇中的每一个单词。当由于某个单词或者音节迅速闪去，或者由于其读音轻而不响亮导致听不清楚时，就会感到不知所措，从而导致之后的内容都听不懂的结果。

总之，英语中的语调、重音和韵律节奏等常常给中国英语学习者的听力理解带来严重问题。因此，教师不仅要引导学生关注单词的读音、重音及其单词与单词之间的连读现象，也要关注句子语调、重音和韵律节奏等，使学生逐渐熟悉英语句子的这些要素，最终掌握英语句子的语音规律，成功地完成听力理解任务。

二、语义障碍

从语义层面来看，造成中国学生听力理解困难的一个重要原因是学生倾向于以单词为单位理解句子。以单词为单位对听力文本进行解码，使语义解码的过程变得过于复杂，"就像把砖作为构成房子的结构单位一样，没有认识到墙和房间是房子的直接构成单位"[1]，不能抓住语言的整体意义特征，使语言理解变得异常复杂，甚至无法理解。

［1］ HALLIDAY M A K. An introduction to functional grammar[M]. London：Edward Arnold，1994：180.

实际上，理解语义是以语块（chunks）为单位正确地切分小句为基础的。

（一）语块

句子是个书写单位，位于两个句号之间。一个句子里常常含有一个或多个简单句，即小句。例如，在句子"I don't mind if you leave as soon as you've finished as long as you're back when I need you."[1]中含有五个小句，如表 2-1 所示：

表2-1

I don't mind	if you leave	as soon as you've finished	as long as you're back	when I need you
I don't mind if you leave as soon as you've finished as long as you're back when I need you.				

在书面语中，我们通常以句子作为语言结构的基本单位进行解码。但是在口语中，由于口语中小句与小句之间的语法关系异常复杂，加上人类的记忆力有限，小句便成为我们理解口语语言结构的基本单位。也就是说，在听到小句时，我们常常把它分割为几个语块，即具有一定词汇、语法意义的意群，包括词组、固定搭配，句型、习语（idioms）、程式语（formulaic sequences），以及具有一定文化含义的其他表达方式。语块的特点是出现频率高、具有特定的表达功能和固定的结构特征，因此，我们将语块作为整体语言单位储存在大脑中，在需要时直接从记忆中提取。例如，在小句"as soon as you've finished"中，我们可以识别两个语块：连词语块 as soon as 和小句语块 you've finished；在小句"as long as you're back"中，同样可以识别两个语块：连词 as long as 和小句"you're back"；而小句"I don't mind""if you leave"和"when I need you"都分别作为一个整体语块处理。

[1] HALLIDAY M A K. An introduction to functional grammar[M]. London：Edward Arnold，1994：217.

（二）语块作为可以识别的词汇

在听的过程中，我们可能主要是直接关注语义成分的理解而不进行句法分析。为了做到迅速地理解话语的意义以便跟上说话的速度，听者需要掌握大量可以迅速地通过听觉可以识别的词汇，如果我们"花费大量时间处理信息的细节的话，就永远不可能跟上讲话的速度"[1]，当然也就谈不上理解话语了。从这个意义上来说，一个人所掌握的可以通过听觉识别的词汇量是听力理解能力高低的重要标志之一。对于许多学生来说，他们所掌握的通过听觉可以直接识别的词汇量直接影响其理解话语的正确程度和速度。

语块是含有一定独立意义和结构的语言单位，它是构成小句的直接成分，是听觉可以识别的基本语言单位。正确、迅速地识别小句中的语块对理解话语起着重要作用。许多应用语言学家[2-4]都倡导以语块作为语言学习的单位。他们认为人们掌握语言不是一个一个孤立地记忆单词，而是成块地记忆语言单位并将它们储存在大脑之中。人们使用语言主要是运用固定的语块，即多词单位（multi-word unit）。母语者脑海中存有大量的日常表达惯例，在恰当的场合使用它们，会使谈话听起来更自然、地道[5]。因此，这样的日常表达惯例应该作为固定表达方式来学习。"一个人的语言储备是由成千上万个语块、短语、含有固定词汇的句式等构成的，语块使人们能够即时听懂和生成话语。"[6]

（三）识别语块的障碍

在我国中小学英语教学中，学习和记忆语言的单位通常聚焦于两个

［1］ RIVERS W M. Teaching foreign-language skills［M］. Chicago：University of Chicago Press，1981：71.

［2］ WILLIS D. The lexical syllabus：a new approach to language teaching［M］. London：Collins，1990.

［3］ WRAY A. Formulaic language in learners and native speakers［J］. Language teaching，1999，32（4）：213-231.

［4］ LEWIS M. The lexical approach：the state of ELT and a way forward［M］. Boston：Heinle，2002.

［5］ PAWLEY A，SYDER F H. Two puzzles for linguistic theory：nativelike selection and nativelike fluency［M］∥RICHARDS J C，SCHMITT R W. Language and communication. London：Longman，1983：191-225.

［6］ 龚亚夫. 英语教育新论：多元目标英语课程［M］. 北京：高等教育出版社，2015：220.

极端：一个极端是孤立的单词，另一个极端是整个语篇。聚焦于这两个极端而形成的学习、理解和记忆语言的倾向和习惯，对话语的理解会产生严重障碍。

第一，一个语篇是由许多单词组成的。以独立的单词作为学习语言的单位，给大脑的记忆增加了巨大的负担，使语言理解变得异常复杂，甚至不可能。以孤立的单词为单位解码听力语篇，几乎不可能正确、迅速地理解语篇中的所有句子。第二，单词与单词结合起来构成小句时常常产生新的意义，以孤立的单词为记忆单位不利于理解话语的意义。第三，语篇的数量是无限的。即使我们不计算背会一个语篇所需要耗费的精力，也不考虑将一个语篇永久地保存在大脑之中的难度，背诵语篇的意义也是不大的，因为我们不可能从记忆中直接提取语篇用于听力理解。从本质上讲，记住任何一个语篇都不会有助于对于一个新的听力语篇的理解。

为了扫清学生理解英语的语义障碍，教师应该指导学生避免孤立地记忆单词，也杜绝让学生以语篇为单位背诵的做法，而是应该把语块作为学习和记忆语言的单位，以便他们能够正确、迅速地理解话语的含义。

三、语用障碍

语用知识在语言理解中起着重要的作用。在口语交际中，说话者并不是把一切都说出来，而是经常把他认为是生活常识、文化习俗、价值观等内容省去不说，造成语言中的信息缺失，让听者通过自己已有的相关背景知识理解所说的话语。"听力理解需要有对说话者语篇主题的知识，因为理解在很大程度上涉及根据已有背景进行推理，而且，我们所理解的许多内容并不是直接来自所听到的语言本身所传递的信息。这时，只有具备关于说话者话题的深层知识，才能理解到那些基于所听到的语言本身所传达的信息而推测出来的意义。"[1] 如果缺乏对语言背景知识的了解，即使掌握了大量的词汇和句法知识，也可能难以理解具体情景中的话语的真正含义，即遇到语用障碍。

---

［1］　RIVERS W M. Teaching foreign-language skills［M］. Chicago：University of Chicago Press，1981：162-163.

Wilga M. Rivers 用一个例子来说明文化背景知识对于语言理解的重要性，即"He went into a restaurant. After the salad he felt better."，在美国文化背景下，这两句话包含以下意思：他很饿，于是进了一家餐馆。他点菜之后，服务员给他端来一盘免费沙拉。他一边吃沙拉一边等自己点的菜。吃过沙拉之后，他觉得没那么饿了。这两句话的词汇语法简单，但是由于缺乏对其文化内涵的理解，中国学生很难真正理解其含义。

为了了解中国学生对这两句话的理解，我们通过微信对 20 个学生做了调查，其中 19 人积极配合了调查，1 人没有回复。调查是分两步进行的：第一步是分别询问同一个问题"如果有人对你说这两句话，你怎么理解呢？"；第二步是根据受试者的回答与受试者做进一步沟通。

通过调查，我们得到以下发现：（1）受试者在回答第一步提出的问题时，虽然语言表述不尽相同，但是意思基本一样，即"他走进餐馆，吃了份沙拉，感觉好点了"。（2）在对第一步提出的问题的回答中，主要问题聚焦于两点：一是为什么"进餐馆"？二是"感觉好点了"指的是什么？就回答中的这两点，我们分别通过微信与受试者进行了沟通。虽然我们得到的回答千奇百怪，但是归结起来可以分为三类：第一类（8 人）认为他心情不好，进餐馆吃了点东西就好了。其中有一人举例说比如工作不顺心或者跟他妻子吵架了，就是一吃解千愁。第二类（6 人）认为有的人身体不舒服的时候就喜欢吃东西。他刚才感到身体不舒服，就进餐馆吃沙拉。其中有一人举例说自己感到恶心时就喜欢吃冰棍。第三类（5 人）认为他刚才有点饿了，进餐馆吃了点东西就不太饿了。其中有两人说美国人喜欢吃沙拉。这些回答暴露出受试者由于对美国餐饮文化认识的缺失而带来的语义误解。

为了确认以上受试中国学生对所测试话语的理解是否符合英语母语者的理解，我们通过微信用英语对两位外教做了调查。这个调查也包括两个步骤：第一步，像对中国学生的调查一样，把这两句话发给外教，问他们如果有人跟他们说这两句话，他们怎么理解；第二步，把中国学生回答中的第一、第二个意思翻译成英文，问他们怎么看。虽然两位外教回答时所使用的语言不尽相同，但是意思趋同。对于所测试的这两句话的意思，他们的答案是："He was so hungry, so he went into a restaurant. He ordered food. While waiting for his dishes, the waiter gave him a free salad. After he ate the salad, he was not that hungry anymore."。

对于中国学生理解的第一、第二个意思，其中一个外教的回应是："We can assume that he wasn't feeling sad or lonely or a different negative emotion because salad is not a 'comfort food'. The only reason a person eats salad is to appease their hunger. People only eat salad when they are hungry（and usually trying to eat healthy food, hence it not being a comfort food）. Some people might eat a cake to celebrate or make themselves feel better when they are feeling sad or blue. Some might eat soup if they are feeling cold or ill."。

对比分析中国学生和外教的理解，我们可以得出以下结论：对于不了解与所测试的话语相关的美国餐饮文化的中国学生来说，这两句话之间缺少背景，不好理解；他们不能理解到"他是在点餐后等待上菜期间，服务员赠送了免费沙拉，他很饿，所以先吃了沙拉充饥"；也有人不能理解到他吃了沙拉后"不那么饿了"，甚至不能理解到"他进饭馆是由于饥饿"。受试中国学生由于缺乏对英语语言文化背景知识的认识，而用自己的母语文化来理解，因此造成语用错误。

可见，听力理解中的困难不仅可能来自语言水平，而且也可能来自语用因素。缺乏对目标语文化背景的足够了解是中国学生听力理解中的一大障碍。

四、语体障碍

谈到语言时，我们经常想到的可能是书面语。一般来说，书面语通常是深思熟虑、精心写作的结果。它往往具有句式完整、语法严谨、用词讲究、言简意赅等特点。有人把书面语比喻成一棵经过修剪的大树：主干挺立，有枝有叶且整洁有序。但是在口语交际中，人们针对交际对象、环境、目的等的不同往往采取不同的语体形式，有时候使用形式严谨的书面语体，如大会发言、讲座；有时候使用随意的口头语，如家人、朋友之间的日常聊天；有时候也使用书面语和口头语相结合的方式，如陌生人之间的谈话、教师上课等。Halliday[1]指出，语言行为是无意识的行为，说话者在说话时往往缺乏对语言系统的意识性，只知道自己在说话，却不知道自己在说什么。如果让他回忆刚刚说过的话，他只能说出所表达的意思，而记不起来所使用的语言。口语的无意识性常常使口语语篇像胡言乱语。请看一个体育爱好者在谈论他的体育活动时的片段[2]：

But, uh-I also-to go with this of course if you're playing well-if you're playing well then you get uptight about your game. You get keyed up and it's easy to concentrate. You know you're playing well and you know…in with a chance then it's easier, much easier to-to you know get in there and-and start to…you don't have to think about it. I mean it's gotta be automatic.

Brown指出，与书面语相比，以上口语片段简直就是胡言乱语，但这就是我们一直听到并处理的那种语言。口语这种"胡言乱语"的特征，常常使我们所听到的话语中出现严重的冗余现象。请看以下对话[3]：

A：How do I get to Kensington Road?

B：Well, you go down Fullarton Road…

A：…what, down Old Belair, and around…?

B：Yeah. And then you go straight…

A：…past the hospital?

B：Yeah, keep going straight, past the racecourse to the roundabout. You know the big roundabout?

A：Yeah.

B：And Kensington Road's off to the right.

A：What, off the roundabout?

B：Yeah.

［1］　HALLIDAY M A K. On grammar[M]. 北京：北京大学出版社，2007：325.

［2］　BROWN H D. Teaching by principles：an interactive approach to language pedagogy [M]. 北京：外语教学与研究出版社，2001：239.

［3］　NUNAN D. Second language teaching and learning[M]. 北京：外语教学与研究出版社，2001：27-28.

A：Right.

以上对话包括许多冗余信息，如果我们仅仅把含有概念意义[1]的话语摘录出来，以上对话就成为：

A：How do I get to Kensington Road?

B：You go down Fullarton Road, then you go straight, past the racecourse to the roundabout. Kensington Road's off to the right.

将对话原文与修改版本对照，我们可以毫不夸张地说，在英语口语交际中，"我们听到的许多内容都是冗余的"[2]，包括重新措辞、重复叙述、话题某个细节的过分详述以及无心插入的诸如"我是说（I mean）""你知道吧（You know）""换句话说（put it another way）"等。这些冗余的话语不传达概念意义或事实信息。在听力理解过程中，如果不能快速识别冗余信息就会给听力理解带来很大障碍。相反，如果能够正确理解并利用它们，也可以变消极因素为积极因素为听力理解服务，因为冗余话语为我们争取到额外的时间，或者为我们提供理解话语主要信息的其他途径。

中国的英语学习者，尤其是初学者，往往不能正确理解英语口语语篇的语体特征，不能识别口语语篇中的冗余信息，而是倾向于全身心地关注话语中出现的每一个单词、短语等。当碰到不理解或者是错过一个单词或短语时，心理上就会立刻感到紧张。如果遇到不理解或错过多个单词或短语的话，就会认为自己不能理解话语而感到沮丧，失去继续听下去的信心，甚至认为自己什么也听不懂。这就给听力理解带来了很大的障碍。

五、思维障碍

在听力理解过程中，许多初学英语的学生不能使用英语思维，而是借助母语对听力语篇进行解码，这在语义理解过程中增加了一个翻译环节，无疑会降低理解的速度与准确性。这样的思维习惯给及时、准确地

---

［1］概念意义相当于命题意义。

［2］UR P. Teaching listening comprehension[M]. Cambridge：Cambridge University Press，1984：15.

理解英语语篇造成严重障碍。

　　把英文翻译成中文理解语篇是中国学生学习英语的一个普遍现象。尽管有足够的理论研究和实践已经证明，用把目标语翻译成母语的方式学习外语是不科学的外语学习方法，不能培养学生的语言交际能力，但是由于受传统语法翻译法的影响，或是由于教师本身英语水平所限，甚至一些教师由于理念上存在误区，在中小学英语课堂上，教师使用中文上课的现象普遍存在。例如，教授单词、课文常常是通过中文翻译进行的，学生的家庭作业也常常包括抄写单词、句子和课文，并把它们翻译成汉语等。长期通过翻译的方法教授和学习外语，使学生形成了用汉语理解和生成英语的思维模式。也许，我们可以通过母语和目标语之间相互翻译的方法培养一定的阅读能力，甚至培养一定的写作能力，但是，通过目标语和本族语相互翻译绝不能获得目标语的听说能力。

（一）借助汉语理解英语导致意义误解

　　通过中文翻译学习和理解英语会产生严重后果，并且学习者一旦形成了这样的习惯，即使达到了较高的语言水平，也往往难以克服其不良后果。请看以下对话：

　　A：Today is my birthday.

　　B：Really? Happy birthday!

　　有的英语教师对该英语对话提出质疑：人家说今天是自己的生日，对方怎么还要怀疑人家，问人家"真的吗？"。

　　之所以产生这样的疑问是因为，在英汉词典中，英语单词 really 常常被翻译为"真的，果真"，因此被误解为用来怀疑对方所说的话。在以上对话中，当说话者使用疑问语气时，就被听者翻译为"真的吗？"，于是就会产生以上的疑问。实际上，really 在不同的语境中可以表达不同的意义功能。在以上语境中，其意为"（表示对说话人所说的话感兴趣）是吗，真的吗？"。学习单词时记住它的一个或者几个汉语翻译，在听到含有这个单词的话语时就使用这个翻译来理解话语，而不是根据它在语境中的意义功能来理解，往往会错误地理解话语，产生这样或那样无法解释的疑问。

　　现在我们再从通过翻译学习语言的角度来分析上文中所调查的学生

对话语 "He went into a restaurant. After the salad he felt better." 的理解。在回答 "如果有人对你说这两句话，你怎么理解呢？" 这个问题时，19 名受试中有 15 人都把 "felt better" 翻译成 "感觉好点了" 或 "感觉比以前好了"。其中，"好点" "比以前好" 就是因为单词 good 的中文翻译是 "好，好的"，而 better 是它的比较级，于是就翻译成 "好点" "比以前好"。作为 "felt better" 的中文对应版本，"感觉好点了" 是没有错的。但是，中文版本中出现的汉字 "好" 字，使学生自然与 "心情" 或 "身体" 状况联系了起来，而不会与 "饿" 相联系，这就导致了对话语的误解。

（二）听力的特殊性导致无法通过翻译完成听力理解任务

在听力理解过程中，把所听到的内容通过翻译成中文来理解，不仅会产生意义理解上的错误，而且从时间上来说也是行不通的。许多中国学生，尤其是初学者，往往习惯于听到英文首先翻译成中文而后理解其意思，即以母语当作理解英语的媒介。如果说我们可以借助母语翻译进行一定数量的阅读的话，那是因为在阅读过程中，读者可以自由支配时间或者反复重现语篇。因此，我们可以在阅读的过程中停下来，查阅工具书、请教他人，甚至可以喝杯茶，而后再继续阅读。但是在口语交际过程中，听者一般没有控制时间的权力，也很少有机会打断说话者并要求其重复。在听到口语输入后，作为听者，唯一的选择就是迅速地跟上说话者的速度并同时做出理解。在口语交际情境中，听者不仅要迅速、正确地理解说话者所说的话，而且还要在理解的基础上做出反应。以母语当作理解英语的媒介不可能做到这一点。另外，把英语翻译成母语理解语言的习惯一旦形成，学生就会形成把听到的句子里的成分逐一与母语进行比较的习惯，"他们就不会把简短话语或较长话语中的语块本身作为有意义的单位去理解，他们将不能发展听力理解能力，或在大脑中储存连续进行的外语语流"[1]。

通过翻译理解英语是许多中国学生学习英语的一个不良习惯，这个不良习惯导致了不利于语言学习的思维方式，成为培养听力理解能力的严重障碍。

---

[1] RIVERS W M. Teaching foreign-language skills[M]. Chicago: University of Chicago Press, 1981: 169.

六、心理障碍

当听到一门完全陌生的语言时，我们感到，传输到大脑中的语音信息仿佛是一个丝毫没有间歇停顿的连续体。随着对语言学习的深入，我们逐渐学到了该语言的发音、词汇、语法、语篇等语言知识，了解到该语言中所蕴含的文化涵义和语用意义等，于是逐渐培养起对该语言的听力理解能力。

这似乎是说，只要学到了语言的发音、词汇、语法、语篇等语言知识，了解了语言中所含的文化内容和语用意义等，克服了我们在上文中谈论的那些影响听力理解的语音、语义、语用、语体以及思维障碍，我们就获得了听力理解能力。其实不然。听力理解是一个复杂的心理活动，它必然受到情感因素的影响[1]。焦虑是影响听力理解的重要情感变量。由焦虑情绪所带来的心理障碍，是影响学生顺利地完成听力理解任务的一个不可忽视的因素。

（一）焦虑产生的原因

外语学习具有极大的挑战性。在学习过程中，许多学生都会产生焦虑情绪，"焦虑对学生外语学习的成败起着重要作用"[2]。多年来，焦虑对外语或二语学习所产生的负面作用，是外语教学领域研究的一个热门话题。在现有关于语言学习焦虑的研究中，许多学者聚焦于学生在口语输出时所产生的焦虑[3-4]，而对于听力理解过程中产生的焦虑的研究相对较少。

1.听力理解的特殊性可能引起焦虑

事实上，在四项语言基本技能中，听力理解表现出极大的特殊性，这个特殊性很容易导致学生产生焦虑情绪。这表现在，作为读者，我们

[1] KRASHEN S D. Principles and practice in second language acquisition[M]. New York: Pergamon Press, 1982.

[2] HORWITE E K, HORWITE M B, COPE J. Foreign language classroom anxiety[J]. The modern language journal, 1986, 70 (2): 125–132.

[3] YOUNG D J. An investigation of students' perspectives on anxiety and speaking[J]. Foreign language annals, 1990, 23 (6): 539–553.

[4] PHILLIPS E M. The effects of language anxiety on students' oral test performance and attitudes[J]. The modern language journal, 1992, 76 (1): 14–26.

可以控制自己的阅读速度，可以随时停下来查阅字典或咨询他人，我们也可以回过头来反复阅读语篇；作为说话者和写作者，我们可以选择自己熟悉的表达方式去说、去写，甚至有可能事先做一些必要的准备，而听力理解却完全不是这样，因为它具有两个特性：不可预测性和不可控制性。

首先，听力理解具有不可预测性。作为听者，我们无法选择所要听到的内容。语言输入，包括说话者和听力材料，对于听者而言，可能会是完全陌生的。通过外语媒介收听陌生的内容，即使是对于外语水平比较高的听者来说，也是不小的挑战，对于外语初学者来说就更是如此。于是，在开始听力理解活动之前，尤其是在重要的听力考试中，许多学生因为害怕听到自己完全陌生的内容而感到十分紧张，焦虑不已，可能会出现脸色苍白、手心出汗、心跳和脉搏加快，甚至产生腹部疼痛等症状，他们可能会在心中"默默祈祷，希望听力材料是自己所熟悉的内容"。总之，听力理解的不可预测性是导致学生产生焦虑的一个重要因素。

其次，听力理解具有不可控制性。一方面，作为听者，我们无法控制说话者的说话方式，包括口音、语速以及词汇语法的使用等，也无法控制听力理解的过程。不管我们是否听清楚，不管我们是否理解，作为接收者，我们很少有机会打断说话者要求对方重复或者做出解释。在多数情况下，说话者是根据自己的意愿连续说下去的。另一方面，在上文中我们谈到，由于受汉语韵律节奏特点的影响，中国学生习惯以独立的单词为单位来理解语篇，往往不可控制地关注所听语篇中的每一个单词。因此，在听力理解过程中，一旦碰到生词、自己不熟悉的语言表达以及文化现象，或者是没有听清楚某个单词甚至某个音节，学生就会脑子嗡地一声，精神陡然紧张起来，产生焦虑情绪，而紧张、焦虑的情绪使正在进行中的听力理解变得更加困难，以致后边什么也听不懂，最终导致听力理解失败。

2.学习者和教师因素促发焦虑

除听力理解的特殊性可能引起焦虑以外，学习者本身以及教师因素也是促发焦虑产生的重要原因。就学生而言，语言基础薄弱，文化背景知识匮乏，再加上心理素质较差，缺乏自信，存在畏难情绪，或者性格腼腆内向，不善交际等，都是学生对听力理解任务产生焦虑的重要原因；另外，学生普遍缺乏听力策略，在听力理解过程中往往处于消极应对状态。听力理解策略的缺乏往往导致学生在大段的听力材料面前消极被动，焦虑重重。从教师角度看，课堂氛围和教学过程通常与学生的情绪息息相关。如果教师把自己的角色定义为训练学生的教官，而不是帮助学生学习语言的教师，看到学生的错误就纠正，甚至进行批评责备，学生产生焦虑是在所难免的[1]。在我国，听力理解的学习与训练始终与考试紧紧捆绑在一起，应试的压力使教师在组织听说教学时或多或少带有升学、测试与竞争的味道，练习听说的方式缺乏趣味性，缺乏轻松愉悦的学习氛围，学生在听力课堂上随时准备被教师提问并当众接受好坏对错的评价。在这样的教学环境中，学生产生焦虑情绪也是在所难免的。

（二）帮助学生克服听力理解心理障碍的教学策略

听力理解会引起学生的焦虑情绪，使学生产生心理障碍，导致听力理解失败。在此，我们从认知策略、情感策略和模糊忍耐策略三个方面出发，简单阐释帮助学生克服听力理解心理障碍的教学策略。

1. 认知策略

在许多时候，焦虑的产生首先源于认知方面的因素，"焦虑是由于不能达到预期目标或者不能克服障碍的威胁，使其自尊心和自信心受挫或使其失败感和内疚感增加而形成的紧张不安、略带恐惧感的情绪状态"[2]。在这个定义中，"不能达到预期目标"大多是来自认知方面的原因。Krashen[3]指出，听力理解"在听不懂的情况下会产生高强度的焦虑"。

针对源于认知方面的焦虑，教师要注重运用认知策略。这包括以下几个方面：（1）选择综合难易度适宜的听力语篇，使学生既能学到新知识，又不超过学生的能力限度；（2）播放听力理解语篇之前，帮助学生激活已有相关图式，或建立必要的新图式，做好前期铺垫工作；（3）布置明

［1］ YOUNG D J. Creating a low-anxiety classroom environment: what does language anxiety research suggest? ［J］. The modern language journal, 1991, 75（4）: 426-437.

［2］ 朱智贤. 心理学大词典［M］. 北京：北京师范大学出版社，1989.

［3］ YOUNG D J. Language anxiety from the foreign language specialist's perspective: interviews with Krashen, Omaggio Hadley, Terrell, and Rardin［J］. Foreign language annals, 1992, 25（2）: 157-172.

确的、难易度适当的听力理解任务，避免要求含糊不清或"钻牛角尖"，以及纯属需要机械记忆大量内容的听力任务，如让学生把录音中出现的多个人名填写在表格中。

对于外语听力理解来说，教师需要十分重视认知策略的运用，确保学生在做出应有努力的前提下，可以完成听力理解任务。这样就会大大降低学生产生焦虑情绪的概率。

2. 情感策略

如上文所说，由于听力理解的不可预测性，许多学生在听力理解开始前常常会紧张，产生焦虑情绪。学生心理上的紧张、焦虑情绪会大大影响他们完成听力理解任务的质量。因此，在听前阶段，教师应充分运用情感策略，帮助学生减缓心理压力，放下心理负担，以轻松愉快的心情，去完成听力理解任务。

在中小学英语课堂上，教师最常用、最简单，也是最有效的情感策略是播放学生熟悉的英文歌曲。在播放听力理解语篇之前播放英文歌曲，容易使学生在优美、熟悉的旋律中调整自己的心理状态，不知不觉地进入到英语语境之中。另外，歌谣和短小有趣的小故事，或学生身边的趣闻，如出示并与他们谈论某一位老师的生活情景照片，都可以起到调节学生情绪的作用，并能取得良好的情感效果。

需要指出的是，情感策略为的是创设轻松愉快的学习环境，缓解学生紧张、焦虑的情绪，以便有效地进入听力理解阶段。因此，教师应该避免进行有难度、有争议，导致学生不愉快的活动，如男生一组与女生一组比赛唱歌，也应该避免使学生过于兴奋，或开展与英语教学毫无关系的活动，如在小学低年级上课前做"老鹰捉小鸡"游戏等。

3. 模糊忍耐策略

在外语听力理解中，可以说，我们随时都会由于不同的原因，如遇到生词、陌生的文化现象、连读、辅音改变、辅音消失等，而不能理解所听到的内容。在这种情况下，许多学生会变得紧张，产生焦虑，于是影响之后语篇的理解。针对这一问题，教师要运用模糊忍耐教学策略，引导学生坦然对待自己没有听懂或没有听清楚的内容，不被这些听不懂、听不清楚的内容所困扰，以开放和乐观的心态继续听之后的内容，尽可能发挥自己的听力理解能力，以便较好地完成听力理解任务。

　　培养学生的模糊忍耐力可以通过组织自由听活动来实现。教师在开始播放录音前，告诉学生第一遍是自由听，即学生可以毫无约束地听录音，在录音结束后，随便说出他们听到的任何内容。只要学生说的内容跟所听录音有关，教师就给予认可和鼓励。在这种自主状态下，学生自然会轻轻松松去听录音，很少有学生会由于怕听不懂而感到紧张，这样会大大降低焦虑。实际上，这种在轻松、无焦虑状态下进行的听的活动，才能真正培养学生的听力理解能力。

　　通过自由听活动，学生逐渐培养起模糊忍耐的能力，不再为听不懂某个单词，或听不清楚某个音节而紧张、焦虑，逐渐克服听力理解过程中的心理障碍。这对培养学生的听力理解能力可以起到积极的作用。

　　总之，心理障碍是影响听力理解能力的重要因素。教师应该秉持平和开放的心态，创设平等愉快的教学氛围，采取以学生为中心的教学活动，以正向鼓励为主的评价手段，为学生的听力学习提供充足的指导和帮助以及良好的环境，找出学生产生心理障碍的原因，对症下药，帮助他们克服心理障碍，成功地完成听力理解任务。

第三节 课堂听力教学三要素

听是四项语言基本技能之一，它影响人的社会交际，影响人在社会交往中所能发挥作用的程度，甚至可能影响人一生的总体成就。听力作为语言技能的重要性决定了课堂听力教学的重要性。

一、课堂听力教学的目标

听力教学的目标是培养学生对以声音为媒介的语言输入的理解能力。

以声音为媒介的语言输入主要分为两类：一类是面对面听力材料，即面对面交际中说话者所说的话。在课堂教学中，面对面听力材料主要来源于教师话语和学生同伴话语。另一类听力材料是非面对面听力材料，包括广播、电视、电影、录音、录像等。

对应于两类以声音为媒介的语言输入，课堂听力教学有两个目标：一个是通过教师组织的师生或生生之间的面对面交际活动，培养学生在面对面交际中理解会话并做出回应的能力，以及理解面对面个人独白语篇的能力；另一个是围绕影音材料组织课堂教学活动，培养学生理解非面对面听力材料的能力。

二、用于课堂听力教学的语言材料

课堂听力教学材料的主要来源有两类：一类是面对面听力语言材料；另一类是非面对面语言材料。

（一）面对面听力语言材料

在外语课堂教学中，面对面听力语言材料主要来自教师话语和学生同伴话语，而教师话语，尤其是在学习的初始阶段，是学生听力材料的主要来源。随着学生英语水平的提高，学生同伴话语逐渐成为课堂听力语言材料的另一个重要来源。

1.源于教师话语的语言材料

（1）零回应语言材料

在外语学习的初始阶段，学生没有说外语的能力。这时，教师借助此时此地此景中的非语言手段，使用直接法和连续法等教学方法，为学生提供可理解性面对面听力语言材料，学生作为听者只是听而不做出任何语言回应，我们称之为零回应。零回应阶段是学生语言发展初始阶段的沉默期。

利用直接法为学生提供语言材料指的是通过实物、图片、视频、动作、表情等创设情境，在目标语和所要表达的意义之间建立起直接的联系。这种教学方式直观易懂，使初学者不需要通过母语就可以理解教师的话语。我们以教授英语单词 ball 为例。教师拿着一个球给学生看，同时说ball 这个单词。这时，在学生大脑中，单词 ball 的发音 /böl/[1] 与这个声音所指的实物（球）直接联系起来，如图 2-1 所示：

/böl/

图 2-1 利用直接法呈现语言材料

从图 2-1 可以看出，使用直接法为学生提供听力材料，意思直观明了，学生不需要借助母语便可以直接理解目标语的意思。

使用直接法，即借助实物、图片、视频、动作、表情等不断地为学生提供新的可理解性语言材料，使学生在语言情景中逐渐理解、记忆、储存目标语。在这个阶段，学生的任务是接收和理解教师所提供的语言材料，建立语言与其所指之间的直接联系，听懂教师所传达的意义，而暂时不做出任何语言回应。这与儿童习得母语的初级阶段相似，即只接收声音信息，口语表达尚处于沉默期。

连续法也是一个可以借助周围环境提供听力语言材料而不需要学生做出语言反应的教学方法。我们在第一章中谈到，早在 19 世纪，基于对

---

［1］ 这里使用的是自然拼音，其对应的国际音标为/bɔ:l/。

儿童习得母语的观察和分析，Gouin 创建了自然环境下教授外语的连续法。连续法利用一系列连续的、可观察到的动作为学生提供可理解性听力语言材料。例如：

I walk towards the door. I draw near to the door. I draw nearer to the door. I get to the door. I stop at the door.

I stretch out my arm. I take hold of the handle. I turn the handle. I open the door. I pull the door…[1]

在以上听力语言材料中，动词和动词词组 walk towards、draw near、draw nearer、get to、stop、stretch out、take hold of、turn、open、pull 及其所表示的动作联系起来形成一个序列。

使用连续法，教师通过连续的动作演示提供语言材料，句子的语义简单明了，句子与句子之间的逻辑关系清楚，学生"极容易理解、储存、回忆并与现实世界联系起来"，因此，"Gouin 的教学方法很成功"[2]。

直接法和连续法是为学习外语起始阶段提供听力语言材料的有效方法。

（2）潜对话语言材料

潜对话指的是在言语交际中，只有一方说话，另一方作为听者，只做出非言语反应，即纯身体反应（TPR）[3]。在外语课堂听力教学中，教师是说话者，为学生提供潜对话语言材料。作为听者，学生对教师的话语做出非言语回应，即纯身体反应。例如：

T：Touch your nose.

Ss：（用手摸鼻子）

潜对话主要由祈使语气来体现。例如，"Open the window." "Close the door." "Stand up." "Sit down." "Pick up the book." "Give it to John." 等。有时，潜对话也可以由疑问语气来体现。例如，"Where is the book？" "Who is John？"。这时，学生分别用手指书和 John 作为对疑

---

［1］　BROWN H D. Teaching by principles：an interactive approach to language pedagogy[M]. 北京：外语教学与研究出版社，2001：55.

［2］　同[1].

［3］　TPR 通常被译为"全身反应"，但是"全身"翻译得不合适。

问语气的非言语回应。

潜对话语言材料把言语指令与身体活动结合起来，不仅使意义理解变得容易，而且符合小学生爱动的特点，能够激发他们的学习兴趣。因此，潜对话被广泛运用于学习外语初始阶段的课堂教学中。教师通过为初学者提供潜对话教学材料，鼓励学生通过听和身体反应进行交际，培养学生进行潜对话的能力。

（3）微型对话语言材料

微型对话指的是在口语交际中，说话者发起会话，听者做出简短的言语回应，也可能同时伴有非言语行为。一般情况下，说话者发起会话是以提问的方式进行的。例如：

T： What do you want to do, play basketball or football?

S1：Football.（可能同时指着足球）

S2：Basketball.（可能同时指着篮球）

在以上对话中，教师作为说话者使用选择疑问句发起微型对话。教师说得多，包括句子长、信息密集等，学生只需要使用简短的言语做出回应，或者同时伴以非言语行为。

微型对话也可以通过特殊疑问句来体现。请看以下对话：

A：I was brought up eating potatoes. I love them a lot. What about you?

B：Me, too. /Not really.

在以上对话中，说话者使用特殊疑问句向对方发起会话，引起对方的简短言语回应，形成微型对话。

微型对话还可以通过非问题的形式来体现。例如：

A：I'm looking forward to the sports meeting.

B：Me, too.

在以上对话中，说话者使用陈述句发起微型对话。另外，说话者也可以使用祈使句发起微型对话。例如：

A：Please leave the door open.

B：OK.

需要指出的是，在中小学英语教学课堂上，许多教师喜欢使用以下"Yes or no?"的形式发起微型对话。例如：

T：Do you understand？

（学生不做出回应）

T：Yes or no？

Ss：Yes.

T：Good.

在以上微型对话中，教师使用一般疑问句"Do you understand？"发起会话，但是没有得到学生的回应。这时，有些教师便使用"Yes or no？"这样的选择疑问句让学生通过选择 yes 或 no 做出回应。在多数情况下，学生都会配合教师，使用"Yes."做出回应。

一般来说，当教师问学生"Do you understand？"而学生不积极做出回应时，可能是因为学生没有理解教师的解释，但是他们并不愿意说"No."，于是以沉默表示没有理解，也可能是他们对教师提出的问题不感兴趣。这时，如果教师改用"Yes or no？"来追问，就有强迫学生说"Yes."的嫌疑。因此，当教师发现学生不回答自己提出的问题时，需要考虑其他办法，如重新讲解、改变提问方式等，与学生进行意义协商，而不是使用"Yes or no？"来强迫学生对自己的问题使用"Yes."来做出回应。

以教师为会话发起人的微型对话，是学生开口说英语的阶段。这时，学生不止于理解语言，也不止于做出纯身体反应，而是做出简短的言语回应。像潜对话一样，微型对话也是学生喜欢的互动交际形式，因为学会使用简单的言语，如"OK." "Yes." "No." "Thank you."等回应话语，能够给学生带来乐趣、自信和自豪感。同时，对多数学生来说，做出简短的言语反应也不是一件十分为难的事。

像潜对话一样，微型对话也是在学习外语的初始阶段，教师为学生提供了一种重要的语言材料。能够进行微型对话是学生从非言语方式回应话语向言语方式回应话语的飞跃，这标志着学生在外语学习上迈出了重要的一步。

（4）常态对话语言材料

常态对话指的是交际参与者双方拥有平等话语权的会话。在交际中，交际双方都可以根据现实交际情境，自由地选择扮演发起会话的说话者角色，或扮演倾听并回应话语的听者角色。尽管有时交际参与者中一方可能说得多一些，另一方说得少一些，但是双方都有发起会话和回应会话的机会，而不是像潜对话和微型对话那样，教师是唯一的或者主要的会话发起者，而学生是被动的听者。

一般来说，常态对话比潜对话和微型对话都要长一些。请看以下爸爸（D）和孩子（C）之间的常态对话：

D：Jenny, look here. There will be a kite day in the Children's Park this Saturday.

C：That's interesting. Can we buy a kite? We can take the kite to the park.

D：We can make a kite by ourselves.

C：Really? When can we start?

D：Right now.

C：Wonderful!

在以上对话中，交际双方不仅分别作为说话者发起会话，同时也作为听者回应对方的话语。他们之间的对话属于常态对话。

常态对话是现实交际中的主要会话形式。随着学生英语水平的不断提高，常态对话也应该逐渐取代潜对话和微型对话，成为课堂上的主要交际形式，因为只有在享有平等话语权的常态会话中，教师和学生之间才能进行真正的互动交际，从而进入语言交际中真正意义上的意义协商阶段，而只有进入真正意义上的意义协商阶段，课堂才能变为真正意义上或接近真正意义上的语言交际场所。

2. 源于学生话语的语言材料

在学习英语的初始阶段，学生还没有具备自己生成英语的能力，于是教师话语是面对面语言材料的主要来源。随着学生英语水平的提高，教师要逐渐限制自己在会话中说话的权利，把更多的说话机会留给学生，使学生话语逐渐成为面对面语言材料的另一个重要来源。

在课堂上，学生与教师之间、学生与学生之间的会话、小组讨论，以及他们在小组或班级做研究报告、个人演讲等独白语篇，都是学生为课堂提供的听力材料。

（1）学生作为小老师为同伴提供语言材料

在课堂上，即使是在学习的初始阶段，教师也不应该是语言材料的唯一提供者。例如，在潜对话阶段，教师作为说话者发出指令，学生作为听者做出非言语回应。这时，教师是语言材料的提供者。但是，教师也可以组织学生同伴或者小组之间进行潜对话活动，即将英语基础好或者学习语言稍快的学生和一名或几名英语基础较为薄弱的学生分为一个小组，由英语基础好的学生作为小老师给出语言指令，其他学生做出非言语回应，甚至请某位学生到讲台前作为小老师向全班发出指令。这种由学生发出指令的潜对话形式，不仅使英语基础好的学生得到锻炼，也使英语基础较为薄弱的学生得到了同伴所提供的听力语言材料，丰富了课堂语言材料的来源。另外，能够当小老师是每个学生的愿望，因此，这样的活动也起着示范和鼓励的作用，有助于调动学生学习英语的积极性，激发他们学习英语的兴趣。

（2）小组讨论

在课堂上组织小组讨论，而后以小组为单位向全班汇报讨论成果，是学生为课堂提供语言材料的另一个途径。在小组讨论中，学生就某一话题进行自由讨论，同伴之间互相提供语言材料，互相倾听同伴的发言，而后全组成员合作或由小组代表在全班汇报发言，为全班提供语言材料。从低年级到高年级，小组讨论及其讨论后向全班汇报活动应该逐渐增多，为课堂提供越来越丰富的语言输入材料。

（3）独白语篇

学生独白语篇，如研究报告或个人演讲，是学生为同伴提供的重要的课堂语言材料。一般来说，学生做独白语篇需要教师事先做好安排，以便使学生的独白语篇起到语言材料的示范作用。教师可以推荐或规定话题，如请学生介绍自己的兴趣爱好、朋友、家庭成员、宠物，讨论环境问题、校规、家规等，请学生在课前准备，在课堂上展示。

需要指出的是，学生独白，如个人演讲活动不是一定要等到学生英语水平达到很高的程度才能进行的，而是需要尽早开始。学生的演讲可长可短，所使用的语言可深可浅。以下是小学低年级学生借助图片介绍自己的宠物的演讲：

My Pet

Look, this is my pet cat, Blacky.

Blacky looks cute. She likes to play balls. She likes to play with shoes. She likes to play with me, too.

I love Blacky. Do you love her, too?

以下是小学低年级学生借助图片介绍自己家庭成员的演讲：

This is My Family

Hello! My name is David. I'm seven years old. I'm in second grade.

There are three people in my family. They are my mother, my father and me. I have a pet dog, Coco.

I love my mother and father. I love Coco, too.

I have a happy family. I'm a happy boy.

学生可以就某一个话题演讲，也可以就某一项研究成果汇报。例如，在学习环境保护话题之后，教师请学生就环境问题进行研究，通过查阅资料提出改善环境的措施；有的学生做实验，如调查汽车尾气造成的环境污染等，呼吁减少使用私人车辆，大力发展公共交通等，而后在课堂上汇报。这种来自学生同伴的语言材料，是为学生提供课堂听力材料的重要来源。

（4）表演

组织学生进行表演活动，也是为学生提供语言材料的一个来源。学生排练话剧或戏剧多是在课堂外进行的。在排练过程中，他们互相为同伴提供听力语言输入。在完成排练之后，教师安排学生在全班进行表演。

在表演中经常使用的是对话与独白相结合的语篇。对话与独白相结合的语篇为学生提供一种特殊的课堂听力语言材料。一般来说，在低年级阶段，这类对话与独白相结合的语篇往往倾向于以对话为主、叙述为辅的语篇。请看小学中年级学生表演的小故事 *The Three Little Pigs and the Wolf* 的第一幕：

Narrator： Mother Pig has three little pigs. They live in a big house on the farm. One day, Mother Pig tells the little pigs to leave home.

Mother Pig： My children, you've grown up. It's time for you to leave home and build your own houses.

1st Little Pig :	I'm the first little pig. I live in the straw house.
Narrator :	Here comes the wolf.
Wolf :	Little pig, little pig, open the door and let me in.
1st Little Pig :	No, I won't.
Narrator :	The wolf is angry.
Wolf :	Then I'll blow your house down.
Narrator :	Whoosh! The straw house falls down.

在以上戏剧语篇中，对话占主要篇幅，叙述旁白起辅助作用。随着学生英语水平的提高，对话和独白相结合的语篇向以叙述为主、对话为辅的方向发展，为学生提供更高层次的听力语言材料。请看以下中文经典故事《郑人买履》的英文剧本：

Narrator :	A man wanted to buy a new pair of shoes for a dinner party in the evening. He measured his feet and wrote down the measurement on a piece of paper. In a hurry, he forgot to take the paper with him and went to the shoe store. The man was in the shoe store now. He asked the salesperson to show him some men's shoes.
Salesperson :	What size do you wear?
Man :	Please wait. Let me show you my measurement.
Narrator :	The man began to look for his measurement. He looked in his bag and all his pockets, but he did not find the piece of paper.
Man :	Oh, I forgot to bring my measurement.
Salesperson :	Let me...
Narrator :	Before the salesperson could finish his sentence, the man raced out of the store. The man ran all the way home. He grabbed the piece of paper and hurried back to the store. Unfortunately, the store was

already closed. The man stood in front of the store and felt very upset. A passerby came up to him.

Passerby :　Who did you want to buy the shoes for?

Man :　For myself.

Narrator :　The passerby was surprised.

Passerby :　Why didn't you try the shoes on instead of running home to get the measurement?

Narrator :　What the man said surprised the passerby to death.

Man :　I would rather believe in my measurement than my own feet.

在以上戏剧故事语篇中，大部分语篇是叙述，只有很少一部分是以对话的形式完成的。

与教师话语相比，源于学生话语的语言材料在课堂教学中具有独特的作用。学生话语，在内容方面更接近同伴的思想，在语言水平上也接近同伴的水平，因此往往更能引起同伴的兴趣，激发学生的学习热情，增强学生的自信心，起到榜样示范作用。因此，教师应该逐渐与学生分享话语权，并鼓励学生积极主动发言，为同伴提供生动有趣的语言输入。

（二）非面对面语言材料

听外语的能力不仅表现在能够听懂面对面交际中的语言输入，而且在于能够听懂非面对面语言材料，为行文方便，我们统称为"影音材料"，包括广播、录音、电视、电影和录像等。

听影音材料和听面对面语言材料是两种性质不同的听力活动。听面对面材料往往涉及双方的互动，而听影音材料则更多的是听者的一种独立的思维活动。它不仅需要像在面对面交际中那样听，而且需要在听的过程中，借助头脑中储存的已有图式进行鉴别、理解和记忆。学生听影音材料的能力是可以通过听力训练来提高的。因此，在课堂教学中，教师不仅需要为学生提供面对面语言材料，还要为他们提供非面对面影音材料。

非面对面影音材料既要包括纯录音材料，也要包括视频材料。

1. 来自教材的影音材料

在课堂上，教师经常使用的影音材料来自所使用的教材和教学辅助资料等。这些源于教材的影音材料往往是针对课堂所学话题、词汇语法等精心选定的听力材料，因此，它们往往具有较强的示范性和教学性，可以作为课堂听力教学的精听语言材料。

2. 来自教材之外的影音材料

在听力教学中，仅仅局限于使用来自教材中的影音材料是远远不够的，因为这些影音材料不仅数量有限，而且其内容也往往失去时效性。同时，选择用于教材的内容需要考虑多种因素，如不同区域学生的差异等。因此，所选材料无论从难易程度还是内容本身都不可能满足所有学校的需求。鉴于此，教师要充分利用网络或其他资源，在教材提供的录音材料之外，自主地选取一些时效性较强、适合自己学生语言水平和兴趣爱好的影音材料用于课堂教学。一般来说，由于课堂教学时间的限制，这样的影音材料可以作为课堂泛听材料。同时，通过这些泛听材料，不仅可以增加语言输入，而且可以对学生的课外听力活动起到引导作用。

选用教材之外的影音材料的关键在于听力影音材料的难易度。

在很大程度上，听力影音材料的难易度决定了课堂听力教学的成功与否。难度太大的听力影音材料不仅不能达到训练听力理解的目的，而且会挫伤学生学习的积极性，而没有任何难度的听力影音材料也同样无益于训练学生的听力理解能力。

影音材料的难易度是由多个方面决定的。影音材料所含新信息量的大小、是否符合学生的认知水平、是否能够引起学生的兴趣、影音材料的题材和长度、影音材料中的生词量、录音者的口音和语速等都是相关因素。在选择听力影音材料时，教师需要统筹考虑，将影音材料的综合难度控制在学生的可理解范围之内。

一般来说，在低年级阶段，适合选取一些有趣的经典故事，如我们上面提到的 *The Three Little Pigs and the Wolf*，也可以选择一些英语原版儿童节目、简单的广告等。在高年级阶段，新闻广播、科学知识、名人演讲、英语电影等，都可能受到学生的欢迎。在选择听力材料时，可以采取与学生讨论的方式进行，也可以由学生推荐，全班讨论决定。由学生自主选择的听力材料往往可能更受学生的欢迎，因而可以取得良好的听力训练效果。

下面就歌谣、歌曲和故事等音频材料，以及视频材料片段做简单介绍。

（1）歌谣、歌曲和故事

传统歌谣、歌曲和故事是二语课堂教学的重要组成部分[1]。在二语教学中使用传统歌谣、歌曲和故事作为教学材料，可以为学生提供重要的、有趣的学习经历。

首先，人们在童年时期学到的许多传统歌谣、歌曲和故事植根于目标语本土文化中，它们是目标语社会文化的一个重要组成部分。本族语者从小受到这些文化元素的熏陶，已经把它们吸收到自己的大脑中，内化为自己整体文化素质的一个组成部分。于是，日常会话交际和影视作品等经常涉及这些传统歌谣、歌曲和故事，而说话者却不会对它们进行任何解释或注解，因为他们会想当然地认为这些是不言自明的内容。作为听者，如果不熟悉这些歌谣、歌曲和故事，往往会给听力理解带来很大的障碍。

其次，传统歌谣和歌曲不仅具有文化价值，而且可以帮助学生辨别语音语调，特别是可以培养学生对口语节奏的意识，增强口语的流畅性，对提高学生的听力理解能力可以起到重要作用。

再者，许多教师把歌曲、歌谣用于上课前的热身或者导入阶段。在播放用于听力理解训练的音频材料前，用歌曲或歌谣作为热身活动，可以缓解学生的焦虑，使他们轻松愉快地收听音频材料，从而使听力训练取得更理想的效果。

故事需要我们用一个独立的段落进行介绍，以便给予特殊的关注。这是因为，在中小学阶段，故事是课堂音频材料的重要组成部分。符合学生语言水平、认知能力和兴趣爱好的故事能够极大地提高学生的学习热情，在训练学生理解非面对面听力材料中起着非常重要的作用。因此，教师可以选取一些学生熟知的经典儿童故事用于课堂听力训练。经常用于小学阶段的英语经典儿童故事，除了上文提到的 *The Three Little Pigs and the Wolf*，还有 *Are You My Mother?*、*The Rabbit and the Turtle*、

---

[1] BROWN J. Rhymes, stories and songs in the ESL classroom [J/OL]. The Internet TESL journal, 2006, 7（4）[2006-04-04]. http://iteslj.org/Articles/Brown-Rhymes.html.

The Farmer and the Radish 等。这些故事情节适合儿童的智力发展水平，语言生动有趣，因而受到低年级学生的欢迎。经常用于中学阶段的音频故事有：*The Emperor's New Clothes*、*Alice in Wonderland*、*The Happy Prince*、*The Little Mermaid* 等。教师也可以选择一些学生不熟悉的新故事，以便使学生产生新奇感。同时，听新故事具有更大的挑战性，如果内容和语言难易度合适的话，使用新故事作为听力材料，可以起到理想的训练效果。

总之，经典传统歌谣、歌曲和故事是听力教学材料的重要组成部分。教师要充分利用网络资源，选取适合学生的歌谣、歌曲和故事，用于培养学生的听力理解能力。

（2）视频片段

视频片段也是培养学生听力理解能力的重要的非面对面语言材料。视频比音频更受学生欢迎，因为视频材料不仅提供音频，而且还提供视频。视频中的人物、环境等都为听者提供了有关语境的线索，比单纯的音频更易理解。即使是直播间里的单纯播音或谈话，听者虽然只能看见说话人的表情、口型或手势，这仍然能为学生听懂说话者的信息和说话意图提供帮助。用于课堂的视频资料经常可以是电影片段、简短动画片、教育纪录片、名人演讲、名人采访、脱口秀等节目的片段。

但是，视频不能大量用于课堂教学，因为在有视频出现的时候，学生很容易被视频本身所吸引而淡化对语言的关注，因而影响训练听力的效果。

三、课堂听力教学的互动交际模式

在听、说、读、写四项语言基本技能中，听属于接收技能，但是，接收并不等于被动地接受。无论是在面对面交际中，还是在收听非面对面影音材料时，听力理解都是听者与说话者进行的互动过程。

（一）听力理解是听者与说话者之间进行的互动过程

听力理解是一个听者与说话者进行互动的过程，这是因为听力理解的过程是由听者根据所听语言材料，动态地建构意义的过程、自主选择的过程、创造意义的过程和构建新信息的过程。

1.听力理解是一个积极建构意义的互动过程

在前人研究的基础上，Brown[1]总结了听力理解过程所涉及的八个过程。从这八个过程可以看出，听力理解是一个听者积极建构意义的过程。

（1）听者处理原始话语，并且将它的图像储存在短期记忆中。这个图像由语流的成分，包括短语、小句、衔接标记、语调、重音模式等组成。

（2）听者判定所听原始话语的类型。例如，收听者必须判定这是一个对话、演讲还是广播等。

（3）听者通过考虑话语事件的类型、语境和内容来推断说话者的意图。例如，听者确定说话者是在劝说、提要求、寒暄、确认、否认、发通知等，由此而推断信息的功能。

（4）听者要回顾与特定语境和主题相关的背景信息，即图式，用已有经历和知识来建立认知关联，从而对信息做出合理的解释。

（5）听者为话语确定一个字面语义。这个过程涉及对所听到的话语做出语义解释。在许多情况下，话语的字面意义和说话者的意图是一致的。例如，当教师埋头批改试卷的时候，一个学生走进办公室说需要问一个问题。学生问："Do you have the time?"（你有时间回答我的问题吗？），这句话的字面意思是合适的。然而，有时话语的字面意义与信息之间没有直接关系。例如，在公共汽车上坐在你旁边的乘客沉默了许久，然后问"Do you have the time?"。这时，合适的回答不是"Yes."或者"No."，而是具体时间，如"It's a quarter to nine."。在这种情况下，二语学习者必须学会透过语言的字面意思，对话语的意义做出正确解释。

（6）听者确定话语的真实意图。公共汽车上的那位乘客想知道当时的具体时间，但是其话语的字面意思并没有传递这个信息。人与人之间交流的关键在于将所听到的话语的字面意义与说话者的真实意图相匹配，以避免对说话者的真实意图做出错误的臆断而引起误会。

（7）听者决定将信息保留在短期记忆中还是长期记忆中。例如，在只需要听者做出快速口头回应的情景中，短时记忆是合适的；而在处理像讲座那样的长语篇时，长期记忆更为普遍。当然，还有许多介于两者

---

[1] BROWN H D. Teaching by principles: an interactive approach to language pedagogy[M].北京：外语教学与研究出版社，2001：235–236.

之间的情况。

（8）听者抹去最初接收到的信息形式。在99%的言语行为中，听者会迅速地忘掉单词、短语和句子本身，因为没有必要保存这些杂乱的信息，而是要将重要的信息以概念的形式保存下来。

从以上对听力过程的分析可以看出，听力理解是一个动态地建构意义的过程。在感知到声音后，我们就开始了对这个声波的加工过程。在对话情景中，一旦完成了听力理解阶段的任务，下一步的互动交际就开始了，即听者以某种回应的方式转变为说话者。

2. 听力理解是一个自主选择行为

听力理解不仅是一个动态地建构意义的过程，而且是一个自主选择行为。首先，接收本身是一个自主选择的过程。在言语交际过程中，说话者和听者在言语交际中所扮演的交际角色是不同的。说话者首先根据自己想要表达的意义为自己安排交际角色。Halliday[1] 把说话者的交际角色概括为给予者和求取者。请看以下对话：

A：Here's a pen for you.

B：Thank you.

在以上对话中，说话者A给听者B一支钢笔，听者B接受并表示感谢。这时，说话者A为自己选择的言语角色是给予者。此时，听者的角色是回应者。再如：

A：Give me a pen，please.

B：Here you are.

在以上对话中，说话者A向听者B要一支钢笔，听者B递给A一支钢笔。这时，说话者A为自己选择的言语角色是求取者。此时，听者B的角色仍然是回应者。

从以上两个对话可以看出，不论说话者的言语角色是给予者还是求取者，听者的言语角色总是回应者。从这个意义上来说，听者的言语角色仿佛是被动的。但是，回应行为并不意味着被动接受。这是因为，当说话者给予或求取时，听者并不是必须接受听者的给予或答应他的求取，

---

[1] HALLIDAY M A K. An introduction to functional grammar[M]. London: Edward Arnold, 1994: 69.

而是可以在接受或者回绝两个选项中做出选择。例如：

　　A：Let me help you with your bag.

　　B：No，thank you.

　　在以上对话中，说话者 A 向听者 B 提供帮助，听者 B 选择了拒绝。再如：

　　A：Please tell me your name.

　　B：I'm sorry.

　　在以上对话中，说话者 A 问听者 B 的姓名，听者 B 选择了拒绝提供说话者所需要的信息。

　　从以上分析可以看出，在言语交际过程中，听者的回应言语行为是一个自主地进行选择的过程。

　　3.听力理解是一个意义创造过程

　　在会话交际中，说话者能否成功地实现其交际意图取决于听者对其话语的解读。

　　首先，有时候在说话者表达得不够确切、不够清楚，甚至还没有完成其话语时，作为听者，我们就理解了他的交际意图并做出回应。这一点可以说明，"听是一项创造性技能"[1]，"在听力理解过程中，我们是在创造信息，而不是在完全被动地接收说话者的信息，因为如果我们完全根据说话者的话被动地去理解其意图的话，我们就不可能正确地解读那些不够确切、不够清楚的话语，更不可能接收到他还没有说完的话语。其次，我们不可能把所有听到的话都记在脑子里。如果我们试图把所听到的内容都记在脑子里的话，大脑的语言处理系统和记忆很快就会超负荷，我们便不可能继续听下去"。

　　因此，在听的过程中，听者不是被动地接收信息，而是在创造性地解读信息。

---

[1] RIVERS W M. Teaching foreign-language skills[M]. Chicago: University of Chicago Press, 1981: 161.

4. 听力理解是一个构建新信息的过程

Bartlett[1]有关记忆的实验研究是图式理论所赖以建立的经典探索。他首先让一些英国受试者了解了一个爱斯基摩的民间传说，而后让他们复述这个传说。他发现，在复述时，有的受试者略去了故事中带有爱斯基摩文化特征的内容，有的受试者则根据他们自己的理解来解释故事中的相关事实。Bartlett 指出：受试者没有按照字面意义来记忆或呈现故事中的事实，而是为它们赋予了自己的本土文化特征，即把它们同化于自己的本土文化图式中。因此，他认为，每个人的头脑中都储存有大量的对外在情景和事物的结构性认识，即图式。这些图式有利于帮助我们理解所遇到的许多情景和事件。

图式理论被用来解释意义理解的过程[2-3]。人们头脑中以图式的方式储存了大量已有知识，在听到新信息时，大脑中的相关图式就会被激活。图式的有效激活帮助人们组织、加工新信息，从而做出正确理解。

Bartlett 的图式理论说明，听者是基于自己已有的相关背景知识的图式来解释话语的，而不是被动地接受说话者想要传达的交际意义。因此，话语理解的过程是一个构建新信息的过程。这就是为什么面对同一个话语，不同的听众往往会做出不同的回应。请看以下例子：

A：Smith doesn't seem to have a girlfriend these days.

B1：Who likes to be his girlfriend?

B2：Oh, he broke up again?

B3：He broke up with Jenny?

B4：He has been paying a lot of visits to New York.

…

听到 A 的话，不同的听者（B1，B2，B3 和 B4）做出了不同的回应。这四位听者都不是把 A 说的话作为给予信息而被动地接受，而是根据自

［1］ BARTLETT F C. Remembering: a study in experimental and social psychology[M]. Cambridge: Cambridge University Press, 1932.

［2］ MANDLER J M, DEFOREST M. Is there more than one way to recall a story?[J]. Child development, 1979, 50（3）: 886–889.

［3］ WIDDOWSON H G. Learning purpose and language use[M]. Oxford: Oxford University Press, 1983.

己头脑中的已有相关图式构建起新信息，理解说话者的信息并做出相应的回应。他们之所以做出不同的回应是因为他们头脑中所储存的相关图式各不相同：B1 的回应 "Who likes to be his girlfriend？" 可能说明 B1 认为 Smith 这个人有问题，没有女朋友是很自然的事；B2 的回应 "Oh, he broke up again？" 可能表示对 Smith 总是不能建立一个稳定的恋爱关系表示同情；B3 的回应 "He broke up with Jenny？" 可能表示对 Smith 和其前女朋友 Jenny 之间的恋爱关系的关注；B4 的回应 "He has been paying a lot of visits to New York." 则是在否认 A 所提供的信息的同时，给出新信息，即他不仅有女朋友，而且女朋友在纽约。可见，听者并不是单纯地对所听到的话语进行解码，而是结合自己对话题的认识进行意义的重构。

从以上分析可以看出，无论是在面对面交际中，还是在听非面对面影音材料时，听力理解都是一个互动交际活动。在听力理解的过程中，听者不是被动地接收说话者想要表达的意义，而是在自主地选择信息、创造性地理解话语并构建新的意义。这就决定了课堂听力教学的基本模式为互动交际。

第四节　课堂听力教学的原则

在本章第三节我们谈到，以声音为媒介的语言输入主要包括两类：一类是面对面听力材料，即面对面交际中说话者所说的话；另一类是非面对面听力材料，包括广播、电视、电影、录音、录像等影音材料。因此，在课堂听力教学中，培养学生的听力理解能力应该包括培养学生理解这两种语言输入的能力。

需要指出的是，面对面听力理解能力和非面对面听力理解能力的地位是不同的。一方面，面对面听力理解能力是非面对面听力理解能力的基础。只有在具备面对面听力理解的基础上才能有效地发展非面对面听力理解能力。另一方面，非面对面听力理解能力是听力理解能力的提升，反过来又促进面对面听力理解能力的提高。因此，在课堂听力教学中，我们既要注重对学生面对面听力理解能力的培养，又不能忽视对学生理解影音材料能力的培养。

为了培养学生对面对面语言输入和影音材料的理解能力，我们提出课堂听力教学的三个基本原则：坚持创设英语语言环境、坚持教学内容相对开放和坚持精听与泛听相结合。

一、坚持创设英语语言环境

我们在本章第一节分析我国中小学课堂听力理解现状的原因时指出，在目前我国的中小学英语课堂上，特别是在边远的中小型城市，由于多年来受传统语法翻译法的影响，许多教师不能接受或不能完全接受在目标语环境下教授目标语的教学理念，仍然使用汉语教授英语。但是，我们必须认识到，教师使用英语教授英语，创设英语语言环境是搞好英语教学，特别是培养学生英语听力理解能力的必要条件。

（一）听觉输入是培养听力理解能力的必要条件

像学习游泳必须进到水中一样，培养学生的英语听力理解能力，必须使学生置身于英语语言环境之中。S. D. Krashen 和 T. D. Terrell[1] 提出,语言学习是一个像生活在目标语环境中那样"顺便捡起语言"的过程,"接近目标语说话者是学习听力的基本条件"[2]。

婴儿从出生到开始说话需要经历较长一段时间的语言沉默期。在此期间,他们沉浸在由父母以及身边其他人为他们提供的自然语言环境中,但是却一直保持沉默,直到一岁左右才开始说话。在沉默期内,儿童得到许多语言输入,而且他们在听的同时伴随着许多身体反应,如伸手够东西、抓东西、移动身体、观察等。

虽然二语或外语学习与母语习得之间存在巨大差异,但是二者之间也有共同之处。Asher[3] 基于对儿童习得母语的沉默期的理解,提出了学习另一种语言也需要有沉默期的观点,即在二语或外语学习中,学习者应该首先进行大量听力练习,而后才能进行口语练习。这段沉默期可以保证学习者专注于听力练习而不必承受在未准备好的情况下被迫开口的焦虑。他提出的"纯身体反应"教学法是在沉默期内为学生提供语言输入的教学方法。

Krashen 和 Terrell[4] 也认为二语习得需要一个沉默期。Krashen 曾讲述了一个四岁日本女孩 Hitomi 的故事[5]。Hitomi 刚到美国时一点都不会说英语,她和她的父母住在离 Krashen 家不远的楼里。在她刚到美国的前几个月里,Krashen 试图让她开口说英语。他对 Hitomi 说,"Hitomi, say 'hi'",但是 Hitomi 没有任何反应。他试着不断跟她说"ball"这个单词,甚至说"I won't give you the ball till you say ball.",结果 Hitomi 都是以沉默回应。Hitomi 前后沉默了五个月左右。这里说"左右"是因

[1] KRASHEN S D, TERRELL T D. The natural approach: language acquisition in the classroom[M]. New York: Pergamon Press, 1983.

[2] NUNAN D. Second language teaching and learning[M]. 北京: 外语教学与研究出版社, 2001: 200.

[3] ASHER J J. Learning another language through actions: the complete teacher's guide book[M]. Los Gatos, CA: Sky Oaks Productions, 1977.

[4] KRASHEN S D, TERRELL T D. The natural approach: language acquisition in the classroom[M]. New York: Pergamon Press, 1983.

[5] JOHNSON K. An introduction to foreign language learning and teaching[M]. 北京: 外语教学与研究出版社, 2002: 83.

为在这期间，在特定的场景中，她也说一些作为整体而习得的固定语块，如"Leave me alone."，但是她却不具备自己生成语言的能力。

那么，在这前期的五个月期间发生了什么？Krashen认为她在听。在她开始说话前，她需要有一段听的时间，听到一定数量的语言输入是她生成语言、开口说话的必要条件。沉默期的存在意味着从习得者开始接触语言输入到他们生成语言之间可能需要一段很长的时间。

Krashen以儿童习得二语也需要经过沉默期的事实为依据，提出了外语教学的自然法。自然法提倡外语学习者在初始阶段要经过沉默期，即在外语学习的初期，学习者不要急于开口说话，而是要保持沉默，直到有一天，像儿童习得母语那样，话语从口中自动涌现出来。Krashen也提倡在沉默期阶段使用纯身体反应教学方法为学习者提供语言输入。

虽然外语学习是否像习得母语或二语也需要同样的沉默期是一个需要进一步探讨的问题（在下一章将有较详细讨论），但是儿童习得母语或二语需要经历沉默期的事实说明，听觉输入是培养一个人听力理解能力的必要条件，并且听觉输入构成一个人整个听说能力的基础。

（二）创设课堂英语听力环境的可行性

外语教学的理论与实践已经证明，只有在目标语环境中才能有效地培养学生的听力理解能力。但是，有些教师在英语课上仍然使用中文授课，包括把单词、句子、课文译成中文，以及用中文讲解语法和课文等，因为他们对使用英语组织课堂教学存有顾虑，他们怕学生听不懂，或者认为说中文学生理解得更好、不耽误时间等。但是，事实证明，这些想法和做法不利于学生英语口语交际能力的培养。

儿童成功地习得母语是在自然环境中进行的，儿童自身的生理、心理特点也使儿童倾向于在自然环境中学习外语。John H. Schumann[1]在研究青春期前后语言习得问题时指出，儿童在语言习得过程中表现出认同他人的意愿和能力。这种意愿和能力是语言学习者习得语言整体能力的重要组成部分。在5~14岁之间，这种意愿和能力变得更加强烈。对于儿童语言学习者来说，语言学习需要更强的社会和情感方面的渗透力。

---

［1］ SCHUMANN J H. Affective factor and the problem of age in second language acquisition[J]. Language learning，1975，25（2）：209-235.

也就是说，在面对面的自然语言环境中，儿童语言学习者处在一种更开放、更灵活的状态，接受语言输入的速度更快、程度更高。

在本章第三节中我们介绍了在外语教学中使用直接法和连续法创设目标语学习环境的教学方法。请看以下教学片段[1]：

Here is the finger. Look. Here is the forefinger, here is the middle finger, here is the ring-finger, here is the little finger, and here is the thumb. Do you see the finger, Madame? Yes, you see the finger and I see the finger. Do you see the finger, Monsieur? Yes, I see the finger. Do you see the forefinger, Madame? Yes, I see the forefinger. And you, Monsieur?

以上是 19 世纪著名的法语教师 L. Sauveur（1826—1907）教授以英语为母语的人学习法语的课堂教学片段的英文版本。Howatt 指出，这是 Sauveur 给外国学生上的第一课。本课包括 120~130 个单词。在两个小时的课堂上，Sauveur 通过使用动作、表情、语音语调，完全使用目标语进行教学，成功地为学生提供了这些语言输入。学生们可能并不能够理解所有单词，但是肯定是理解了他的所有意思。

Sauveur 教学所使用的自然法引起了全国上下的普遍关注。当地一位行政官员曾表示怀疑，于是亲临课堂，并当场给出话题"God"让 Sauveur 在课堂上进行现场示范。在一个小时的课堂上，Sauveur 完全使用目标语组织教学，学生没有拒绝回答任何问题。该行政官员心悦诚服，他评论道："确实让人佩服。我亲临现场，目睹了教学，他们做到了！不过我简直不能想象他们是怎么做到的。"[2]

中小学阶段的学生正处于学习语言的开放和灵活阶段，这使他们在目标语环境中习得语言成为可能。

在中国外语教学环境中，尤其是在初学外语阶段，学生还没有能力靠自己课下听外语、看视频等其他手段获得目标语输入。课堂几乎是学生可以得到外语输入的唯一场所，教师几乎是他们可以接近的第一个甚至是唯一的一个目标语说话者。因此，在英语课堂教学中，教师应使用

［1］ HOWATT A P R. A history of English language teaching[M]. 上海：上海外语教育出版社，1984：200.
［2］ 同[1].

英语授课，创设英语语言环境，为学生提供学习英语听力的前提条件。正如 P. Ur[1] 指出的那样："学生得到大量语言输入的捷径就是从教师那里。并且，教师的非正式讲话，如果不能说是学生可以得到的最好的听力材料的话，至少可以说是极好的听力材料……它容易听懂，因为是'现场直播'，并且是'说话者本人亲自出场'，即由此时此地的教师专门为现场的这些学生提供的听力材料。"

总之，在英语课堂听力教学中，教师要坚持使用英语进行教学，创设英语语言习得环境，为培养学生的英语听力理解能力创设前提条件。这是我国学生走出目前英语听力能力偏低困境的根本出路。

二、坚持教学内容相对开放

（一）听力课堂上的教学内容相对开放

1. 可理解性语言输入理论

听力理解能力的形成和发展是建立在一定数量的语言输入基础之上的。Krashen[2] 在可理解性语言输入假设理论里指出，当学习者能够理解所输入的信息时，语言习得就会发生。然而，可理解性语言输入应该比学习者目前已有的语言能力高出一步，以便学习者可以继续其语言发展。他将这个可理解性语言输入表示为 i+1。其中 i 表示学习者目前已有理解能力，1 表示高于学习者目前已有理解能力的输入。如果输入的信息被理解，并且输入量足够的话，处在 i+1 水平的语言规则就会自动显现。

可理解性语言输入理论给我们提供了两个重要启示：一是习得语言需要有足够量的语言输入；二是语言输入要适当高于现有语言水平。

2. 教学内容相对开放

在课堂教学中，教学内容相对开放是为学生提供可理解性输入的有效方法。

在目前中小学英语课堂教学中，尤其是在低年级教学阶段，教师往

［1］　UR P. Teaching listening comprehension[M]. Cambridge：Cambridge University Press，1984：62.

［2］　KRASHEN S D. The input hypothesis：issues and implications[M]. London：Longman，1985.

往认为学生的语言水平有限，于是倾向于过多地局限于所使用的教材，甚至课堂用语的使用也控制在教材所学语言知识范围内，偶尔使用一些超过教材内容的语言时，也会把它们译成汉语，生怕学生听不懂。结果是，这种中英文混杂的教学使学生难以得到目标语环境，同时也大大地减少了语言输入量。久而久之，教师感到这种中英文混合使用的教学既浪费时间，效果又不理想，于是便转向直接使用中文授课了。其结果是，在许多中小学英语课堂教学中，汉语成为主要的语言，于是学生能够得到的目标语输入只有教材上所提供的极其有限的语言材料。

教学内容相对开放指的是，课堂教学内容不完全局限于教材或教学大纲所规定的范围，而是由教师自主选择一些与所规定的教学内容相关的语言材料用于课堂教学，以丰富教学内容，扩大学生的听力语言输入量和输入种类，在目标语环境中使学生获得大量的语言输入，提高听力理解能力。

下边我们用一个教学实例来说明课堂上如何实施教学内容相对开放的原则。

教材中出现了感叹句"What a beautiful dress!"。在课堂上，有的教师只局限于教授这一个句子，即通过不同的方式让学生反复练习说这个句子，如教师拿着一件连衣裙让全班学生一起说、小组说、男生女生分开说、个别学生说等，而后拿着连衣裙的图片让学生说，之后又在视频中出现不同风格的连衣裙图片时让学生说……最后，当教师出示任何一件连衣裙时，学生就能立刻说出"What a beautiful dress!"。但是，通过这种单调的反复训练，学生仅仅学会了机械地说这一个句子，而没有得到足够的语言输入，不能在不同的情境中使用这个句型。同时，这种反复训练一个句子的教学十分枯燥，不能激发学生的学习兴趣，也不能培养学生灵活运用语言的能力。

在教学内容相对开放的教学原则指导下，教师不仅要通过不同的方式让学生练习说这个句子，而且也要出示其他物品，如 hat、scarf、watch、necklace 等，最后再过渡到非物品，如 song、name、day 等，使学生进一步深入理解并拓展句型"What a beautiful...!"。例如：

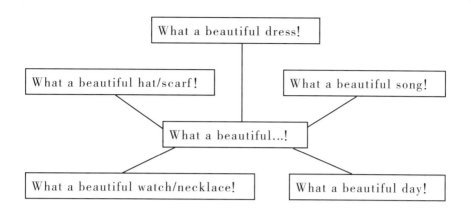

而后再将这个句型扩展至 " What a...!"，例如：

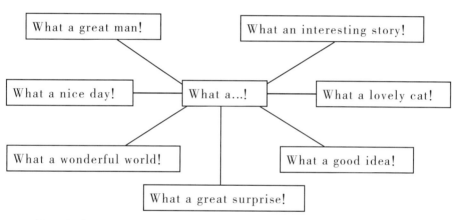

教学内容的相对开放，可以从多个角度激活不同学生头脑中已有的不同图式，使每个学生都积极地参与到教学中，使学生从多种语境中理解句型 "What a...!"。这样的教学扩大了语言输入量，激发了学生的学习兴趣，能够有效地提高学生的听力水平。

（二）教学内容相对开放的可行性

许多教师采用汉语讲授英语的教学方法，原因之一是担心"全英文上课学生听不懂"。那么，怎样理解学生可能听不懂的问题呢？

皮亚杰[1] 在其著作《儿童的语言与思维》中指出了儿童语言学习过程中的"混沌状态"现象。成人的认知方式具有社会化特征，他们在认识事物时，除借助被感知的对象所赋予的一般形式外，还要借助逻辑进

---

[1] 皮亚杰.儿童的语言与思维[M].傅统先，译.北京：文化教育出版社，1980.

行理性分析。所以，成人对事物不仅有表象的整体认识，而且还有深层的细节认识。儿童的认知方式则不同，他们是以自我为中心对事物进行感知和认识的。同时，儿童还不具备逻辑的、理性的分析能力，因此他们对事物的感知只能停留在表象阶段，其感知是模糊的、肤浅的。

儿童的认知方式决定了他们在语言、推理和理解等方面处于混沌状态。随着认知能力的发展，儿童逐渐从混沌状态向清晰阶段发展。针对这种混沌状态，皮亚杰指出，儿童常常以一种成人难以预料的理由来理解和应对一些复杂的语言现象，这种理由在成人看来通常是不合逻辑的，甚至是荒谬的。换句话说，在复杂的语言信息面前，儿童最初处于混沌、模糊状态之中。他们能以自我为中心找出自以为正确的解释，在成人看来，就像是在"不懂装懂"。这种"不懂装懂"的语言认识过程使儿童对于新的、复杂的语言信息具有一种神奇的能力。范文芳[1]将儿童特有的这种神奇的能力称为模糊忍耐力。在语言习得过程中，儿童的模糊忍耐力使他们不为大量复杂的、新的语言信息所困惑。他们会找出自以为正确的方式去理解语言。伴随着大量重复的、相关的、辅助的信息继续输入，儿童头脑中模糊的、表象的认识逐渐向清晰的、深层的认识发展。在这一发展过程中，儿童与成人不一致的认识逐渐向与成人一致的认识（即被社会群体所认可的认识）靠近，最终达到一致，使他们结束模糊、表象的认识，获得清晰、正确的认知。

儿童融于目标语环境的方式证明儿童具有对语言的模糊忍耐力。许多中国小孩在随父母去英语国家之前根本不懂英语。但是，新环境中全方位的英语输入并没有使他们感到困惑不解。几个月之后，这些孩子便开始融入英语环境，以相当快的速度获得理解和生成英语的基本能力，并向着接近英语本族语儿童的语言水平发展。另外，儿童喜欢数十遍地重复听同一个故事也是这种现象的一个有力的证明。显然，每个故事中都有儿童听不懂的许多话语，但是儿童所拥有的对语言的模糊忍耐力使他们可以专心致志地听下去。在成人的帮助下，借助故事的图片和其他非语言因素，他们对故事的理解每次都会更进一步，最终使他们不断地

---

[1]　范文芳. 儿童语言习得中的语义发展[D]. 上海：上海外国语大学，1993.

加深对故事的意义的理解，从模糊、表象的理解逐渐向清晰、深层的理解发展。

英语语言环境是发展学生英语听力理解能力的前提条件，儿童所具有的语言模糊忍耐力使课堂教学中的内容相对开放成为可能。因此，教师要深刻认识目标语环境对培养学生目标语听力理解能力的重要性。在课堂教学中，坚持使用英语授课，坚持教学内容相对开放的教学原则，为学生创设英语听力理解的语言环境，加大语言输入的数量和种类，丰富教学内容，以便有效地培养学生的英语听力理解能力和语言的综合运用能力。

三、坚持精听与泛听相结合

（一）自下而上与自上而下理解模式

听力理解是个十分复杂的过程，它涉及人类大脑的语言理解系统是如何在语言使用和语言意义产生过程中发挥重要作用的。听力理解涉及不同类型的知识，包括语言知识和非语言知识。语言知识包括语音、词汇、语法、语义和语篇知识等；非语言知识包括话题知识、语境知识、语用知识、修辞手法以及周围世界的一般常识等。外语听力理解自然更为复杂。

听力理解的过程虽然错综复杂，但是可以归结为两个基本模式：自下而上（bottom-up）理解模式和自上而下（top-down）理解模式。

1. 自下而上理解模式

自下而上理解模式认为，语言是一个线性单位。音位是区分意义的最小单位，音位组合构成音节和单词，单词组合起来构成语块，语块组合起来构成句子，句子组合起来构成语篇。听是一个用线性的方式解码语言输入的过程，即按照语言输入从小到大的顺序，从音位开始到语篇结束，逐级理解语言输入的意义。

自下而上理解模式在听力理解中扮演着十分重要的角色。首先，在许多交际场景中，我们都需要听懂语言输入中的几乎每一个语言元素，包括语音、语调、单词、语块、句子，至少是其中含有重要概念意义的语言元素。例如，当朋友让我们去火车站接站时，我们需要非常认真地逐字逐句地听清楚，包括在哪个火车站，是哪趟列车，几点到，在哪出站口见面等。在这样的交际任务中，我们使用的就是自下而上理解模式。

其次，听懂语言输入中的语言元素是准确解码语言输入的前提。Brown[1]引用了一则三个旅行者的笑话来说明在语言学习中听的重要性。它可以很好地说明，以自下而上理解模式准确地辨认语言输入中的元素是正确理解语言输入的基础，失去这个基础就可能导致误解，造成交际失败。请看这则笑话。在英格兰，有三个人同乘一列火车。当列车驶入 Wemberly 火车站时，一位乘客问道："Is this Wemberly？"（这是 Wemberly 车站吗？），同行的一位乘客答道："No, it's Thursday."（不是，今天是星期四。），同行的另一位乘客答道："Oh, I am too, let's have a drink!"（哦，我也渴了，咱们去喝点东西吧！）。

很明显，这里的理解错误源于这两位乘客没有听清楚对方所说的话，即没有准确地解码语言输入中的语言元素。可见，自下而上地解码语言元素本身的意义是正确地理解语言输入的基础。

2. 自上而下理解模式

与自下而上理解模式相对应的是自上而下理解模式。

自上而下理解模式认为，对语言的理解涉及多种知识。听者利用所听到的声音作为线索，运用自己已有的各种相关背景知识和认知策略，积极地进行预测、推理、总结概括等活动，对语言输入做出理解。

自上而下理解模式在听力理解中也扮演着重要的角色。

第一，在口语交际中存在大量冗余信息，从音位和单词开始，逐字逐句地理解这些冗余信息不仅没有任何意义，而且还会分散和消耗精力，影响重要信息的理解。在冗余信息面前，我们不需要关注语言输入中的每一个语言元素，而是要设法抓住那些涉及宏观意义的部分，如主旨大意、作者态度等，运用已有知识和语言理解策略对语言输入做出理解，即自上而下地理解语言输入。例如，听他人讲述恋爱经过时，我们头脑中已有的关于这个话题的背景知识就会产生作用，帮助我们预测将要传递过来的语言输入。对于这样的语言输入，我们不需要去做逐字逐句的理解。我们不需要听清楚他们具体是在什么时间和地点相遇的，也不需要准确地理解他们

---

[1] BROWN H D. Teaching by principles: an interactive approach to language pedagogy [M]. 北京：外语教学与研究出版社，2001：233.

当时相互说了什么话。作为一个理想的听众，我们只要听个大概意思并表示有兴趣听，在恰当的时候感叹一下或开个玩笑等就可以了。

第二，在许多时候，我们所听到的语言输入往往同外部世界、语境、背景知识等有着千丝万缕的联系和指称关系。因此，对语言输入的理解不仅仅涉及对语音、词汇、语法等语言元素本身的理解，而且还涉及对语篇上下文（context）、情景语境（situation）和目标语文化等背景知识的理解。这时，我们就需要超越字面意思和线性理解方式，运用上下文、情景语境和目标语文化等相关背景知识，采取自上而下的方式对所听内容做出解释。请看以下例子[1]：

Denise：Jack's coming to dinner tonight.

Jim： I'd planned to serve lamb.

Denise：Well, you'll have to rethink that one.

Nunan 使用以上例子为的是说明背景知识对语言理解的重要性。他指出，如果不知道 Jack 是素食者这个信息，就不容易理解以上对话。实际上，即使我们不知道 Jack 是素食者，我们也可以利用上下文语篇知识来理解这个对话。当我们听到"Well, you'll have to rethink that one."时，我们可以从该对话的上下文推测出：由于 Jack 要来，lamb（羊肉）作为晚餐不合适，这可能是由于 Jack 不吃肉或者不喜欢吃羊肉。

总之，在许多时候，我们需要采取自上而下的理解方式理解语言输入的意义。

3. 自下而上与自上而下相结合的理解模式

听力理解是一个自下而上理解模式与自上而下理解模式相结合的过程。一方面，听力理解从自下而上的线性理解开始，即对语言元素，特别是那些载有重要概念意义的语言元素进行解码，因为对语言输入中语言元素本身语义的解码是理解语言的基础。在许多时候，语言输入中的语言元素，包括重音、语调、词汇、语法等，都可以用来表达说话者的意图，只有捕捉到这些语言元素所体现的意义，才能准确地解码语言输入的意义。

另一方面，听力理解不能仅仅停留在对语言元素本身所体现的意义

---

［1］ NUNAN D. Second language teaching and learning[M]. 北京：外语教学与研究出版社，2001：202.

层面，不能完全以自下而上的方式，"像录音机那样，按照线性序列一个音、一个单词、一个语块、一个句子地接收和储存信息"[1]，而是要在正确接收和理解语言输入中语言元素所体现的意义的基础上，使用自上而下的方式，依赖话题的背景知识、谈话语境、文本类型等进行预测、推理，对语言输入做出宏观的、概括性的理解，因为"我们毕竟不是像自下而上模式所认为的那样一个单词一个单词地储存所听到的语篇"[2]。

总之，像一个硬币包括正反两面一样，听力理解是由"自下而上"和"自上而下"两种模式相结合组成的，二者相辅相成，缺一不可。因此，在听力理解过程中，只有将两种模式有机地结合起来，才能对语言输入做出正确的理解。

（二）坚持精听与泛听相结合的课堂听力教学原则

自下而上和自上而下是我们理解语言输入的两种基本模式。在课堂听力教学中，精听和泛听是指导学生运用这两种理解模式解码语言输入的有效方法。

1.精听局部内容

精听局部指的是利用自下而上理解模式，对所听语篇中的某个局部进行逐字逐句的解码，目的是对这个局部内容达到透彻的理解。通过精听教学可以培养学生以自下而上的方式理解语言输入的能力。

（1）精听教学的意义

听力理解是以自下而上地对语言输入中的语言元素进行准确辨认和理解为基础的。因此，只有正确地接受和理解语言元素本身，才能像自下而上模式所说的那样，以语言元素为线索对所听语言输入做出自下而上的理解。因此，在课堂听力教学中，教师要安排精听内容，培养学生以线性的方式接受和解码语言元素，包括语音、语调、单词、语块、小句的能力，培养学生自下而上地理解语言的能力。对外语学习者来说，通过精听局部内容培养学生自下而上地理解语言的能力是极为重要的。

---

[1] ANDERSON A, LYNCH T. Listening[M]. Oxford：Oxford University Press，1988：201.

[2] NUNAN D. Second language teaching and learning[M]. 北京：外语教学与研究出版社，2001：202.

毕竟，不具备理解语音语调、词汇语法等语言元素的能力，就谈不上以自下而上的方式理解语言输入。

（2）精听教学练习的设计

进行精听教学，首先要从所听语言材料中选择合适的段落。一般来说，这个段落在内容上要有一定的独立性，即可以表达一个相对完整的意思。请看语篇"Chinese Food at Home"中的一个段落：

Noodles are popular Chinese food. Many people have noodles for lunch or dinner. Some even have them for breakfast. People often make a dressing of tomato and egg to go with noodles. Sometimes they may make a salad as a side dish, too. Cucumber salad is the most common salad. It is healthy, delicious and easy to make.

以上段落结构完整，开头是主题句"Noodles are popular Chinese food."，之后是对这个主题句的进一步阐释。

在选定这个段落作为精听内容后，教师可以通过布置不同的听力任务对它进行精听教学，如让学生完成以下任务：

Ⅰ. Listen to the paragraph. Fill in the missing words.

Noodles are popular Chinese _____. Many people have _____ for lunch or dinner. Some even have them for breakfast. People often make a dressing of _____ to go with noodles. Sometimes they may make a _____ as a side dish, too. _____ salad is the most common salad.

填写所缺单词练习可以培养学生识别语言元素的基本能力。在这些需要填写的空处，可以选择某一类语言元素，即请学生填写的单词基于一定的类别，如名词、形容词、语块等，以便在训练语言能力的同时，培养学生的思维能力。以上练习中让学生填写的是上义词 food 及其下义词，即几种具体的食物名称。

Ⅱ. Answer the following questions.

① When do people eat noodles?

② What dressing do people often make when they eat noodles?

③ What side dish do people make to go with noodles?

④ What is the most common salad?

回答问题可以检验学生对语言输入的理解是否正确，它比填写所缺单词的难度要大，因为学生不仅需要正确识别相关语言元素，而且还需要根据听到的段落内容选择正确答案。并且，一般来说，回答问题常常需要写出完整的句子。

需要指出的是，对精听段落提出问题要基于一定的语篇结构，以便在训练学生语言能力的同时，培养学生的语篇能力、逻辑思维能力和对信息的概括能力。例如，以上四个问题的答案不仅是该语篇的主要内容，而且可以连接为一个有意义的段落：

People eat noodles for breakfast, lunch and dinner. They often make a dressing of tomato and egg. They make a salad as a side dish. The most common salad is cucumber salad.

Ⅲ. Match.

①配菜   make a salad

②最常见的沙拉   a side dish

③西红柿鸡蛋卤   the most common salad

④拌沙拉   a tomato and egg dressing

对于精听段落中的某些语言元素，尤其是一些固定语块，我们可以通过英汉互译的方式使学生理解并记忆。因为，虽然在自下而上的过程中需要逐字逐句地理解句子，但是，如前文所述，记忆中储存一定数量的固定语块在听力理解过程中可以起到重要的作用。因此，从听力输入中选择重要的语块让学生理解和记忆是一个重要的任务。需要指出的是，在中小学阶段，使用母语与目标语互译的方法一定要谨慎，既不能频率过高，也不鼓励整个句子，甚至整个段落的翻译，以避免学生养成通过母语理解目标语的习惯。

最后，对于所选定的精听段落，教师还可以组织学生逐句地进行模仿重复，即教师逐句播放该段影音材料，请学生大声跟读、伴读或重复，同时给予适当的指导。这对培养学生的语音语调、语言流畅性和语感的形成能够起到重要作用。

2. 泛听全文

通过精听可以培养学生以自下而上的方式理解语言输入中的细节，包括对 who、when 和 why 等问题的把握，但理解语言输入中的细节问题不是听力理解的全部内容，有时甚至不是听力理解的主要目标。

泛听指的是把所听语篇作为整体进行收听，利用自上而下的模式从宏观层面上对语篇进行理解，如理解语篇的中心思想、作者的态度等，而不去关注某些语言的细节问题。通过泛听教学可以培养学生以自上而下的方式理解语言输入的能力。

（1）泛听教学的意义

对于本族语听者来说，从宏观层面上理解语言输入仿佛是一件自然而然的事，并且多数时候被认为是理解策略问题。但是，对于外语学习者来说，尤其是在外语学习的初级阶段，理解语篇的大意、作者的态度等宏观问题具有极大的难度，远不只是一个策略问题。

首先，对宏观问题的理解，如从语篇的题目推测将要听到的语言输入的内容，往往需要建立在对某些微观问题的理解的基础之上。如果不理解题目本身的意思，甚至对题目的语言元素本身理解不够透彻的话，就谈不上根据题目对整篇听力材料做出正确的推测。一旦对题目的理解有误，那么根据对题目的错误理解而进行推测的话，可能会将理解带入歧途。其次，宏观问题的理解需要建立在一定的语篇知识的基础上。成功地识别语篇的主题句以及用于阐释语篇主题句的分论点的主题句需要具有足够的语篇知识。更进一步说，宏观问题的理解往往需要识别语篇的相关细节，并对它们做出整合，这对中小学生来说不仅仅是一个语言问题，因为即使是在母语学习中，对语篇的细节做出整合也是一项难度比较大的任务。更不用说，英语的语篇与汉语的语篇在结构上常常存在很大差异。最后，宏观问题的理解常常与目标语的文化背景知识密切相关，而外语学习者，特别是在学习的初始阶段，往往缺乏这些知识。

鉴于以上种种原因，对于外语学习者来说，从宏观层面上理解语言输入同样具有很大的挑战性，而从宏观层面理解语篇的能力只有通过大量的泛听活动才能得到提高。因此，在课堂听力教学中，教师不仅要为学生提供适合精听的材料，也不能忽视提供泛听材料，以便培养学生从宏观层面理解文本的能力。

（2）泛听教学的方法

进行泛听教学的主要方式是整体听影音材料。

整体听（holistic listening）指的是完整地播放影音，让学生理解关于所听材料的宏观问题，如文章的中心思想、作者的态度等，或者为故事、某个事件排序等，从宏观上检查学生对文章的理解。在整体听之前，教师可以通过提出宏观层面上的问题对学生进行引导。请看以下几个问题：

Listen to the text. Then answer the questions.

① What does the text mainly talk about？

② What does a Chinese meal include？

③ What food of grain is mentioned in the text？

④ What other food is mentioned in the text？List five.

⑤ What does the writer think of Chinese food？Give two pieces of evidence.

以上是用于泛听语篇"Chinese Food at Home"之前的问题。从这些问题可以看出，回答它们都不能仅仅根据某个局部的内容来完成，而是需要听者对相关细节内容进行选择、提取和概括。

3. 课上精听和课下泛听相结合

如上所述，在同一个语篇中，我们可以将精听和泛听相结合，即选择一个或几个部分作为精听内容，其余部分作为泛听内容。另外，精听和泛听相结合还体现在处理不同的语篇上，如把课上的听力材料作为精听，把课下的听力材料作为泛听。一般来说，对课堂上的听力材料处理得比较精细，而课下的听力材料则可以作为泛听材料，要求学生只理解其宏观问题，或者只理解其中自己感兴趣的内容。

总之，教师不仅要在课堂上指导学生进行精听和泛听训练，而且也要引导学生在课下从多种渠道选择泛听材料进行听力练习，增加听力输入量，扩大知识面，巩固听力技能，逐步提高听力理解能力。

第五节　课堂听力教学活动

本节的课堂听力教学活动主要讨论教师与学生之间以及学生与学生之间的互动交际活动，包括非言语回应活动和言语回应活动。

一、非言语回应活动

获得语言是从听开始的。

在英语学习的初始阶段，学生的英语水平较低，这时，教师和学生之间进行潜对话交际，即教师作为语言交际中的讲话者发起互动交际，学生做出非言语回应。在这个阶段，课堂听力活动的主要特征是"教师说—学生做"。

组织"教师说—学生做"课堂听力活动的关键在于创设交际情景。在交际情景中，教师说，学生听并使用非言语行为做出反应，以示他们对话语理解与否。

（一）对号入座

1. 不识字阶段

（1）"迅速拿"比赛（speedy pick）

教师将所学的同一类单词，如食物、服装、交通工具、颜色、数字等对应的实物、玩具或图片放在讲台上，请两个学生到讲台前。教师或学生"小老师"说一组单词，如 jacket、shirt、skirt 和 dress，或短语 a red apple、a green apple 和 a yellow apple 等，看哪个同学先把对应的东西拿到手。拿到数量多的学生为优胜者。

（2）"运气拿"比赛（lucky pick）

教师把实物、玩具或图片放到一个袋子里，然后说单词或短语，让学生把手伸进袋子里摸出对应的实物、玩具或图片来，如水果类 apple、pear、peach、orange 和 banana 等，如果拿出的不对就出局。

"运气拿"比赛比"迅速拿"比赛更有刺激性。在"迅速拿"比赛中，学生只要理解教师说的单词或短语的意思，就能拿到对应的东西。而在"运气拿"比赛中，学生不但需要理解教师说的单词或短语的意思，而且需要靠一些运气，尤其当需要摸出对应的图片时就比较困难。这个运气成分为比赛增加了刺激性，因此，许多学生更喜欢"运气拿"比赛。

需要指出的是，组织"迅速拿"比赛和"运气拿"比赛活动的意图是不同的。前者用于刚刚学完这些单词、短语后的练习，以便学生将单词的声音与其所对应的意义直接联系起来，后者用于复习巩固阶段，增加词汇或语块的出现频率，以便不断深化对这些语言元素的理解和记忆。

（3）群举（caucus showing）

教师给每个学生发一些图片，如全班40人，需练习10个动物单词。这时，教师要准备40张图片，每一种动物有4张相同的图片，打乱顺序后发给全班学生。教师说出一个动物的单词，如monkey，拿着monkey图片的4个学生需要举起图片，最后举起图片的学生为输家。教师也可以同时说出两种动物的单词，这样就意味着8个学生需要举起图片，最后举起图片的学生为输家。

"对号入座"游戏活动可以有多种多样的形式。在书面练习或考试中，像"Listen and number.""Listen and check."等都属于对号入座听力练习活动。在"Listen and number."中，学生听到单词后标号；在"Listen and check."中，学生根据所听到的单词在对应的图片上打钩。这些练习可以通过多媒体呈现，变为对号入座游戏或者竞赛活动。

2. 识字阶段

进入识字阶段后，可以把不识字阶段游戏中使用的实物、玩具或图片换成单词卡片做上述游戏活动。例如，教师把一组单词写在黑板上，请一个学生到黑板前来。教师说单词，学生把相应的单词擦掉。

在书面练习或考试中，不同类型的"Listen and match."都属于对号入座活动，如一列是单词，另一列是图片，要求学生将单词和与其对应的图片用线连接起来。

有趣的是，这种对号入座认读练习，有"假认读"版本和"真认读"版本之分。"假认读"版本就是把单词写在左边一列，把图片顺序打乱放到右边一列。教师按照顺序念单词，学生根据教师所念题目的序号，很容易将单词与图片连接起来。这就是所谓的"假认读"版本对号入座练习。

因为学生从"听单词"到"找图片"实际上不需要认识单词，只需要根据单词的读音和题号，将它与另一列中对应的图片连接起来。这个版本相对来说比较简单。

"真认读"是把图片放在左边一列，把单词顺序打乱放到右边一列，学生需要根据左边一列中的图片和读音，到右边一列中寻找对应的单词。这时，学生必须认识单词才能将图片和它所对应的单词连接起来。这个从"看图片"到"找单词"的过程是"真认读"的过程。

对号入座游戏可以有许多种不同的形式，教师可以根据自己的喜好变换形式。例如，把单词的图片贴在黑板上，教师说单词，学生从黑板上摘走相应的图片等。

（二）Bingo游戏

在英语课堂教学中，一般可以使用25个格子（或者少一些格子）的Bingo卡做游戏，如表2-2所示：

表2-2

BINGO				

在不识字阶段，可以在Bingo的每个格子里放一个图片制成Bingo卡，发给每个学生一张。需要注意的是，不同的学生拿到的Bingo卡上的图片的顺序不应该完全一样。教师念单词，学生每听到一个单词时，就在相应的图片上打钩。如果打钩的格子形成一行、一列或者对角线，学生就喊"Bingo!"，教师给予奖励。

在识字阶段可以用单词代替图片做Bingo游戏；也可以是教师提供单词，让学生自己把它们写在Bingo的格子里，这时，每个学生格子里单词的顺序各异。而后教师开始念单词，做Bingo游戏。

（三）画图上色（draw and color）

在学习的起始阶段，教师让学生根据所听到的单词或句子的意思画图、给图上色。这是低年龄阶段学生非常喜欢的听力活动，如"Draw an apple." "Draw a circle." "Draw an egg."等，也可以请学生"Color it."。教师也可以让不同的学生接力完成同一幅图画。例如，发给每个小组一张纸，让学生用不同的形状接力画成一幅图。

教师说第一个形状，如 circle，每个小组的第一个人在纸上画一个圆，而后把纸传给本组的第二个人；教师说第二个形状，如 oval，每个小组的第二个人在纸上画椭圆……所有的形状都说完之后，每组最后一个学生把本组合作的、用不同形状画成的一幅图向全班展示。不同小组所完成的图画一般是不相同的，有的画的是人体，有的画的是机器人，有的画的是房子，有的画的是轮船……

教师也可以给每个小组发一幅图，如彩虹的简笔画，让小组同学根据教师说的颜色词，接力给图上色。

这个活动也可以在黑板上进行。例如，教师在黑板上画一个脸部轮廓，让不同的学生到黑板前来，根据教师所说单词完成这个图，如 nose、mouth、eyes 和 ears 等，学生会非常兴奋。

以上这种合作完成画图上色的活动，不仅可以训练学生的听力理解能力，而且不知不觉中培养了他们的观察能力、绘画能力以及合作精神，并能给学生带来许多乐趣。

需要注意的是，在进行画图上色这样的活动时，要求学生画的图应该是容易画、容易上色的，如苹果、三角形、房子、轮船等，过于复杂的图会占用课堂的大量时间，把英语课上成了绘画课，得不偿失。如果想让学生画难度较大的图，如 car、bus 或 shoes 时，可以作为家庭作业在课下进行。

（四）连线成图（connecting）

理想的英语活动不仅可以有效地培养学生的英语语言能力，而且还可以促进学生的多智能发展。在以上对号入座、画图上色活动的基础上，教师可以组织更高级的活动，如连线成图活动。

教师事先设计一个形状，如房子、轮船、线路图等，把相应的图片或者单词放在关键的点上。例如：

Baby Duck

Mother Duck

Chicken

Rabbit

Fish

根据学生英语水平的不同，教师使用不同难度的单词、短语或句子。

例如：

T：Mother Duck and Chicken.

Ss：（画线将鸭妈妈和鸡连起来）

T：Chicken and Rabbit.

Ss：（画线将鸡和兔子连起来）

T：Rabbit and Baby Duck.

Ss：（画线将兔子和小鸭子连起来）

T：Baby Duck and Fish.

Ss：（画线将小鸭子和鱼连起来）

T：Fish and Mother Duck.

Ss：（画线将鱼和鸭妈妈连起来）

学生按照语言指令完成连线时，就得到以下形状：

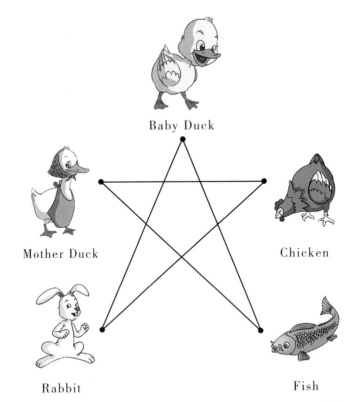

Baby Duck

Mother Duck

Chicken

Rabbit

Fish

当学生根据教师给出的英语指令完成一幅图的时候，他们总是兴奋不已，欢呼雀跃。这样的活动不仅可以提高学生的英语听力理解能力，而且可以激发学生的学习兴趣，给他们带来成就感。

（五）粘贴成图（sticking）

教师不仅可以让学生画图上色完成作品，也可以让他们粘贴成图。

教师在黑板上画一个图的轮廓，如交通图，图中是一面湖，湖上有一座桥，旁边有街道，上方有天空。教师说句子，让学生把图片粘贴在相应的位置。

T：There is a boat on the lake.

S1：（把轮船图片贴到湖面上）

T：There is a bus on the bridge.

S2：（把公共汽车图片贴到桥上）

T：There is a train on the bridge.

S3：（把火车图片贴到桥上）

T： There is a taxi in the street.

S4：（把出租车图片贴到街道上）

T： There is a car in the street.

S5：（把汽车图片贴到街道上）

T： There is a plane in the sky.

S6：（把飞机图片贴到天空中）

这样就完成了一幅城市交通图。

（六）Simon says游戏活动

Simon says是著名的纯身体反应游戏活动。这个游戏活动是根据所听到的指令做出相应的身体反应。

Simon says 是一个可以由多人同时参加的淘汰赛。教师或学生"小老师"扮演 Simon 角色给出两种指令。一种是直接说指令，如"Touch your nose."；另一种是在指令前加上"Simon says"，如"Simon says, touch your nose."。

Simon says 的游戏规则是如果教师直接说指令，学生不执行指令，如果有学生执行了指令，则出局；当教师在指令前加上 Simon says 时，学生才能执行指令，如果有学生没有执行指令，则出局。例如，教师说"Simon says, touch your nose."，学生应该迅速执行指令，即摸鼻子，如果有学生不迅速执行指令，则出局；教师说"Touch your nose."，学生应该不执行指令，如果有学生执行了指令，则出局。

在课堂上，任何教学活动都是为了让尽量多的学生得到训练的机会。因此，老师可以对 Simon says 活动的惩罚规则进行改良，以便为更多的学生提供训练的机会。例如，可以不让那些执行了"Touch your nose."指令的学生出局，而让他们各自记住自己犯了几次错误，或者让那些出了局的学生充当教师的助手，监督哪些学生错误地执行了指令，请他们及时出局。这样，这些学生也会更加认真地听指令，从而达到训练听力的目的。

Simon says 是一个很有趣、很刺激的活动。开始做这个游戏活动时，有些学生可能会不知所措，但是在教师的指导下，一旦熟悉了游戏规则，便会产生极大的兴趣。

二、言语回应活动

（一）抢答比赛（first-to-answer contest）

1."抢先回答"（first to answer）

抢先回答指的是教师提出问题，学生抢答，先答对者赢得比赛。在学生语言水平偏低时可以借助实物或图片做这个游戏。例如：

（出示鱼、鸟、青蛙图片）

T： Who can swim?

S1： Fish.

T： Who lives in the water?

S2： Fish and frogs.

T： Who can fly?

S3： Birds.

T： Who has four legs?

S4： Frogs.

T： Who has no legs?

S1/S2：Fish.

T： What can birds do?

S： Fly.

根据学生的语言水平，教师可以从不同的角度提出问题，也可以根据学生抢答的速度，随时调整提出问题的速度或问题的难易度。

该比赛可以在全班进行，答得既快又对的学生得到奖励，也可以两两学生比赛，输者出局，换另一个学生替换，接着抢答。

2.判断正误（true or false）

教师用语言描述，让学生判断正误。如果教师说的是对的，学生说"Yes."；如果教师说的是错的，学生说"No."。

（1）出示实物、玩具或图片，对它进行描述。例如：

T：（出示猴子玩具）This is a monkey.

Ss：Yes.

T：A monkey can climb.

Ss：Yes.

T：A monkey has a short tail.

Ss：No.

T：A monkey can swim.

Ss：No.

T：A monkey loves nuts.

Ss：Yes.

（2）就眼前所见描述。例如，可以对班级学生或教师进行描述：

T：Lily wears a dress.

Ss：Yes.

T：Lily wears long hair.

Ss：Yes.

T：Peter wears a skirt.

Ss：No.

T：Peter wears glasses.

Ss：No.

T：I wear boots.

Ss：Yes.

……

需要注意的是，判断正误活动的主要目的是训练学生准确且快速地接收和理解语言输入并做出反应。因此，语言描述本身的正误要容易辨别，不能模棱两可。另外，在描述人物，特别是班里的学生时，要避免可能引起争议的描述，如"Peter is tall."，因为个子高矮是相对的。另外，也不能使用给学生带来窘迫的描述，如"Betty is fat."等。

（二）抢先纠错（first to correct）

抢先纠错也是学生非常喜欢的游戏。教师可以根据教学内容和教学目标的需要说句子或者语篇。在说话过程中故意犯错，让学生辨认错误并进行纠正，首先发现并成功纠正错误的学生赢得比赛。教师可以根据学生的语言水平决定所说句子或语篇的难易度，从借助实物、图片或视频组织这个游戏活动，逐渐向使用纯语言阶段发展。例如：

（出示兔子玩具和猴子玩具）

T： I have a rabbit and a donkey.

S1： A monkey.

T： Thank you. I have a rabbit and a monkey. The rabbit has a long tail.

S2： A short tail.

T： Thank you. The rabbit has a short tail. The monkey has a short tail.

S3： A long tail.

T： Thank you. The rabbit has a short tail. The monkey has a long tail. The monkey has long ears.

S4： The rabbit.

T： Thanks. The rabbit has long ears. The rabbit can climb up trees.

S5： The monkey.

T： Thank you. The monkey can climb up trees.

S6： Yes!

教师可以让英语水平比较高的学生当小老师，说句子并故意犯错，让其他学生纠正；也可以把水平较高的学生和水平较低一些的学生分在一组，在小组内做抢先纠错活动，而后选择小组在全班表演。这种抢先纠错活动也可以加大难度。例如：

（出示相关图片）

T：It is rainy today.

S：Sunny.

T：Thanks. It is sunny today. Cathy and her parents are in the zoo.

S：In the park.

T：Thank you. It is sunny today. Cathy and her parents are in the park. They are running on the path.

S：Walking.

T：Thank you. It is sunny today. Cathy and her parents are in the park. They are walking on the path. A boy is kicking shuttlecock.

S：A girl.

T：Thanks a lot. It is sunny today. Cathy and her parents are in the park. They are walking on the path. A girl is kicking shuttlecock. A bird is singing.

为了避免学生忽视已经纠正过的部分，教师在重复修改过的部分时，还可以再次犯其他错误。例如：

T：Thank you. It is snowy today. Cathy and her parents are in the park. They are walking on the path. A girl is kicking shuttlecock.

S：It is sunny today...

需要指出的是，教师所犯的错误应该是在意义层面，而非语法形式，以便引导学生在现实交际中关注意义而不是关注语法形式。另外，纠错活动为的是让学生练习听力，因此，教师所犯错误一定要客观，而不要使学生纠缠在对与错的判定中。

（三）预测抢话（first to predict）

在现实交际中，说话者有时在说出一部分之后，会稍微放慢速度，甚至完全停下来，等待听者做出默契的预测反应。"在许多情况下，本族语者可能只说前边几个字，让听者自己理解其余的部分。"[1]

例如，当我们听到说话者说 "Once upon a time"，我们就会想到，一个童话或故事就要开始了，我们自然地就会想到 there was、there were 或者 there lived。

Once upon a time there was a boy who loved a girl...

Once upon a time there was a girl who talked to the moon...

Once upon a time there lived three frogs in a swamp...

在现实交际中，我们经常需要根据说话者正在说的话预测他将要说的内容。在外语课堂教学中，我们可以组织预测抢话等课堂活动，培养学生对话语的预测能力。具体做法是教师说前半句，引导学生对后半句的内容进行预测，预测正确并抢先完成句子的学生为优胜者。例如：

---

[1] UR P. Teaching listening comprehension[M]. Cambridge：Cambridge University Press，1984：139.

T： A bird has feathers. It can...

S1： Fly.

T： Penguins are birds, but...

S2： They can't fly.

...

T： Rabbits love grass. Pandas love...

S3： Bamboo leaves.

T： Bats sleep in the daytime. They come out...

S4： At night.

...

学生预测后做出的补充，只要意思正确就可以，而不是一定要与教师事先准备的答案完全吻合。

在学生英语水平相对较高的课堂上，教师可以说比较长的语篇或者播放录音，在合适的时候放慢速度或停下来，请学生预测。例如，在以下语篇中，教师可以在画线部分放慢速度或者停下来，让学生预测抢话：

Mammals live in every part of the world. Mice, elephants and whales are all mammals. People are mammals, too.

Most mammals live on land and some live in water. Mammals can be small or big. The smallest mammal on the Earth is the bumblebee. The largest mammal on the Earth is the blue whale.

Bats are a special kind of mammal. They have wings and they can fly. In fact, they are the only mammals that can fly.

预测抢话活动是学生非常喜欢的课堂活动，它可以激发学生积极思考，也可以培养学生的反应能力。在训练听力的同时，发展思维能力和预测话语的能力。

（四）猜谜语（guessing）

猜谜语是典型的用简短语言做出言语回应的活动。教师可以根据学生的英语水平，编写难度和长度不同的谜语，让学生猜测。请看以下简单的谜语：

T：I'm an animal. I'm big, fat and tall. I have a long nose. What am I?

S：Elephant!

再如：

T：I'm small. I have six legs. I can fly. I can make honey. What am I?

S：Bee.

在刚开始有能力做出言语回应的时候，也许猜谜语对一部分学生来说有一定的难度。这时可以通过提供两个图片，或者两个单词让他们选择其一的办法来降低难度。另外多使用一些学过的相关内容作为谜语的内容，也可以降低谜语的难度。

猜谜语对于高年级的学生也有很大的吸引力。请看以下难度稍大的谜语：

I'm a big ball of fire in the sky. The Earth goes around me. You see me rise in the morning and sets in the evening. What am I?（Sun）

再如：

I am big, round and bright. You can see me in the sky at night. I move around the sun. I help to light up the Earth, but I do not give out light. What am I?（Moon）

随着学生英语水平的提高，教师也可以加入其他内容，把谜语的内容变得更丰富，语言的表达更准确，语篇更长、更复杂，培养学生理解复杂语篇并做出回应的能力。好的谜语本身就是一个很好的听力语篇，学生不仅可以练习听力，也可以提高英语语言综合运用能力。例如，在以上谜语中可以增加中秋节的内容：

I am big, round and bright. You can see me in the sky at night. I move around the Earth. I help to light up the Earth, but I do not give out light. Chinese people celebrate me in mid-autumn according to the lunar calendar. They make cakes in my shape. What am I?

（五）视听活动

教师可以选择学生喜欢的英语故事或者喜欢观看的电影片段，以此为基础组织多种听力活动。这不仅可以培养学生的听力理解能力，同时也可以引导学生在课外自主地收听或收看自己喜欢的英语节目。

1. 自下而上理解活动

（1）识别指定单词

最简单的听力练习是教师事先给出将要播放的片段中的几个关键单词，分配给每个小组。在听到这些单词时，小组成员立刻重复这些单词。

需要注意的是，所选择的单词需要有概念意义，而且是在视频片段中说得比较清楚、响亮的单词。

（2）随机问题

在播放视频片段的过程中，教师突然按暂停键，就这个句子的内容问一个具体问题，如"Who said this?""What did he say?""Where are they talking?""What are the people talking about?""Who wears blue jeans?"等。随机问题不仅可以检查学生的理解程度和注意力，也可以训练学生的反应能力。

2. 自上而下理解活动

（1）排序

在播放完视频片段后，把其中出现的几个事件或故事情节打乱顺序，让学生按照视频片段中出现的顺序把它们连成语篇。正确地排序可以检查学生对内容的理解，也有利于培养学生的逻辑思维能力。

（2）比较

在播放完视频片段后，可以让学生对相同或相反的事件进行归类、比较等。例如：

Three people talked about the "red dot" on the sweater. What were the names of the three people? What did each say?

Two people told white lies. Who were the two people? What were their white lies?

（3）陈述个人观点

观看视频片段结束后，教师可以组织小组活动，请学生就视频片段中的某一个人物、某一个事件或整个视频片段陈述自己的观点，也可以请学生提出片段中可以进一步改进的情节等。

第六节 从听的技能训练到听的能力培养

语言输入具有客观性和主观性，语言理解是客观与主观的统一。课堂听力教学既要对学生进行听的技能训练，使学生学会如何听（learn to listen），又要对学生进行听的能力培养，使学生具备为理解而听（listen to learn）的能力，运用听力技能从语言输入中获得交际信息。

一、理解语言输入的二重性

理解语言输入具有二重性：客观性和主观性。理解语言输入的客观性是由语言输入本身决定的，因为听者必须根据语言输入的内容对语言输入的意义进行解读；理解语言输入的主观性源于听者，因为不同的听者具有不同的个人经历和交际目的，因而会对语言输入产生不同的解读。

（一）理解语言输入的客观性

语言的意义，包括概念意义和人际意义，这二者都具有客观性。

首先，语言所表达的概念意义[1]是客观的。例如："The Earth turns around the sun."所陈述的天文知识"地球绕着太阳转"，即这个句子的概念意义，在目前科学的认知范围内是客观事实，任何人都不能对这个概念意义做出违反天文知识的其他理解。

其次，语言的人际意义具有社会规约性，因而也具有客观性。请看以下对话：

A：Excuse me. Can I ask you a question?

B：Sorry, I'm in a rush.

A：Thank you all the same.

在以上对话中，说话者 A 向听者 B 提出请求，即需要问 B 一个问题。当说话者 A 听到 B 说"Sorry, I'm in a rush."时，A 就应该明白听者 B 拒绝了自己的请求，因此自己现在不能问 B 问题。这是由语言的社会文

---

[1] 语言的概念意义（ideational meaning）有时也被称为事务性意义（transactional meaning）或命题意义（propositional meaning）。

化规约决定的，交际双方都应遵守。如果违反的话，不仅达不到交际的目的，还可能破坏已经建立起来的人际关系。例如：

A：Excuse me. Can I ask you a question?

B：Sorry, I'm in a rush.

A：My question is very simple. It won't take long.

B：But...

在以上对话中，当 A 没有按照既定的社会文化规约去理解 B 的话语而继续提出请求时，B 不仅没有答应 A 的请求，而且生气地离开了。

（二）理解语言输入的主观性

在本章的第三节中我们介绍了图式理论。图式理论告诉我们：人们在头脑中以图式的方式储存了大量的知识和经历，人们是基于自己头脑中的已有图式对所听到的信息做出解释的。由于人与人的经历不同，不同的个体在大脑中所储存的图式就有所不同。因此，对于相同的信息，不同的人可能做出不同的理解。这就使语言理解不可避免地带有主观性。例如，寒暄语"What a nice day!"在不同的情境中可能会产生完全不同的理解。学生 A 在演讲比赛中获得冠军，在路上遇到学生 B。B 热情地向他打招呼"What a nice day!"，A 立刻回应道"Beautiful!"，觉得学生 B 通过跟他寒暄对他表示祝贺。可是，学生 C 在演讲比赛中败北，在路上也遇到学生 B。B 也热情地向他打招呼，同样说"What a nice day!"，却使 C 感到很难过，心想：学生 B 是不是有点幸灾乐祸呢？于是，不做任何回应便气冲冲地离开了。

同样的语言输入，对于不同的人，或者处于不同心境中的同一个人，都可能引起不同的理解。这就是语言理解的主观性。

（三）语言理解是客观与主观的统一

一方面，语言的意义具有客观性，它是不以人的意志为转移的。因此，在言语交际中，交际双方需要正确地理解语言的意义，这是语言交际得以顺利进行的基础。但是，语言理解又是个人行为，每个人都基于自己头脑中的已有图式对语言输入做出解释。不同的个体，或者相同个体在不同的语言情境中，对语言的意义可能会做出不同的解释。这就决定了语言理解既具有客观性也具有主观性。因此，在言语交际中，双方常常需要进行意义协商，以便顺利地完成交际任务，达到交际目的。

二、学习如何听与为理解而听的有机统一

语言意义的客观性要求我们正确地理解语言输入的意义。因此，学生需要学会如何听，以便掌握理解语言输入所需要的知识和技能。同时，理解语言输入具有主观性。作为不同的个体，学生需要运用自己大脑中的已有图式对所听到的语言输入进行加工，获取语言输入中传达的信息、了解所传达的观点等，这就需要学生具备为理解而听的能力。

在学习如何听的过程中，学生需要得到教师的指导。这时，教师扮演的角色是指导者，学生扮演的角色是学习者。教师对学生的听力理解语言技能进行有效的训练，学生在教师的指导下掌握理解语言输入所需要的知识、技能和策略。在培养为理解而听的能力的过程中，教师和学生所扮演的角色是互为倾听者和意义协商者。在进行意义协商的过程中，学生理解得正确与否得以检验，正确的得到确认，错误的得到指正。在这个过程中，学生为理解而听的能力不断得到提高。

训练学生如何听和培养学生为理解而听的能力是课堂教学中培养学生听力理解能力的两个不同层面，缺一不可。教师要将二者有机结合起来，贯穿在课堂听力教学之中。

在课堂听力教学中，教师可以通过自由听和控制听相结合的方法，把对学生听力知识技能的训练和听力理解能力的培养有机地结合起来。

三、自由听与控制听二者的有机结合

就非面对面听力材料的听力教学而言，训练学生如何听和培养学生为理解而听的能力可以通过组织"自由听—控制听—自由听"活动来实现。

自由听是培养学生为理解而听的听力活动，控制听是训练学生如何听的听力活动。培养学生的听力理解能力需要将二者有机地结合起来。

（一）自由听

在"自由听—控制听—自由听"活动中的第一个自由听指的是教师播放录音，不给学生任何提示，也不提出任何问题，不做任何限制，学

生就像听广播一样，根据自己的语言水平、自己的兴趣所在自由地听。这是学生第一次为理解而听教师为他们播放的影音材料，如收听一个故事、一则新闻、一篇科普短文等。例如，教师播放以下语篇：

Cats can see well in the dark. They like to hunt small animals at night.

Cats, especially young cats, are playful. They like to play with toys or shoes. They often chase their tails for fun. They learn how to hunt when they are playing with things.

Cats have a good sense of smell. They smell the food and know whether it is safe to eat. They can smell what you had for lunch. They can smell the people you shake hands with.

Many people like to keep cats as pets at home. They think cats are smart, warm, gentle and loving!

在播放完这个语篇之后，教师问学生听到了什么。不同的学生听到了不同的内容。

T : What did you hear?

S1 : Cats.

T : Great. What did you hear?

S2 : Cats like playing with shoes.

T : Very good. What did you hear?

S3 : Cats can see well in the dark.

T : That's true. What did you hear?

S4 : People keep cats at home.

T : Very good. What did you hear?

...

从以上学生的回答可以看出，不同的学生听懂、重述出来的内容各不相同。不管学生说出来的是一个单词、一个短语，还是一个句子，都得到了教师的肯定。

需要指出的是，在自由听之后应该先请英语水平稍低的学生说出他们所听到的内容，以便他们可以先说出简单一些的内容，而后由英语水平比较高的学生说出复杂一些的内容。一般来说，在这个阶段，听力理解局限在理解语言本身的客观意义上。

自由听录音的次数可以根据听力材料的难易和学生的兴趣来决定。如果所听材料在学生的理解范围之内，并且学生喜欢听，就可以多放几遍，每次听完之后都鼓励学生说出更多的内容。

（二）控制听

在第一轮自由听之后便进入控制听。控制听指的是教师通过干预听力过程，指导学生学习如何听。在控制听阶段，教师通过精听和泛听相结合的方式，指导学生学习如何听，以便掌握理解语言输入的知识和技能。

（三）自由听

在完成第一阶段的自由听和第二阶段的控制听之后，学生对所听语言输入的意义有了基本的理解。这时，再组织一轮自由听，使学生从宏观上对所听语言材料进行整体感受。这是又一次为学生创设为理解而听的机会。在这个阶段，学生根据自己头脑中的已有图式对所听语言材料做出自己的解释。

在本次自由听之前，教师可以提出宏观方面的问题，请学生带着这些问题去听。例如：

（1）What idea in the text do you like? Why?

（2）What idea in the text do you NOT like? Why?

（3）What lesson did you learn from the text?

在最后这次自由听之后，教师可以组织学生进行小组活动，就所听材料进行讨论，也可以进行主题扩展性讨论。讨论之后请各个小组选派代表在全班汇报讨论结果。这时，教师作为听者，倾听学生汇报其理解语言输入的结果以及他们对所听语言输入的观点，检查其理解的正确性，并与学生进行意义协商，给学生提供真实交际的机会。

从听的技能训练到听的能力培养，实质上是帮助学生经历一个从学习如何听到为理解而听的发展过程。也就是说，学生在听力训练中学习如何听，掌握听力技能。在经过充分的听力训练，掌握了一定的听力技能之后，学生就把从训练中获得的技能转变为能力，使听的目的不再停留在学习如何听上，而是上升到为理解而听的高度，使听成为获取信息的工具。这时，学生便具备了听力理解能力。

本章小结

　　本章共分六个小节探讨了听的能力培养。在第一节和第二节中，我们分别对中小学英语课堂听力教学的现状以及中国学生英语听力理解的障碍进行了分析。在第三节中，我们讨论了课堂听力教学三要素，主要包括课堂听力教学的目标，用于课堂听力教学的语言材料，以及课堂听力教学的互动交际模式。在第四节中，我们探讨了课堂听力教学的三个基本原则，即坚持创设英语语言环境、坚持教学内容相对开放和坚持精听与泛听相结合的教学原则。在第五节中，我们讨论了课堂听力教学中教师与学生、学生与学生之间的互动交际活动，主要包括非言语回应活动和言语回应活动。本章的最后一节，即第六节，是从宏观上对听力教学所做的一个简短性的总结概括和意义升华。

第三章　说的能力培养

人类可能天生就倾向于将说作为衡量是否熟练掌握一门语言的主要指标。当我们想到外语学习时，我们首先想到的是说[1]。在听、说、读、写四种语言基本技能中，不管怎么强调说的技能也不过分，因为学习语言的目的之一就是用它来进行交际，而最主要的交际方式就是口头交际。从社会对外语人才的需求来看，口语能力无疑是十分重要的[2]。

对于母语来说，习得说和习得听的能力一样，仿佛是一件自然而然的事；而对于外语来说，获得说的能力并非易事。在外语课堂教学中，怎样才能有效地培养学生说的能力，是一个值得深入探讨的问题。

---

[1] BROWN H D. Teaching by principles: an interactive approach to language pedagogy [M]. 北京：外语教学与研究出版社，2001：233.

[2] 刘润清，韩宝成. 语言测试和它的方法 [M]. 2版. 北京：外语教学与研究出版社，2000.

第一节　中小学英语课堂口语教学现状分析

一、对中小学说的能力要求

在语法翻译法占主导地位的年代，外语教学注重书面语，注重语法知识的讲解，口语教学没有受到重视。在听说法占主导地位的年代，听和说被列为四项语言基本技能的首位，但是，听说法主要是进行句型操练，让学生通过反复模仿和机械记忆学习语言。其结果是，学生通过机械记忆获得的语言不能有效地用于语言交际，即学生说的能力偏低，"哑巴英语"现象较普遍。

如今，外语教学已经进入了交际语言教学时代，培养学生说的能力已成为中小学外语教学的一个重要目标。我国从教育政策层面和测试层面，都对学生说的能力提出了明确的要求，确立了口语教学在外语课堂教学中的重要地位。

（一）教育政策要求

根据教育部《义务教育英语课程标准（2011年版）》规定，学生在义务教育六年级结束时，说的能力应该达到二级目标的水平，标准描述如下：

（1）能在口头表达中做到发音清楚，语调基本达意。

（2）能就所熟悉的个人和家庭情况进行简短对话。

（3）能运用一些最常用的日常用语（如问候、告别、致谢、道歉等）。

（4）能就日常生活话题做简短叙述。

（5）能在教师的帮助和图片的提示下进行描述或讲述简单的小故事。

学生在义务教育九年级结束时，说的能力应该达到五级目标水平，标准描述如下：

（1）能就简单的话题提供信息，表达简单的观点和意见，参与讨论。

（2）能与他人沟通信息，合作完成任务。

（3）能在口头表达中进行适当的自我修正。

（4）能有效地询问信息和请求帮助。

（5）能根据话题进行情景对话。

（6）能用英语表演短剧。

（7）能在以上口语活动中做到语音、语调自然，语气恰当。

教育部《义务教育英语课程标准（2011年版）》对学生说的能力所提出的明确要求，使培养学生说的能力成为中小学英语课堂教学中不可或缺的重要组成部分。

（二）现实考试要求

1. 小学阶段

目前，小学升初中没有统一要求的口语测试，但是在学校组织的期末考试中，口试通常占有一定的比例。以参加清华大学"一条龙"英语教学实验的学校为例。

在满分为100分的英语期末试卷中，口语部分所占试卷的比例分别为：一年级和二年级的期末考试只包括听力和口语两个部分，二者各占50%；从三年级开始，考试成绩中增加书面表达，听力和口语所占比例开始降低，在三年级和四年级，口语和听力同时降低到40%；在五年级和六年级，随着书面表达所占比例的提高，口语和听力所占的比例相应降低，其中，口语降低到20%，听力降低到30%。从听、说、读、写所占英语总成绩的百分比可以看出，在听、说、读、写四项语言基本技能中，听和说领先；在听和说两项技能中，口语所占的比例只在五、六年级低于听力，在其他年级都占同样的比例。这反映出在小学阶段听领先于说，听和说领先于读和写的现代外语教学理念。

2. 中学阶段

目前，在中考和高考的英语测试中，只包括听力、阅读、写作，不包括口语测试。另外，在大部分地区的小升初、中考和高考中，目前也都没有口语测试，但是在部分学校，如外国语学校的单独招生考试中，往往包括口语测试，部分中学在选拔生源时也会参照学生的某种英语口语成绩，如剑桥系列过级考试等。某些城市，如北京，也举办由学生自主报名参加的高三学生口语测试，作为某些高校录取学生时的参考分数。

总之，教育部《义务教育英语课程标准（2011年版）》对说提出了明确的要求，口语在课堂教学中已经占有一席之地。但是由于口试在操作上存在的困难等原因，目前各级正式考试中并没有包括口语考试。口语在英语考试体系中的空缺，在某种程度上影响了它在课堂教学中的地位。

二、中小学课堂口语教学的现状

在中小学阶段没有设置专门的口语课，口语教学是综合外语课堂教学的一个组成部分。

我国20世纪90年代开始新一轮外语教学改革，交际语言教学逐渐成为英语课堂教学的主要教学方法。中小学外语课堂教学开始倡导"突出语言的交际功能及其人文性特点，以发展语言实践能力为主线，以培养学生用英语进行交际的能力为最终目的，同时注重培养学生的学习兴趣，提高学生的综合人文素养"[1]。经过多年努力，中小学英语教师逐渐接受了交际语言教学理念，把培养学生的口语能力作为英语课堂教学的重要目标之一。

（一）口语教学取得的进展

随着教学改革的深入，教师和学生理念的更新，英语口语教学取得了很大进步。这主要表现在三点：一是使用英语组织课堂教学已经成为许多教师努力的方向；二是课堂互动交际活动增多；三是教师有意识地努力为学生提供个人展示平台。

1.使用英语组织课堂教学成为教师努力的方向

在中小学英语课堂教学中，使用英语组织课堂教学已经成为许多教师努力的方向。在英语师资力量比较强的城市中小学，使用英语组织课堂教学已经成为比较普遍的现象。即使是在欠发达的中小型城市，教师使用英语授课的意识也越来越强，使用英语授课的比例也逐渐增大。例如，在各种类型的公开课上，大部分承担公开课的教师已经可以自如地使用英语授课。

教师使用英语组织课堂教学为学生提供了习得英语口语的目标语环

［1］范文芳.小学英语一年级1A［M］.北京：清华大学出版社，2002：Ⅰ.

境，为学生提供了必要的英语语言输入，为培养学生的口语交际能力提供了前提条件。

2. 课堂互动交际活动增多

在目前的中小学英语课堂教学中，教师与学生之间、学生与学生之间的互动交际活动逐渐增多。

（1）教师与学生之间的互动交际活动

在过去的英语课堂教学中，教师讲解语法知识和组织学生进行句型操练是课堂教学的主要形式，而在目前的课堂教学中，教师与学生之间的互动交际活动逐渐增多。

教师与学生之间的互动交际活动首先表现在教学内容的呈现阶段。在呈现教学内容时，多数教师都倾向于借助实物、玩具、图片或多媒体课件，通过组织与学生之间的互动交际呈现所要教授的内容。请看以下课堂教学片段：

（老师将闹钟拨到 6 点钟位置）

T： Look at the clock. What time is it?

Ss：Six!

T： Yes. It's six o'clock.

教师和学生之间的互动交际活动还表现在对所学内容的巩固和扩展阶段。请看以下课堂教学片段：

T：What do you know about the Statue of Liberty?

S：It's a gift from France to America.

T：Great! The Statue of Liberty is a gift from France to America.

在课堂上，由师生之间的互动交际取代教师讲解和句型替换练习，是从教授语言知识转向培养学生口语交际能力的重大转变。从互动交际的角度出发组织课堂教学活动，为提高学生的口语交际能力创造了必要的条件。

（2）学生与学生之间的互动交际活动

在听说法盛行的年代，课堂上学生与学生之间的活动主要是学生两人一组进行角色扮演，机械地练习教材中的对话，并做句型替换练习；而在目前的课堂教学中，学生与学生之间的活动不仅多样化，而且真实交际的成分逐渐增大。

①学生两人配对练习（pairwork）

学生两人配对练习活动也叫"结对子活动"，在英语课堂上使用的频率很高。

学生两人配对练习经常以扮演角色的形式练习句型，但有所不同的是，在练习句型时，往往会加入一些真实交际的成分。请看以下课堂教学片段：

（老师请每个学生带来自己家长的照片，在课上做对话练习）：

A：Look, this is my father.

B：What does your father do?

A：He's a doctor. How about your father?

B：My father is a middle school teacher. Look, this is my father.

A：Oh, that's great. He can help you with your homework.

B：Yes.

以上对话旨在练习用于谈论工作话题的句型"What does your... do?"。请学生给对方看自己家长的照片并介绍其职业，显然为练习句型增加了真实交际成分。这样，既练习了词汇和句型，又进行了真实交际。

另外，即使是在学习语法知识的时候，教师也往往组织学生进行具有真实交际成分的互动活动。例如，在学习一般过去时的时候，教师请两个学生一组进行配对练习。两个学生分别给对方看自己曾经参加某项活动（如打篮球）的照片，并进行介绍，而后在全班表演对话。这已经摆脱了教师讲解语法知识，学生机械练习的传统教学模式，走进了真实交际会话之中。

②小组讨论（group discussion）

小组讨论也是目前英语课堂教学中常见的活动形式之一。在课堂上，小组活动的形式多种多样，包括讨论、辩论或话剧表演等。在这些活动中，最常见的是小组讨论。

在完成教学内容呈现之后，教师常常提出一个与所学内容相关的问题或话题请学生分组讨论，而后小组派代表向全班汇报讨论结果，同组成员对汇报进行补充，有时也请其他小组的同学做出评论等。在学生分小组讨论的过程中，教师往往对小组讨论提供必要的帮助，有时也直接参与到某个小组的讨论之中。

在小组活动时，许多学生心理压力减小，表达自己想法的意愿比较强烈。另外，尤其是在大班教学的环境中，小组讨论使每个学生都有机会参与互动交际活动，有利于培养每个学生的口语交际能力。小组活动还可以培养学生合作互助的精神。

③猜测游戏（guessing game）

学生与学生之间的互动还包括猜测游戏之类的活动。其中，借助图片、视频、动作等猜谜语是常见的形式。

例如，学生 A 从教师手中抽取一张卡片，假设卡片上是"斑马"。他开始为同伴 B 进行描述：

A：It is a big animal. It eats grass. It runs fast. It looks like a horse, but it has a different name.

B：Donkey.

A：No. It has black and white stripes. You can see it in the zoo.

B：Zebra.

A：Yes. It's a zebra.

从以上对话可以看出，在描述与猜测过程中，如果学生 B 猜错了，学生 A 继续描述给出更多相关信息，以便学生 B 最终能够猜对答案。而后学生 A 和学生 B 调换角色，即学生 B 从教师手中抽取另一张卡片并使用谜语的形式进行描述，让学生 A 进行猜测。

猜测游戏类活动不仅可以训练学生的口语交际能力，而且还为学生学习英语增加乐趣，培养学生的反应能力和英语思维能力。

④采访活动（interview）

采访活动是一种特殊的角色扮演形式，也是教师经常组织的一项学生与学生之间的互动交际活动。教师为学生指定或推荐某个社会热点问题或者焦点人物，组织学生进行采访活动。一位学生扮演新闻记者或节目主持人，其他学生扮演被采访者，如"节目主持人"（A）采访"宇航员"（B）的采访活动：

A：Where are you, Astronaut?

B：I'm on the moon.

A：What's the weather like on the moon?

B：It's very hot during the day. It's very cold at night.

A：Is there grass on the moon?

B：No. Nothing can grow on the moon.

采访活动一般选择的是学生感兴趣的话题，学生对该话题有话可说，自由发挥的余地较大，语言灵活，很适合学生与学生之间进行互动交际活动。

⑤问卷调查（questionnaire）

问卷调查也是目前课堂教学中常见的一项口语活动。一般情况下，教师在课前准备好一张调查问卷，让学生对自己小组的成员或者班级的其他同学做问卷调查，如"What's your hobby？""What do you think about our final test？"。有时教师也让学生自己就所学内容选择问题或话题进行问卷调查活动。

从以上学生与学生之间进行的多种多样的互动交际活动可以看出，在目前的英语课堂教学中，学生与学生之间的许多活动已经摆脱了机械地进行句型训练的传统教学模式，代之以互动交际活动模式。学生们在与同伴的互动交际活动中，获得学习英语的乐趣，培养英语语感，逐渐提高自己的英语口语水平。

3. 教师有意识地为学生提供个人展示平台（presentation）

学生个人展示也是目前课堂上的一个常见的口语活动，这个活动一般是由学生自主选择话题，并提前准备的个人独白口语活动。许多教师常常安排学生在课堂的前几分钟做个人展示，包括自我介绍、演讲、讲故事、朗读诗歌或演唱英文歌曲等，旨在鼓励学生以丰富多样的形式练习口语，培养学生的英语口语表达能力。Morning Report 和 Free Talk 都是教师为学生设置的个人展示平台。

学生个人展示活动为学生提供了表现自我的平台，它不仅有利于培养学生的口语交际能力，而且也有利于培养学生的自主学习能力。

总之，口语教学在多个方面取得了一定的成绩，学生使用英语进行交际的热情和能力得到了显著提高。

（二）课堂口语教学中存在的问题

虽然口语教学取得了一定的成绩，但是课堂口语教学中仍然存在许多不容忽视的问题。

1.教师使用中文授课的现象仍然存在

虽然目前一些教师努力使用英语组织课堂教学，但是，在许多学校，教师使用汉语组织课堂教学的现象仍然普遍存在，即使是在师资条件比较好的学校里，教师在上课过程中混用中英文的现象也并不罕见。

另外，除地区和学校之间存在差异外，中小学不同学段之间也存在明显差异。相对来说，在小学阶段，口语教学处于优势地位，而到了初中和高中阶段，读写教学内容逐渐增加并最终占据主要地位，口语、听力教学不断被削弱。尤其是在初三和高三，教师往往在外语课堂上更注重训练学生的应试技巧，口语活动更多的是念单词、念课文和背诵课文。

2.机械操练句型的现象仍然存在

在课堂教学中，虽然教师与学生之间的互动交际活动逐渐增多，但许多时候，师生之间的互动活动有意无意地落入了机械操练句型的传统教学模式之中。请看以下一节公开课的教学片段：

任课教师首先通过 PPT 呈现所要教授的课文 "A bird has one beak, two wings, two legs and many feathers."，接着通过 PPT 课件展示，使学生理解、学会说新单词 beak、wings、legs 和 feathers，而后使用多媒体课件出示不同小鸟的图片，让学生通过不同的方式（包括全班集体说、小组轮流说、学生个体轮流说、男生说、女生说等），反复说课文 "A bird has one beak, two wings, two legs and many feathers."。最后，只要老师出示一只鸟的图片，说出前边的几个单词，如 "A bird..." 全班学生就能够立刻齐声流利地将这个句子补充完整。此时，老师又出示一只鸟，问学生："What can birds do?"，令人惊讶的是，全班学生又齐声说："A bird has one beak..."。

在以上教学过程中，教师一直在与学生互动，但是这个看似属于教师和学生之间的互动交际，实际上属于机械操练句型。所不同的是，在传统教学中，句型训练使用的是替换词，而这里使用的是不同小鸟的图片，其结果是相同的，即学生不能真正理解教师所教授的语言，更不能运用所学语言进行真实交际。

3.朗读和背诵多于互动交际

在我国外语教学中，朗读和背诵是许多教师推崇的外语学习方法。教师之所以推崇朗读和背诵是因为他们认为朗读和背诵是说英语，或者是说英语的基础。因此，在目前的英语课堂上，教师常常请学生朗读或背诵课文，包括一些教材之外的经典文章。在朗读或背诵之后，教师往往为学生纠正一些发音，有时也就朗读或背诵的课文内容提一些问题让学生回答。

需要指出的是，正确地朗读和背诵可以帮助学生改进语音语调，包括单词在句子中的发音、单词与单词之间的连读、语调和韵律节奏等，也有助于培养学生的英语语感，为提高学生的口语能力打下必备的基础，但朗读和背诵不等于会说英语。事实上，学生一旦养成背诵的习惯，往往会把背诵的语言机械地用于真实交际场景之中，从而导致交际的失败。请看以下对话：

A：How are you?

B：I'm fine. Thank you. And you? I'm fine, too.

在以上例子中，当 B 听到"How are you?"时，熟练地提取出已经牢固地储存在自己记忆中的对话作为回应："I'm fine. Thank you."，并向对方进行问候："And you?"。令人哭笑不得的是，在向对方进行问候之后，B 并没有停下来等待对方回应，而是非常流利地做出了自问自答。可以看出，B 对 A 的回应以及自己对 A 的问候都不是在与 A 进行交际，而是在将自己背得滚瓜烂熟的对话补充完整，从而导致交际失败。

4.缺乏完善的测试体系

我国英语教学对听、读和写三项语言基本技能的测试体系比较完善，而缺乏说的评价体系。即使是在学校的学期考试中，由于测试口语存在的一些具体问题，如需要花费大量时间、难以统一标准等，在许多学校里，口语测试基本处于"缺席"状态。

由于没有口语考试，学生口语水平的高低不影响升学率，因此，口语在课堂教学中得不到应有的重视，从而影响对学生口语能力的培养。

三、口语教学中存在的问题

近年来，我国英语口语教学取得了长足的进步，教师的教学理念和教学方法都得到了改进，教学效果得到明显提高。但是由于一些主观和客观上的因素，口语教学中尚存在诸多问题。这些问题的原因值得深思。

（一）缺乏习得目标语的自然环境

在中国，英语教学是典型的外语教学。我国大部分学生较少有机会与以英语为母语的本族语者进行直接交流。英语学习的主要场所是课堂，用英语交流的对象是自己的老师和同学。但是，有些英语教师由于自身英语水平的限制或外语教学理念相对保守，在英语课堂上仍然不能使用英语组织课堂教学，而继续使用传统的语法翻译法进行语法讲解和中英文翻译，或使用听说法进行机械的句型训练。这使许多学生缺乏习得目标语的自然环境，仍然在汉语环境中学习英语。

教师不能使用英语授课，不能创设习得目标语的自然环境，使学生较少有机会使用英语进行口语交际。口语交际能力不理想是不言而喻的。

（二）教师水平有待提高

口语教学中存在的问题很大程度上源于教师的教学理念和专业水平。

首先，由于长期受到传统教学方法，如语法翻译法和听说法的影响，以及教师自身学习外语的经历的限制，许多教师很难从根本上改变教学观念。于是，在英语课堂教学中，他们仍然使用中文授课，包括讲解语法规则，进行中英文互译等，并把主要精力放在句型的反复操练上，强调机械记忆，如把朗读和背诵作为培养学生口语交际能力的主要方法，不能真正理解和贯彻交际语言教学的基本理念和教学方法。

其次，教师自身的英语专业水平有待提高。大部分中小学教师没有在英语国家留学的经历，在学习英语的过程中跟英语本族语者交流的机会也不够多，甚至有很大一部分小学教师是从其他专业转岗为英语教师的。因此，有些教师，无论是自身的英语水平还是其目标语文化素养都有所欠缺，这使他们难以使用英语组织课堂教学，不能为学生创设提高口语交际能力的目标语环境。

因此，要提高中小学生的英语口语交际能力，首先需要进一步改进英语教师的教学理念，提高英语教师本身的英语语言水平和语言文化素养。

（三）应试教育导致忽视口语教学

各级升学考试特别是高考仍然对英语课堂教学起着举足轻重的导向作用。学校、家长和学生都十分重视考试成绩。在很大程度上，考试是教学的指挥棒、风向标，考试的方向影响学习的目标。在听、说、读、写四项语言基本技能中，只有说未被列入大型升学考试范围之内。口语测试在重大考试体系里的缺席无疑降低了教师、家长和学生对口语的重视程度，削弱了课堂口语教学的力度。在调研中我们了解到，许多教师为了赶教学进度，经常把大部分时间花在词汇、语法的讲解和应试技巧的训练上。同时，对学生的听力理解、阅读理解和写作能力的重视程度明显高于口语能力，这种情况在高中尤为突出。

由于对口语教学的重视程度不够，教师在课堂上往往把时间和精力向其他语言技能训练倾斜，口语教学活动经常被删减甚至完全被省略。在一次高中学生访谈中我们了解到，虽然课堂所用教材的每个单元，甚至每一课后都有 Speaking Activities（口语活动），但是，许多教师基本上忽略这个部分。教师对学生的评价主要是依据考试的成绩。试卷成绩优秀，则被列入优等生行列。在这样的导向下，学生也更加注重应试技能的训练而忽视口语训练。从学生访谈中我们得知，许多学生在周末、寒暑假等业余时间里参加英语辅导班的学习，但是这些辅导班通常是集中记忆单词、语法知识串讲和考试技巧培训等，很少有学生专门去参加口语培训项目。

（四）大班教学的弊端

英语口语教学现状的另一个不尽如人意之处是大班教学。我国中小学的班级容量大多在 40 人以上，在一些地区一个班甚至达到 70~80 人。在容量如此大的班级里，很难组织教师与个体学生之间或者学生与学生之间进行互动的口语交际活动。实际上，即使是在跟录音或教师朗读这样的活动中，坐在后排的学生也往往不及前排就座的学生那样积极参与。另外，在学生容量大的班级里，教师很难有针对性地对个别学生进行指导。于是，齐声朗读、背诵、复述等比较容易操作的口语活动成为常态，导致口语教学活动失去互动性和交际性。其他教学活动，如角色扮演、采访活动等，也往往由于开展起来费时费力效率低而减少到可以忽略不计的程度。

大班教学的弊端还体现在学生在课堂上的消极表现。口语水平不理想的学生经常会选择消极沉默。无论是教师提问，还是对话互动，甚至话剧表演，几乎总是由班级中几个口语较好的学生来完成，其他学生则安静地扮演旁观者的角色。久而久之，不能参与的学生便会产生消极态度，失去学习的积极性。

综上所述，近年来，我国中小学阶段的英语口语教学取得了一定的成绩，但是教学现状和学生的口语水平仍然不容乐观。我们应该全面地认识到问题的存在并针对所存在的问题找到切实可行的对策。其中，更新教育者的理念，提升教师的专业水平和文化素养，改进教学环境，完善教学评估指标，建立并完善口语测试体系等，都是不容忽视的方面。

第二节 中国学生英语口语障碍分析

口语表达是一种输出技能,是促进语言习得的必要条件[1]。学习者通过语言输出检验自己的语言假设,调整自己的语言行为,从而促进语言能力的提升。因此,口语表达是语言学习的一个重要方面。

但是,口语水平的提高是一个缓慢而渐进的过程。在口语习得过程中,学习者会遇到许多障碍。Brown[2]分析了在口语表达过程中可能遇到的十个方面的障碍,包括语音群、冗余现象、缩略形式、行为变量、口语体、语速、重音、节奏、语调和互动。我国学生在学习英语口语的过程中会遇到同样的障碍,同时还表现出更为复杂的特殊情况。而在国内,关于英语口语障碍的研究相对较少。以下,我们就中国学生英语口语障碍的现状,从语言因素和非语言因素两个维度进行简单的探讨。

一、语言障碍

(一)听力理解障碍

听和说是两项不可分割的语言技能。在日常交际中,交际双方通过说话者和听者两种言语角色转换和话轮交替来实现双方的交际意图。

交际双方进行角色转换和话轮交替都是在理解对方话语的前提下进行的。因此,听力理解能力是口语表达的基础。学生听力理解能力低有可能直接导致学生无法成功地进行口语交际。

在中小学举办的英语辩论赛中,我们经常可以看到,参加辩论的双方辩手各执一词,滔滔不绝地陈述自己事先精心准备好的观点,但是对于对方的观点往往不予理睬。演讲中也会有类似的现象。演讲者慷慨激昂地演讲完毕后,面对评委的提问却往往不知所措,答非所问。这多是

---

[1] SWAIN M. Communicative competence: some roles of comprehensible input and comprehensible output in its development [M]//GASS S M, MADDEN C G. Input in second language acquisition. Rowley, Mass.: Newbury House Publishers, 1985: 235–256.

[2] BROWN H D. Teaching by principles: an interactive approach to language pedagogy [M]. 北京:外语教学与研究出版社,2001:256–257.

由于不能理解对方的语言而导致的结果。听不懂是造成说不出或者说偏离的首要原因。

（二）语言知识与技能障碍

1. 语音障碍

英语的语音语调，包括音位的发音、单词的发音及其重音，尤其是句子重音和韵律节奏等，给中国学生学习口语带来严重障碍。

第一，学生在音位层面存在发音困难的问题。英语中的一些音位，如音位 /th/ 和 /th/[1] 在汉语中不存在，于是有学生把 Kathy/'kăthē/ 说成 Cassie/'kăsē/，把 thumb/thǔm/ 说成 some/sǔm/。再如，汉字的读音主要由一个声母和一个韵母组成并且以韵母结束，而许多英语单词以辅音结束。这时，一方面，许多学生把单词末尾的辅音丢掉，如把 come /kǔm/ 说成 /kǔ/ 或者把 leave/lēv/ 说成 Lee/lē/ 等。另一方面，许多学生也会在以辅音字母结束的单词后增加一个接近 /ə/ 的元音，如把 spring 中的辅音连缀 /spr/ 说成 /spərə-/，或者把 scream 中的 /skr/ 说成 /skərə-/。一个英语句子可能也会成为：First(ə)，I like(ə) to eat (ə) a cake(ə)。

第二，英语单词的发音，尤其是单词的重音，也常常给学生带来学习上的困难。在汉语中，一个汉字相当于英语中的一个单音节词，或者多音节单词中的一个音节，而英语中有许多双音节词或多音节词，它们只有一个音节为重读音节。对于许多学生来说，英语单词的重音是很难把握的，这不仅表现在他们会把重音的位置放错，如把 Martin/'märtǐn/ 说成 /mär'tǐn/，这还表现在重读音节读得不够重、不够长，因而不能正确地说出这些单词。需要指出的是，不能正确地说，往往导致在听力理解过程中不能迅速地辨认，从而导致听力理解失败。

第三，英语句子中的重音和韵律节奏等也是造成中国学生学习口语的语音障碍。

关于这个方面，我们将在本章第三节进行较为详细地阐释。

---

[1]　在本书中，音位是使用自然拼音做标记的。在本部分中所涉及到的自然拼音与国际音标的对照为：/th/～/θ/、/th/～/ð/、/ă/～/æ/、/ǔ/～/ʌ/、/ä/～/aː/、/ǐ/～/ɪ/和/ē/～/iː/。

2. 语义障碍

在语义表达层面，许多学生只能对答如流地进行机械的见面寒暄，而不能进行有意义的互动交际。

语义表达的障碍首先表现为，学生词汇量匮乏，英语背景知识储备不足，社会经验缺失等，这使学生无法使用英语表达自己的思想，以至于只能说自己语言水平力所能及的内容，甚至使用一些谈话套路和那些放之四海而皆准的"万能"表达方式进行交际，于是导致谈话内容空洞无意义，观点模糊，缺乏个性特征。请看以下课堂教学片段：

T：What's your favorite season? Why?

S1：I like spring best, because in spring, there are a lot of trees and flowers, and we can fly kites in the park, too.

T：Great.

以上这个学生的回答得到了教师的认可。再看以下学生的回答：

T：What's your favorite season? Why?

S2：My favorite season is summer. You know, summer holiday is very long. I do not need to go to school. I have time to do my own things at home, and I can travel, too. In summer, we do not wear heavy clothes, and I feel very comfortable. Another reason, I like to eat ice-cream, so summer is the best season for me.

T：Great.

虽然以上这个学生的回答同样得到了教师的认可，但是，这个回答与第一个回答之间具有很大差别。在前一个对话中，学生的回答虽然没有语言错误，内容正确，表达也很清楚，但是，这个回答却不是我们所期待的，因为学生只是背诵了几句老生常谈的话语，而没有表达自己独特的思想，不能传达交际意义。下课后我们对这个学生进行非正式访谈时，他表示"书上就是这样说的，这样说肯定没问题"，而教师对他回答的认可也间接地肯定甚至是鼓励了他的这种想法。

在第二个对话中，学生的回答是他对自己夏天生活的描述。从他的描述中，我们看到了这个学生所经历的夏天的生活。这种交际是真实思想的交流，因而是有意义的交际。使学生能够进行有意义的交际是我们培养学生口语交际能力的目标。

3. 语体障碍

语体障碍主要体现在学生不能正确地把握说话场合、说话人之间的关系等方面。

在课堂教学中，我们往往教授的是正式、完整而规范的语言，而缺乏用于口语交际的口头禅、行话、谚语、缩略语、碎片化语言等口语形式，造成学生的语体意识淡薄。学生在进行口语交际时，大多时候使用的是比较完整而正式的语体。例如，在一个小学英语课堂上，教师教学生寒暄语"How do you do?"，教师走到不同的学生面前，跟学生一边握手一边说"How do you do?"，一边示意学生使用"How do you do?"做出回应，之后让两个学生结对子进行对话练习：

A：How do you do?

B：How do you do?

可以想象，这些小学生很快就能够熟练地使用这两句话进行问答对话。可是，他们什么时候使用这个问候语呢？设想当他们与英语本族语者见面时，一边握手一边说"How do you do?"时可能会引起的惊讶。因为"How do you do?"适用于正式交际场合，儿童在与他人见面时一般不使用这样的语言打招呼。

由于教学本身的原因，也由于绝大多数学生都不可能有在目标语国家生活的亲身体验，学生在交际场景中常常会遇到语体选择的困难，说出语法正确、表达流畅，但是不合时宜的话。因此，在课堂教学中，教师要注意培养学生使用语言的语体意识。

4. 交际策略障碍

在日常交际中，说话者和听者都需要运用一定的交际策略才能顺利地实现交际目的。例如，在说话过程中，常常需要穿插一些如 um、well、you know 和 I mean 等添加语，Brown[1] 将这种添加语称为"填充语"（fillers）。Brown 指出，本族语者和非本族语者之间最明显的差异在于说

---

[1] BROWN H D. Teaching by principles: an interactive approach to language pedagogy [M]. 北京：外语教学与研究出版社，2001：270.

话过程中的犹豫现象。在本族语者之间的谈话中一般不会明显地出现犹豫状况，因为他们往往会通过灵活地使用填充语使语篇连贯，掩盖犹豫现象，而中国学生却很少会使用类似的口语交际策略。

肢体语言的运用也是重要的口语交际策略之一。在说话过程中恰当地运用肢体语言有利于交际的顺利进行。中国大多数学生在口语交际过程中，倾向于单纯地使用语言，而不能自然巧妙地把口头语言和肢体语言结合起来进行交际。

总之，缺乏交际策略是学生使用英语进行交际的障碍之一。

（三）文化障碍

外语学习不仅要学习词汇和语法，也需要学习目标语所蕴含的文化。不具备英语文化知识，很容易导致口语交际失败。请看以下两个学生之间的对话：

A：Blue music makes me sad.

B：Blue music? Why is the music blue but not red?

在以上对话中，B 显然没有明白 A 所说的 blue music 的含义，简单地把 blue 理解成了颜色，而不知道 blue 可以表示"悲伤"的含义，于是没有理解"蓝调音乐"表示"忧伤、沮丧或忧郁"的情感这个含义。

在一节视听说课上，教师让学生观看美剧 *Friends* 片段，体会美国人肢体语言背后隐含的文化含义。其中一个是"交叉手指"（cross one's fingers），这个动作具有双重含义。第一个含义是"祝某人好运"。例如：

A：Good luck on your test tomorrow. We'll be crossing our fingers for you!

B：Thanks.

"交叉手指"的第二个含义是，当自己说谎话时，交叉手指表示"请求上帝原谅"。

在美剧 *Friends* 中，剧中的男主角之一 Ross 说了违背自己内心意愿的话，他一边说一边悄悄地做出了交叉手指的动作。对方发现他做这个动作，于是非常生气地问："Are you crossing your fingers?"（你在撒谎吗？）。许多学生不了解这一文化知识，于是不能理解为什么 Ross 的这个动作会引起对方的愤怒。

在目标语文化知识缺失的情况下，学生常常会使用母语的文化去理解英语表达。但是，这些迁移在许多时候都是负迁移。例如，在多种场合下，中国英语学习者在与英语国家的人交流时，表现得过分谦虚或者过分热情。于是，当一个英国人夸赞一个中国学生的裙子漂亮时，中国学生回答道："No, no, no. It's not beautiful at all."，类似的回应常常使交际陷入尴尬的局面。

另外，中国学生也常常将中国文化中关心他人的心态用于英语交际情景中，却可能会被误解为喜欢探究他人的隐私。例如，有些中小学生一见到外宾，便迫不及待地把自己学会的那几句英语都一股脑地抛出来，如"How old are you？""How much money do you make？""Are you very rich？""Are you married？"等，这常常把外宾搞得啼笑皆非。

英语文化的缺失造成了中国学生理解英语的障碍，也为口语交际带来了消极后果。

二、非语言障碍

除语言因素外，一些非语言因素也对我国学生的英语口语能力发展产生阻碍，如学生的性格和情绪特征、学生使用英语的目的与动机等。

（一）性格和情绪特征

与西方国家的学生相比，中国学生的性格相对含蓄内敛，不善表达，即使口语水平较高的学生，在交际场合中也可能会选择沉默。在课堂上，如果教师请学生自愿回答问题的话，很少有学生举手。但是，当教师采取点名的方式强迫回答时，某些貌似不善言谈的学生却能给出令人惊喜的回答。也就是说，这些学生不是因为英语语言能力弱，而是其腼腆内向的性格和固有行为模式导致他们在人前选择沉默，不愿意主动表达自己的思想，不愿意主动与他人交流。

另外，英语水平较低的同学则常常表现出明显的焦虑、自卑、压抑等情绪。在课堂上，常常可以看到在教师提问的时候，有些学生会马上把头低下，避免与教师的目光相遇。课堂上紧张、焦虑、不自信的情绪也成为阻碍学生自由表达思想的重要因素。这就对教师提出了更高的要求：教师要营造平等、轻松、和谐的课堂氛围，为学生思想减负，鼓励学生大胆地表达自己的思想；在学生遇到表达困难时，积极提供有效的支持与帮助，使他们体验成功地表达自己的思想的喜悦，从而增强自信心，克服焦虑、自卑和压抑等消极情绪。

（二）目的与动机

学习动机可以分为工具型动机和融合型动机[1]。持有工具型动机的人往往把学习英语的目的与升学考试或者职业发展等现实因素联系起来。因此，他们通常学习动机很强，对短期学习具有明显的促进作用。持有工具型动机的人通常带有功利性，学习效果持久度低。相比之下，持有融合型动机的人通常是出于对目标语文化的兴趣而学习，希望深入了解并融入目标语国家的文化之中。持有融合型动机的人，其学习通常不带有功利性，学习效果往往也会更加持久。

我国许多学生往往把在考试中获得理想的成绩作为学习的目标，因而缺乏长远的学习目标和强烈的学习动机。就课堂口语教学而言，大多数学生练习口语的动机往往停留在配合教师教学的层面上，而不是把课堂上的口语训练作为培养自己口语能力的活动。

学习目的与动机方面的原因，造成学生在学习和口语交际中缺乏热情的后果，进而影响口语交际能力的提高。

总之，口语交际障碍不仅体现在语言方面，也涉及非语言方面的因素。教师应该充分了解学生口语表达的障碍，有针对性地采取措施，帮助学生克服困难，更加有效地提高学生的口语交际能力。

---

[1] GARDNER R C, LAMBERT W E. Attitude and motivation in second language learning [M]. Rowley, Mass.: Newbury House Publishers, 1972.

第三节 课堂口语教学三要素

口语常常被作为判断一个人语言能力的标准，同时也被认为是最重要的语言技能之一。口语交际能力对一个人的成功具有重要作用。掌握说话技巧能够给说话者带来许多优势[1]。

一、课堂口语教学的目标

课堂口语教学的目标是培养学生使用英语进行口语交际的能力。口语交际能力指的是说话者能够使用清晰、可理解的语音语调和正确的词汇、语法，以得体的交际方式与他人进行会话交际，或者以个人独白的形式流利地表达自己的思想。

培养学生的口语交际能力需要从两个方面入手。一方面，培养学生的口语交际能力需要训练学生的语言基本技能，包括：（1）清晰、可理解的语音语调；（2）正确的词汇语法；（3）得体的交际方式，如语用知识和必要的交际策略。另一方面，需要培养学生运用语言基本技能进行口语交际的能力，包括：（1）会话能力，包括作为听者回应说话者话语的能力（如听到对方问你的兴趣爱好时，你可以做出回应），以及作为说话者发起会话的能力（如你问对方的兴趣爱好是什么）；（2）使用长话轮表达相对完整的意义（如发表观点、描述事物、陈述事实、解释缘由等），即进行独白的能力。

二、用于课堂口语教学的语言材料

在口语教学中，我们需要为学生提供两种类型的语言材料：一类是用于培养学生语言基本技能的语言材料，另一类是用于培养学生口语交际能力的语言材料。

---

[1] GERALD G. The importance of speaking skills [EB/OL]. [2013-10-17]. http://www.geraldgillis.com/importance-speaking-skills/.

（一）用于培养学生语言基本技能的语言材料

R. L. Sparks 和 L. Ganschow[1]研究发现，外语学习者的困难确实可能源于语言编码缺失（linguistic coding deficits）。他们指出，当学习者无法有效地掌握课堂语言教学的内容时，教师应该重视认知方面的原因，而不是寻求学习动机或者学习态度方面的原因。这就是说，语言基本技能，包括语音、词汇、句法和语用等认知方面知识的缺失是造成学生语言技能低的首要原因。可以说，Sparks 和 Ganschow 的研究发现符合我们对语言教学的基本认识，即语言基本技能是语言交际能力的基础，不具备语言基本技能就谈不上口语交际能力。因此，培养学生的口语交际能力，首先需要为学生提供培养语言基本技能的语言材料，包括语音、语调、词汇、语法、语用知识等。

1.语音材料

语音是口语的物质外壳。在过去，语音教学主要聚焦在音位和单词的发音上，地道的口音（accent）是语音教学追求的主要目标。但是，在全球语言交叉、文化交叉程度日益加深的今天，人们已经能够欣然接受口语中的不同口音了。目前的共识是，作为外语学习者，我们要把清晰和可理解的语音语调作为口语追求的目标，而不是一味地追求某种所谓地道的口音。清晰和可理解的语音语调包括音位和单词的发音、单词与单词之间的连读、小句的重音以及小句的语音语调等。

（1）音位和单词的发音

音位和单词的发音是构成清晰和可理解的口语输出的基础。长期以来，在我国外语教学中，语音教学倾向于单独的音位和单词的发音，但是，在教授音位和单词的发音时，教师往往倾向于讲解发音部位和发音方法，无意间使音位和单词的教学难度加大，而且使学习变得枯燥无味，教学效果不佳。

学习音位和单词是必要的，但是，在学习的初始阶段，不需要强化学习孤立的音位。对于中小学生来说，学习音位和单词最有效的方式是

［1］ SPARKS R L, GANSCHOW L. The impact of native language learning problems on foreign language learning: case study illustrations of the linguistic coding deficit hypothesis［J］. The modern language journal, 1993, 77（1）: 58-74.

听自己的老师或本族语者的音频并进行模仿。因此，教师不应该把音位和单词的发音作为知识来讲解，而是要多做示范，注重指导学生听音频并进行模仿。

（2）单词与单词之间的连读

在英语口语中，单词与单词之间的连读对口语的流畅性具有重要影响。因此，教师需要引导学生关注单词与单词之间的连读，认真听并模仿学习本族语者的连读方式。下面我们简单介绍三类连读现象：辅音转移、辅音消失和辅音改变。

第一，辅音转移。辅音转移指的是前一个单词的词尾辅音与下一个单词的词首元音之间的连读。这时，从读音上讲，两个单词结合起来形成一个"更长的单词"。如美国前总统 Barack Obama 曾说自己有个很好的名字，因为其"姓"和"名"是连在一起说的，像一个长单词一样，即 Barack Obama 读作"ba-ra-cko-ba-ma"，而不是"ba-rack O-ba-ma"。再如：

an orange → a-no-range　　take it → ta-kit

第二，辅音消失。有些辅音在语流中不发音，这样的现象被称为辅音消失。例如：

an(d) also → a-nal-so　　like him → li-kim

第三，辅音改变。有些辅音在语流中的发音与它们在单词中的发音不同，即这些辅音的发音在连读中发生了改变。例如：

wait a minute → wai-da-mi-nute　　has to → haz-to

在口语交际中，单词与单词之间的连读具有多种不同的形式。为了使学生能够流利地表达自己的思想，也为了能够更好地培养学生听力理解能力，教师除帮助学生学习正确的音位和单词的发音外，还需要花费时间和精力指导学生通过听和模仿，练习单词与单词之间的连读，使学生逐步掌握英语的发音技巧。

（3）小句的重音

在英语口语中，句子的重音是由单词在句子中的相对重要性而决定的。一般来说，多音节词的重读音节在句子中仍然保持重读，而具有概念意义的单音节词，如名词、动词、形容词、副词等，在句子中表示的意义重要，因而也需要重读。例如：

Our classroom is big and light.

在以上句子中，多音节名词 classroom 中的重读音节 class-，以及形容词 big 和 light 所表示的意义重要，因此需要重读，而 Our、is 和 and 所表达的意义不重要，于是轻读。

在许多情况下，我们也根据想要表达的意思，确定小句中需要重读的单词。例如：

Jack likes fish.

在以上句子中，如果重音放在 Jack 上，句子的意思是"Jack 喜欢吃鱼，而不是别人喜欢吃鱼"，用以回答"Who likes fish?"；如果重音放在 likes 上，句子的意思是"Jack 喜欢吃鱼，而不是讨厌吃鱼"，用以回答"How does Jack feel about fish?"；如果重音放在 fish 上，句子的意思是"Jack 喜欢吃的是鱼，而不是其他食物"，用以回答"What does Jack like?"。

有时，根据我们想要表达的意思的需要，即使是虚词，如介词、冠词也可能需要重读。例如：

You should use "the" before the word "sun".

在以上句子中，the 为冠词，但是在该语境中，第一个 the 在这个句子中表示的意义重要，虽然它是冠词，但是却要重读。

（4）小句的语音语调

口语的语音语调，包括句子重音和韵律节奏等技能的欠缺往往使口语不够流畅，同时也导致听力理解困难。因此，我们要十分注重对学生语音语调的训练。在以下讨论中，我们借鉴了 Halliday[1] 的相关论述。

像音乐的旋律一样，英语口语的韵律节奏也是由节拍构成的。英语口语的韵律节奏与音乐中的 2/4 节奏非常相似。在音乐的 2/4 节奏中，每个小节由两拍组成，第一拍是强拍（strong），第二拍是弱拍（weak）。一般来说，两个或多个小节组成一个乐句，表达一个完整意义，多个乐句组成一首乐曲的旋律。

---

［1］ HALLIDAY M A K. An introduction to functional grammar ［M］. London: Edward Arnold, 1994: 180.

在英语口语中，相当于音乐中的小节的语言单位是音步（foot）。音步具有以下特点：第一，音步是英语韵律节奏的基本单位。每个音步包括两拍：一个强拍和一个弱拍。强拍由一个重读音节组成，弱拍由一个或多个音节组成，有时弱拍处为空拍，即此时这个重读音节为单音节词，之后没有非重读音节。第二，不管弱拍由几个音节组成，或是空拍，其所占的时长都与强拍的那一个重读音节所占的时长大约相同，即在一拍的时间内完成。因此，当弱拍中含有多个音节时，就需要把这些音节读得轻、短而快，同时注意音节之间的连读。第三，音步的基本模式分为"重读音节 + 轻读音节"。其中，重读音节只包括一个音节，轻读音节可以包括一个或多个音节，也可以是空拍。第四，一个或多个音步组成一个调群（tone group），表达一个相对完整的信息。

在英语口语中，调群是一个具有一定完整意义的单位，主要形式是小句。因此，一个小句需要按照其调群模式一气呵成。多个调群系统地组合起来就形成了口语语篇的旋律。一般来说，调群越长，口语的流利程度越高，而调群越短，意味着一个小句中的停顿次数越多，口语的流畅性就越差。因此，理想的口语是一个小句能够作为一个调群一气呵成。例如：

① I ate some buns for lunch today.

② It snows a lot in the winter.

③ I don't want to go there.

句①是由四个音步组成的调群，其音步模式为"（弱起）重读音节 + 轻读音节"。I 为弱起，之后为四个音步：ate some、buns for、lunch to- 和 -day。其中，前三个音步分别由一个重读音节和一个非重读音节构成，落下手时为强拍，分别说 ate、buns、lunch 和 -day；提起手时为弱拍，分别说 some、for、to- 和空拍（保持沉默）。这个由弱起与四个音步组成的调群，即小句，要按照这个调群的韵律节奏一气呵成。

句②是由三个音步组成的调群，其音步模式也是"（弱起）重读音节 + 轻读音节"。It 为弱起，之后为三个音步：snows a、lot in the 和 winter。其中，第一个音步由一个重读音节 snows 和一个轻读音节 a 构成，第二个音步由一个重读音节 lot 和两个轻读音节 in the 构成，第三个音步由一个重读音节 win- 和一个轻读音节 -ter 构成。因此，在弱起 It 之后，落下手时分别说 snows、lot 和 win-，提起手时分别说 a、in the 和 -ter。这个由弱起与三个音步组成的调群，即小句，要按照这个调群的韵律节奏一气呵成。

有时，我们可以根据想要表达的不同意思选择不同的音步模式。以句③为例，首先，如果说话者想要表达的是"我不想去那儿，我想去其他地方"。这时，句子以 I 弱起，之后的四个音步分别为 don't、want to、go 和 there。其中，第一个音步由重读音节 don't 和空拍组成，第二个音步由重读音节 want 和轻读音节 to 组成，第三个音步由重读音节 go 和空拍组成，第四个音步由重读音节 there 和空拍组成。因此，表达这个意思时，句子的韵律节奏为：弱起 I，落下手时为强拍，分别说 don't、want、go 和 there；提起手时为弱拍，分别是空拍、to、空拍和空拍。其次，如果说话者想要表达的意思是"我不想去那里，其他人想去"。这时，句子的三个音步分别为 I don't、want to 和 go there。这三个音步都是由一个重读音节和一个轻读音节组成。因此，表达这个意思时，句子的韵律节奏为：落下手时为强拍，分别说 I、want 和 go；提起手时为弱拍，分别说 don't、to 和 there。

再看以下例子：

Tell me when he comes.

如果把这个句子分为 tell me、when he 和 comes 三个音步，即 tell、when 和 comes 要重读：落下手时为强拍，分别说 tell、when 和 comes；提起手时为弱拍，分别说 me、he 和空拍。这时，句子的意思是"告诉我他什么时候来"。如果把这个句子分为 tell me when he 和 comes 两个音步，即重读落到 tell 和 comes 上：落下手时为强拍，分别说 tell 和 comes；提起手时为弱拍，分别说 me when he 和空拍。这时，句子的意思是"他来时告诉我"。

但是在口语交际中，人们并不能一气呵成完成所有小句，而是由于某种原因可能在小句的中间有所停顿。但是在小句中，停顿需要发生在一个相对完整的意义单位，即语块之后。例如：

Is he coming back this afternoon?

以上小句最好一气呵成，但是如果在 Is he coming back 和 this afternoon 之间停顿也是可以的，但是一般不能在其他地方，如 Is he coming 和 back this afternoon 之间停顿。因为如果做这样的停顿，就意味着语块 coming back 被拆开，即具有一定完整意义的语块被断开，破坏了句子的意义表达。同时，改变调群也可能会引起语义变化。例如：

John didn't come because of Mary.

在以上句子中，如果用一个调群完成句子"John didn't come because of Mary."时，语块 because of Mary 和否定词 not 在同一个结构中，这时句子的意思是"John 来了，但是跟 Mary 无关"，相当于"John came, but it had nothing to do with Mary."。但是，如果用两个调群，即 John didn't come 和 because of Mary 完成这个句子的话，句子的意思就变为"因为 Mary，John 没来"，相当于"Mary was the reason why John didn't come."。

需要指出的是，在中小学英语课堂上，对学生语音语调的训练，包括连读、韵律节奏等，主要是在教师的指导下，通过收听和模仿本族语者的录音进行的，而不是通过语音语调知识的讲解实现的。经过模仿训练，学生逐步熟悉英语口语的连读、语音语调等，便能逐渐习得并使用清晰、流畅、自然的英语语音语调来表达自己的思想。

（5）用于语音训练的材料：歌谣和歌曲

从理论上讲，任何口语语篇，甚至书面语篇，都可以作为语音训练的材料。因此，教师要注意把语音训练贯穿在日常课堂教学之中，指导学生在收听本族语者的影音材料时，注意认真模仿，以习得英语的语音语调。

汉语的语音系统和英语的语音系统之间存在很大差异，这给以汉语为母语的学习者学习英语语音语调带来了很大的困难。英语的歌谣和歌曲集中体现了英语的语音语调特征，包括音位和单词的发音、单词与单词之间的连读、句子重音、韵律节奏和调群等。同时，处于中小学阶段的学生喜欢说歌谣，喜欢唱歌。在说歌谣和唱歌的同时配以相应的动作，使学生一边说一边做动作，会给学生带来极大的乐趣，从而收到良好的学习效果。因此，教师可以把歌谣和歌曲作为训练学生语音语调的材料。

选择歌谣和歌曲需要考虑两个因素：一个是它们要与所学内容相关；二是其语言难度要与学生的英语水平相当。例如，在小学低年级学习"颜色"话题之后，可以为学生提供以下歌曲：

The Rainbow Colors Song

Red, orange, yellow, green, blue, purple, pink

Red, orange, yellow, green, blue, purple, pink

It's a rainbow! It's a rainbow!

A beautiful rainbow in the sky!

It's a rainbow! It's a rainbow!

A beautiful rainbow in the sky!

这样的歌曲不仅可以达到利用歌曲练习语音语调的目的，而且还可以巩固和扩展所学内容，增加学生学习的乐趣。

在学习外语的初始阶段，有时直接引进原版歌谣和歌曲往往难度过大。教师可以对其稍做改变后用于课堂教学。请看以下原版歌谣：

Fish, fish, all in a dish.

Who will eat my delicious fish?

Fish, fish, all in a dish.

I will eat your delicious fish.

在学过单词 fish、eat、who、I 之后，教师就可以为学生提供这首著名的原版经典歌谣了。其中，单词 all 和 dish 的读音和意思都容易，will 作为助词，只需要教授发音就可以了。而低年级学生说多音节单词 delicious 可能有些困难，教师便可以将它改为更口语化、又不影响本歌谣意思和节奏的单词 yummy。于是，在一年级就可以毫无障碍地教授以下稍微做过改动的歌谣了：

Fish, fish, all in a dish.

Who will eat my yummy fish?

Fish, fish, all in a dish.

I will eat your yummy fish.

有时，教师也可以根据所学内容，与学生一起编写歌谣。例如，在一年级学过一些基本的单词之后，可以编写以下儿歌：

Open your eyes.

Look at the sky.

Blue, blue, blue.

The sky is blue.

Use your hands.

Touch the clouds.

Touch, touch, touch.

Touch the white clouds.

和歌谣一样，歌曲和绕口令也可以用于作为训练学生语音语调的材料。但是，在学习英语的起始阶段，英文原版歌曲往往难度太大，不适合直接用于教学。例如，在有的小学低年级课堂上，教师带领学生演唱以下原版歌曲：

If you're happy and you know it, clap your hands.

If you're happy and you know it, clap your hands.

If you're happy and you know it, and you really want to show it.

If you're happy and you know it, clap your hands.

这首歌中的单词简单，但是单词密度大、句子长，而且曲调速度很快，对外语初学者来说具有很大的难度，甚至对许多大学生来说也极具挑战性。现实的情况是，在小学课堂上演唱这首歌曲时，在第一句时能听到有些学生努力跟着教师唱，但是到第三句时就只剩下教师一个人独唱了。

在找不到与所学内容相关的，难易度合适的原版歌曲的时候，教师可以尝试使用所学语言，配以学生熟悉的简单曲调自己编写歌曲。例如，在学习形容词反义词 tall → short 时，可以改编《字母歌》的曲调，演唱以下歌曲：

The giraffe is tall.

The giraffe is tall.

The giraffe is tall, very tall.

The dog is short.

The dog is short.

The dog is short, very short.

　　通过这首自编的歌曲，学生不仅可以练习所学词汇和句型，也可以逐渐体验英语语音语调，培养英语语感。另外，在此基础上，可以鼓励学生改编以上歌曲，如把歌词中的动物换成 rabbit 和 turtle，把形容词换成 fast 和 slow 等进行演唱。

　　当学生进入高年级阶段时，可以鼓励学生自主地选择演唱自己喜欢的英文原版歌曲，并为他们提供在课堂上表演的机会，作为鼓励和示范。

　　总之，在英语口语教学中，选择合适的歌谣和歌曲作为训练学生语音语调的语言材料，指导学生通过多听、多模仿，然后学说、学唱和表演，可以对学生英语语音语调的培养产生重要的作用。

　　2. 词汇语法材料

　　我国传统的外语教学比较偏重词汇教学，常常用掌握词汇量的大小作为衡量学生学习外语是否进步的标准。教师往往让学生大量抄写单词，背诵语法规则，其结果是，在口语交际中，常常诉诸外语单词和语法以及自己的母语编造句子。像 "Today is very cold." 和 "If has the fire, do not ride elevator." 这样的 "中式英语"，都是受到汉语的影响来使用英语单词和语法编造的结果。

　　现代外语教学的研究成果显示，在口语交际中，人们并非使用单词和语法组合句子，而是大量地使用已有的固定语块进行交际。

　　语块（chunk）有许多不同的名称，如固定搭配（collocations）、词丛（clusters）、公式化语言（formulaic language）等。它指的是由一组单词共同构成的语言单位，其特点是出现频率高、具有特定的语义表达功能，语言使用者将其作为语义整体储存在记忆中，在使用时从记忆中整体提取。Nick C. Ellis[1]指出："语言学习是一个逐渐积累范例的过程，流利表达的基础是说话者在记忆中储存的、以往经历过的大量的言语范例，其中包括各种公式化语言。""公式性语言作为整体单位储存在大脑之中，在使用时整体提取，从而减轻了大脑处理的负担，确保大脑的迅速反应"。[2]公式化语言的使用也有助于增加语言表达的流畅性，"流畅

---

［1］ ELLIS N C. Frequency effects in language processing: a review with implications for theories of implicit and explicit language acquisition［J］. Studies in second language acquisition, 2002, 24（2）: 143–188.

［2］ 常晨光. 公式性语言的功能［J］. 外语与外语教学, 2004（2）: 7–10.

的话语是以语块为单位，而不是由单词组成的”[1]，“如果在语言产出过程中没有现成的预制语段，流畅性便无从谈起”[2]。

作为词汇语法的体现形式，语块应该成为外语课堂教学的重要语言材料。下面简单呈现语块的基本类型，包括习语（idiomatic expressions）、词汇固定搭配、语法固定搭配和程式化话语。

（1）习语

习语是经过长时间使用而提炼出来的固定短语或短句，作为一个整体使用。习语的意义不是从组成它的各个单词的字面意义中推导出来的，而是作为整体用来表达一个特定的意义。在交际中，人们常常使用一个大家熟悉的经典习语推出一个新的意思，使语言简练、有趣，意思表达到位。例如：

a drop in the ocean（微不足道）

The amount I gave him was a drop in the ocean, compared with the big sum he needed.（跟他所需要的巨大数额相比，我给他的那个数微不足道。）

a piece of cake（易如反掌）

It was a piece of cake to write 120 words on a familiar topic.（就一个熟悉的话题写120词，简直是易如反掌。）

习语语块是英语口语的一个有机组成部分，掌握常见的习语对理解和生成英语口语可以起到重要的作用。英语中的许多习语都可以在汉语中找到一个意思对应的成语。由于汉语对习语特别青睐，一般来说，学生对与中文习语对应的英语习语非常感兴趣。因此，只要教师重视并在教学中提供一些习语，学生学会使用习语就并非难事。

（2）词汇固定搭配

词汇固定搭配指的是现成的、需要记住的单词的组合，如 hold a conversation（谈话）、a tidy sum（一大笔）。词汇固定搭配需要作为一

［1］ BROWN H D. Teaching by principles: an interactive approach to language pedagogy［M］.北京：外语教学与研究出版社，2001：256.

［2］ MCCARTHY M. Spoken language and applied linguistics［M］. Cambridge: Cambridge University Press, 1998.

个不可分割的整体来理解、记忆和使用。

固定搭配是生成口语的基本单位,在英语句子的正确理解和生成中起着重要的作用,"流畅的语篇是短语型的,而不是简单地将单词堆砌起来的"[1]。因此,在课堂上,教授词汇固定搭配语块是英语教学的一个重要方面。

许多词汇固定搭配是由两个或两个以上的开放类单词构成的,如"动词 + 名词"(如 break one's heart),"动词 + 副词"(如 break down)等。学习这种类型的固定搭配语块,需要记住组成这个固定搭配语块的每一个单词。例如:

The death of her husband broke her heart.

The washing machine broke down.

当这类固定搭配语块中的动词的意思与中文的意思一致时,这类短语很容易学习,如 break one's heart 和 break down。但是,这类固定搭配语块中的动词的选择常常是任意的,即同一个中文动词却需要对应不同的英文动词,如 do an experiment(做实验)和 make a contribution(做贡献),hold a meeting(开会)和 play a joke(开玩笑)。反之亦然,即不同的中文词语需要对应相同的英文,如 hold a birthday party(举办生日晚会)和 hold a conversation(谈话)。在有些情况下,在英语中使用了动词,而在汉语中却不用翻译出来,如 give a performance(演出)、have a rest(休息)和 take a walk(散步)。还有一些情况是,有些短语的中文翻译一样,意思也基本没有区别,但是英文却完全不同,如 have a rest 和 take a nap 等。这些各种形式的固定搭配都需要作为一个整体记忆,不能相互混淆。例如:许多学生会把 take a nap 说成 have a nap。在这种情况下,虽然意思明了,但是却不是正确的英语。另外,当这些固定搭配之后加上一个介词时,问题就更加复杂了。例如,make a contribution to(为……做贡献),play a joke on sb.(跟某人开玩笑),hold a conversation with sb.(与……谈话)。这时,便需要把介词也纳入语块作为整体记忆。

---

[1] BROWN H D. Teaching by principles: an interactive approach to language pedagogy [M]. 北京:外语教学与研究出版社,2001:256.

教师需要把固定搭配语块作为语言材料提供给学生，以便他们不断理解、储存在记忆中，最终在交际需要时作为整体提取使用。

（3）语法固定搭配

语法固定搭配指的是由一个开放性词类（如名词、动词或形容词等）和介词结合组成的固定搭配语块。常见的"介词＋名词"固定搭配有：in my opinion（在我看来），by bus（乘公共汽车），at the moment（此刻），at a loss（不知所措），in the future（未来）等。常见的"动词＋介词"结构有：fill in（填写表格等），look after（照管），wait for（等待），worry about（担心）等。在这类语块中，开放性词类，即名词、动词、形容词等的意义往往决定这个固定搭配的主要意思，其介词主要起到语法作用，对短语的语义影响不大。例如：

① Fill in the table, please. 请填写表格。

② His little garden is full of pretty roses. 他的小花园里种满了漂亮的玫瑰。

语法固定搭配也可以由其他词类组成，如"连词＋介词"结构（如because of）。在许多时候，我们已经不去管它是由什么词类加介词组成的短语，而是完全把它们当作一个意义确定、结构固定的整体语块来记忆和提取，如according to（根据），even though（即使），in addition（to）（另外；除……之外），in case of（万一）等。

语法固定搭配也需要教师作为整体提供给学生，以便他们能够作为整体理解、记忆和提取。

（4）程式化话语

程式化话语指的是具有句子结构的语块。这类语块可以分为两大类：完整句程式化话语和框架式程式化话语。

完整句程式化话语指的是有些完整的句子，其意思已经完全固定，需要作为整体理解、记忆和储存，以便在合适的场景中作为整体提取使用。例如，"How do you do?""How are you today?""I don't know.""I can't speak English.""What's this?""I can't agree with you more."。

完整句程式化话语的意思固定，要作为整体记忆和理解。例如，"I'm afraid not."表示拒绝，"I don't think so."表示持有不同的观点，"Sorry.

I can't make it."表示不能接受邀请。对于这些话语，我们不能根据其中各个单词的意思去理解。例如：

A：Would you like to join us for dinner on Sunday night?

B：I'm afraid I can't make it. Thank you so much for your invitation.

当 B 说出"I'm afraid I can't make it."时，其意思已经明了，即拒绝邀请，而不存在由"afraid"这个单词的中文翻译"恐怕"所包含的"可能性"的意义。再如，当我们邀请外宾时，若对方说"I'm afraid I can't."时，我们还说"Oh, I'm sorry to hear that. Please manage to come."等，这就说明听者没有理解这个完整句程式化话语的含义。

框架式程式化话语指的是，语块中的一个部分的形式和意思都已经固定下来，成为一个固定的语块框架，留下一个或多个空位需要填充来完成一个意义的表达，如"It is true that..." "It reminds me that..." "All I can do is..." "It is very kind of you to..." "I think..." "So far as I'm concerned..."等。另外，我们所熟悉的句型结构，如"Can I have a...?" "I want to..." "This is a..."都属于框架式程式化话语。

在中小学阶段，把语法结构当作语块来整体理解、记忆、储存和提取要比通过语言描述讲解来学习有效得多。例如：把 be going to do、will do、will be doing 和 will have done 作为表示不同意义的将来时态语块，把"Do you...?" "Did you...?" "Have you...?" "Will you...?" "Are you going to...?"作为表示一般疑问句的语块等，在语境中作为整体理解、记忆并储存，有助于在交际中作为整体提取使用。

总之，语言中存在大量的预制语块，我们说话时不必从"木材、钉子和蓝图"开始构建[1-3]。对于理解力相对弱于记忆力的中小学生来说，语块的学习减轻了学习负担，同时又使交际能力得到最大化。因此，在英语课堂教学中，教师把不同类型的语块作为语言材料提供给学生，使

［1］BOLINGER D. Meaning and memory［J］. Forum linguisticum，1976（1）：1-14.

［2］WRAY A. Formulaic sequences in second language teaching：principle and practice ［J］. Applied linguistics，2000，21（4）：463-489.

［3］常晨光. 公式性语言的功能［J］. 外语与外语教学，2004（2）：7-10.

他们能够作为整体学习掌握。

　　3.语用材料

　　培养学生语言基本技能的语言材料，不仅需要包括语音和语块，而且还应该包括语用知识。语用知识具有丰富的内涵，在这里，我们仅就隐含语义、英语文化背景知识以及语篇上下文知识三个方面，阐述提供语用知识方面的材料对于培养学生口语交际能力的必要性。

　　（1）隐含语义

　　隐含语义（implicature）指的是在交际语境中听者对说话者的话语进行推测而理解说话者的意思。请看以下对话：

　　A：How do you like this red dress?

　　B：My mother would never allow anyone in her house to wear a red
　　　　dress.

　　A：OK. I'll wear the blue one.

　　在以上对话中，B邀请A一同出席一个聚会，A在准备服装。她拿出一件红色连衣裙问B是否喜欢。B没有直接说自己是不是喜欢，而是说他妈妈决不会允许任何人在她家穿红色连衣裙。这个回应仿佛与A问"B是否喜欢红色连衣裙"之间没有直接的逻辑关系。于是，A需要根据具体情境推测出B所说的话的隐含语义，即请她不要穿这件红色连衣裙去参加聚会。再看以下例子：

　　A：Can we see a movie tonight?

　　B：Sorry. I'll have a math test tomorrow.

　　在以上对话中，A邀请B晚上去看电影，B说"我明天有数学考试"。如果只考虑语言本身的意义的话，这两句话之间并没有任何逻辑关系。这时，A必须借助语用知识来理解B所说的话的隐含语义，即"B因为明天有数学考试，所以今天晚上不能去看电影"，而不是仅仅靠线性地理解其话语中语言元素本身所体现的意义。

　　隐含语义现象是口语交际中的一个重要的语用现象。在口语教学中，教师要为学生提供这方面的语言材料，使学生逐渐获得与隐含语义相关的语用知识，增强口语交际中的语用意识。

（2）英语文化背景知识

英语文化背景知识在英语学习中扮演着重要角色。在第二章分析中国学生的听力障碍时，我们引用了 Rivers 的一个例子 "He went into a restaurant. After the salad he felt better." 来说明理解语言中文化背景的重要性。请看以下对话（A 是英语本族语者，B 是中国留学生）：

A：I'm going to hold a party this weekend. Can you make it?

B：Maybe not. That would be a lot of trouble for you.

A：I'm sorry to hear that. I hope you can make it next time.

在中国文化中，出于礼貌，我们在受到邀请时常常要推辞一下，等待对方再次邀请。但是，在英语文化中，邀请是建立在尊重对方自主选择的基础之上的，只要被邀请者以任何方式表示出推辞的意思，那就意味着拒绝邀请，于是邀请者就会立刻表示遗憾而停止邀请。在以上会话中，中国留学生 B 在受到邀请后做出了轻微推辞，英语本族语者 B 立刻终止邀请，于是导致了这次邀请和被邀请的失败。这里，中国留学生缺乏在英语文化中与邀请相关的文化背景知识，于是错误地根据中国的文化方式理解对方的邀请，即轻微推辞以示礼貌，结果导致交际失败。

从以上例子可以看出，文化背景知识在跨文化交际中起着重要的作用。因此，在英语教学中，教师需要为学生提供与英语文化相关的语言材料。只有具备了目标语的相关文化知识，才能逐步提高使用目标语进行交际的能力。

（3）语篇上下文知识

在口语交际中，说话者常常不把真正想表达的意思直接说出来，这就需要听者根据语篇上下文中的有关线索对说话者想要表达的意思进行推测。请看以下对话：

A：Oh, you've got spinach in your teeth.

B：What? Oh, my God!

A：Did you meet anyone important today?

B：I had a job interview.

A：What was the result?

B：Take a guess!

在以上对话中，A 问 B 工作面试的结果怎么样，B 没有直接告诉他面试的结果，而是说让对方猜一猜"Take a guess!"。我们只有根据该会话的上下文，包括语音语调、词汇、语法以及文化因素等进行判断，才能知道他的工作面试是失败的。

在课堂教学中，教师要十分重视为学生提供提升其语篇能力的语言材料，使学生不断增强语篇意识，以便能够通过上下文线索理解话语，成功地进行口语交际。

4. 交际策略材料

具备交际能力的人应该能够恰当地运用一定的交际策略实现自己的交际意图[1]。在交际活动中，人们常常需要使用一些方法或技巧，即交际策略，以便顺利地完成交际任务。作为培养学生口语交际能力的基础，我们不仅需要为学生提供语音、词汇语法和语用方面的材料，还需要提供必要的交际策略方面的材料，"为学生有效地传达意义提供指导和练习"[2]，以便学生在口语交际中使用必要的交际策略，使交谈朝着自己预期的方向发展，顺利地完成交际任务。

交际策略是多种多样的，而且具有特殊性。在本部分，我们仅就求助策略、释义策略和关键词策略三个方面来阐释提供交际策略方面的材料对培养学生口语交际能力的必要性。

（1）求助策略

在日常交际中，我们常常会由于各种各样的原因不能理解对方的话语。这时，我们可以采取求助策略，请对方做出进一步解释。在外语学习和使用外语进行交际的过程中，求助策略是最常用的交际策略。请看以下对话[3]：

A：What's your favorite color?

B：I'm sorry. I don't quite understand. My favorite what?

A：What's your favorite color—blue? Red? Green?

在以上会话中，B 没有听清楚 A 的问题，即没有听清楚单词 color，

---

［1］ CANALE M, SWAIN M. Theoretical bases of communicative approaches to second language teaching and testing［J］. Applied linguistics, 1980, 1（1）: 1-47.

［2］ TARONE E, YULE G. Focus on the language learner［M］. 上海: 上海外语教育出版社, 2000: 114.

［3］ 同［2］194.

于是使用求助策略请 A 重复："I'm sorry. I don't quite understand. My favorite what？"，A 重复并举例解释了他所提出的问题。再看以下对话[1]：

A：Do you have frisbees in your country？

B：Fris...? I don't think I know the word.

A：Frisbee. You throw it, it's like a plate, made of plastic. People play with it on the beach sometimes.

B：Oh, yes, we have them! What's the word again？

A：Frisbee.

B：Frisbee. Yes, we have frisbees.

在以上对话中，B 不知道单词 frisbee 的意思，于是采用了求助策略请 A 解释 frisbee 这个单词的意思："I don't think I know the word."。A 便对 frisbee 进行了描述，使 B 理解了 frisbee 的意思。

如上例所示，运用求助策略需要掌握一些求助语。因此，教师要为学生提供一些常用的求助语，如 "I beg your pardon？" "Excuse me." "What does that mean？" 等，以便学生可以使用求助策略解决交际中出现的一些问题。

（2）释义策略

在口语交际中，人们遇到交际障碍时，常常采用释义策略，即采用进一步解释或澄清的方式，使对方理解自己的话语，或达到解除误解的目的。请看以下外教（A）与学生（B）的对话：

A：Do you know why my name is Armstrong？

B：Why？

A：Because my arms are very strong!（开玩笑的口吻）

B：Oh? Really?（不解的神情）

A：I'm sorry. It's a joke. There are a lot of interesting family names, such as Smith, Black, Brown, Green, even Long and Short. That doesn't mean Mr. Long is very long, maybe he is a

[1] TARONE E, YULE G. Focus on the language learner [M]. 上海：上海外语教育出版社，2000：194–195.

short man.

B : I see. It's so interesting!

在以上会话中，外教想用自己的名字跟学生开个玩笑，但学生没有听懂这个玩笑，表示出困惑。这时，外教首先明确"It's a joke."，然后通过举例的方式对这个玩笑进一步解释，即采用了释义策略，使学生明白了他说的笑话。

在使用外语进行交际的过程中，我们常常会陷入找不到合适的词语来表达自己的想法的困境，给对方带来理解上的困难，或使对方产生误解。这时，我们就需要采用释义策略，用自己力所能及的语言对自己想要表达的意思进行解释，以便对方能够理解我们所说的话。请看以下英语外教（A）与中国学生（B）的对话：

A : What do you do for fun?

B : I play with my Changing Man.

A : Your what?

B : I don't know its English name. You know, Changing Man can change into a car. They are very famous, and we boys like them very much. I don't know its name.

A : Oh, I see. You mean Transformers.

B : Yes, yes, Transformers. I like to play with my Transformers.

在以上对话中，学生 B 说自己喜欢玩"Changing Man"，而外教不理解他指的是什么东西，于是问："Your what?"。这时，学生没有重复自己所说的 Changing Man，而是首先明确自己不知道用英语怎么说："I don't know its English name."，然后使用释义策略，对 Changing Man 进行了解释，使外教理解了他使用 Changing Man 想要表达的意思，于是为他提供了他所需要的语言，帮助他表达了自己的思想，即"I like to play with my Transformers."。

释义策略是在使用外语进行交际中的一个重要策略。

（3）关键词策略

在使用外语进行交际的过程中，我们会遇到许多问题。有时我们没有语言能力进行解释，即没有能力使用释义策略解释清楚我们想要表达的意思。这时，我们可以采取关键词策略，即说出与所谈论的话题相关的个别单词，为对方理解我们想要表达的意思提供线索。例如[1]：

A：Where did you park your car?

B：No, I didn't drive. I don't have a car...

A：You walked?

B：No, I, I, I...bus.

A：Oh, yeah, I took a bus too.

在以上对话中，B 不知道怎么说"坐公共汽车"，于是只说出了关键词 bus，使对方理解了自己的意思。再如（s—l 代表学生 B 说 sell 和 sail 的方式）[2]：

B：My uncle is going to s—l his boat this weekend.

A：Oh, has he a sailboat?

B：Yes.

A：Are you going with him this weekend?

B：Uh—no, he's going to s—l the boat.

A：Yeah, I understood. Are you going sailing with him?

B：No, I'm sorry. S—l, not s—l. Someone is going to buy his boat.

A：Oh, he's selling his boat! I got it!

在以上对话中，B 在发音时不能区分 sell 和 sail，导致 A 难以理解他所说的话。在开始的几轮意义协商中，B 几次重复说 s—l 都没有使 A 理解他想要表达的意思，但是，当他说出关键词 buy 时，A 便恍然大悟。

从以上分析可以看出，培养学生的口语交际能力不仅需要为学生提供语音语调、词汇、语法和语用知识，而且也需要提供一些必要的交际策略，使学生能够越过口语交际中遇到的语言障碍，顺利地完成交际任务。

（二）用于培养学生口语交际能力的语言材料

在口语交际中有两种不同的话轮：短话轮和长话轮[3]。短话轮一般只

［1］　TARONE E, YULE G. Focus on the language learner［M］. 上海：上海外语教育出版社，2000：194-195.

［2］　同［1］.

［3］　BROWN G, YULE G. Teaching the spoken language［M］. Cambridge：Cambridge University Press, 1983：16-20.

包括一两句话，主要是以单词、语块或者句子的形式出现的。请看以下课堂教学片段：

> T：A hobby is a regular activity we do for enjoyment. We do it in our leisure time. What's your hobby?
>
> S：My hobby is singing.
>
> T：Great. Why do you like singing?
>
> S：Because I love songs.
>
> T：Great.

在以上对话中，对于教师提出的两个问题，学生分别使用了一句话做出回应，结束了话轮。这就是典型的短话轮。

长话轮是由多个句子组成的、意义相对完整的话轮。长话轮是表达观点、陈述事实、解释缘由、进行描述等的重要方式。在口语交际中，说话者往往使用若干个句子的长话轮表达相对完整的意义。请看以下中国学生（A）和美国朋友（B）之间的对话：

> A：Oh, you have pandas in your zoo! I can't believe it!
>
> B：You didn't know we got them from China?
>
> A：No, I didn't.
>
> B：In 1972, our former president, Richard Nixon, went to visit China. The Chinese government gave him two pandas as gifts. We put them in the National Zoo. One is named Ling-ling and the other is named Xing-xing. They are so cute! People all over the United States came to see them.
>
> A：That's great. I love pandas, too. But I have a question. The National Zoo is not the biggest or the best zoo in the United States. Why did you put the pandas here?
>
> B：Because the pandas were a national gift from China to the United States, and Washington, D. C. is the capital of the United States.
>
> A：That makes sense. The giant panda is China's national animal. It is a symbol of China. When we gave the pandas as a gift

to another country, we built a good feeling between the two countries. That was a good idea.

B：It was!

在以上会话中，当 A 在动物园里看到熊猫时，他使用了两个句子："Oh, you have pandas in your zoo! I can't believe it!"，即用短话轮表达了自己惊讶的感情。B 用一个反问句："You didn't know we got them from China?"，即用短话轮回应了 A 的疑问，说明这两只熊猫来自中国。这时，A 又一次使用了短话轮做出回应："No, I didn't."，说明自己不知道这两只熊猫来自中国这个信息。这时，B 开始讲述这两只熊猫的来历。这个叙述包括了时间、地点和事件，也包括了议论，形成了一个相对完整的夹叙夹议的长话轮。此外，A 在回应 B 解释把熊猫放到国家公园的原因时，也使用了长话轮，比较完整地表明了他对"国家之间赠送礼物"这一做法的理解。

在会话交际中，我们常常需要使用短话轮回应说话者的话语或发起话轮，因此，具有使用短话轮进行会话的能力，是一个人必备的语言交际能力。同时，在表达相对完整的思想时，我们常常需要使用长话轮。具有使用长话轮表达自己的思想的能力是一个人口语交际能力的重要表现。因此，在口语课堂教学中，教师既要提供用于培养学生使用短话轮进行交际的语言材料，也要提供用于培养学生使用长话轮进行交际的语言材料。

1. 用于培养学生使用短话轮交际的语言材料

用于培养学生使用短话轮交际的语言材料包括三个方面：一是用于表达人际意义的语言材料；二是用于给予和求取物品或服务的语言材料；三是用于求取信息的语言材料。

（1）用于表达人际意义的语言材料

语言的人际意义指的是使用语言与人交往，建立和维持人际关系。寒暄语是体现人际功能的典型语言材料。例如[1]：

Store attendant：Morning.

---

[1]　NUNAN D. Second language teaching and learning [M]. 北京：外语教学与研究出版社，2001：228.

Customer :　　　　Morning.

Store attendant : Nice day.

Customer :　　　　Uh-huh. Can you give me two of those?

Store attendant : Sure.

Customer :　　　　Thanks.

在以上对话中，除"Can you give me two of those?"是用来表达概念意义之外，其他部分即商店服务员与顾客之间在这个概念信息传达之前和之后的互相问候，传达的都是人际意义。

表达人际意义是口语交际的必要组成部分。因此，在课堂口语教学中，教师要为学生提供用于表达人际意义的语言材料和表达人际意义的机会，逐渐培养学生表达人际意义的语言能力。

（2）用于给予和求取物品或服务的语言材料

在口语交际中，给予和求取物品或服务常常是说话者需要完成的交际任务。请看以下对话：

A : Here's a gift for you.

B : Thank you.

在以上对话中，说话者 A 给听者 B 礼物，即给予物品。再如：

A :（说话者 A 为听者 B 打开门）After you.

B : Thanks.

在以上对话中，说话者 A 为听者 B 开门，即提供服务。

说话者不仅可以为听者提供物品或服务，还可以向听者求取物品或服务。请看以下对话：

A : Pass me the vinegar, please.

B : Here you are.

A : Thanks.

在以上对话中，说话者 A 向说话者 B 求取物品（醋）。再如：

A : Could you open the door for me, please?

B : Of course. Please.

在以上对话中，说话者 A 向说话者 B 求取服务（开门）。

在以上几组会话中，说话者在向听者提供或求取物品或服务时，都使用的是短话轮。使用短话轮的能力是一个人参与会话交际必备的能力。因此，教师需要为学生提供相关的语言材料，并创设情景培养学生使用短话轮来表达相应的交际意义，提高学生使用短话轮进行会话交际的语言能力。

（3）用于求取信息的语言材料

在现实交际中，我们经常需要向他人求取信息。像提供或求取物品或服务一样，求取信息也属于短话轮交际。求取概念信息是日常会话的重要组成部分。请看以下对话：

A：Which team won last night？

B：The Bears won 27：20．

在以上对话中，说话者 A 向听者 B 求取关于比赛的信息。再如：

A：What did he do, then？

B：He went to see his daughter.

A：To see his daughter？

B：I mean, he went to take her daughter away.

A：I see.

在以上对话的开始，A 使用短话轮向 B 求取信息："What did he do, then？"，B 回答道："He went to see his daughter."，A 提出疑问："To see his daughter？"，请 B 做进一步解释。这是进一步求取信息，使用的仍然是短话轮。

另外，我们也常常向他人求取语言本身的信息。请看以下对话：

A：The Lions beat the Tigers in today's game.

B：Excuse me. What does "beat" mean？

A："Beat" means "defeat".

B：I see. Thank you.

在以上对话中，B 不理解 A 话语中的单词 beat 的意思，于是使用短话轮向 A 求取关于语言的信息。

用于求取语言信息的语言表达方式很多，其中最常用的是疑问语气。例如，"Can you say the word again, please？""Can you repeat the sentence？""What does the word mean？""What do you mean？""How do you spell the word？""How do you say that in English？""Am I wrong？""Why am I wrong？""What should I say？""I beg your pardon？"

另外，陈述句也可以用于求取信息。例如，"I'm sorry I don't understand it.""I don't know how to say the word in English."。

使用语言求取信息，特别是语言信息，在外语学习中起着重要的作用。作为外语学习者，我们常常会遇到生词、陌生语块、文化问题等。这时，我们就需要使用语言求取关于语言的信息。因此，在口语课堂上，教师应该提供相关语言材料，培养学生使用语言求取信息的能力。

2. 用于培养学生使用长话轮进行交际的语言材料

使用短话轮的能力是口语会话交际的基本能力，没有使用短话轮的能力，就无法进行口语会话交际。但是，表达一个人思想的能力主要体现于使用长话轮的语言能力[1]。使用长话轮包括在两方或多方会话交际中，也包括在做任务性汇报、演讲等个人独白时，能够比较完整地表达自己的想法。因此，教师需要提供包括长话轮的对话和个人独白语篇的语言材料，培养学生使用长话轮进行口语交际的语言能力。目前，在英语课堂上，许多教师安排学生轮流在课堂上做一分钟演讲，向同学介绍自己的兴趣爱好、家人、宠物等，或者播报新闻、讲故事等，这些都是培养学生使用长话轮进行语言交际能力的课堂活动。请看一位中学生做的一分钟课堂演讲：

The Giant Panda

My favorite animal is the giant panda.

The giant panda is a mammal. It is a member of the bear family. It has a large head, a heavy body and rounded ears. It has large, black patches around the eyes, over the ears and across its body. The fur of the giant panda is thick, coarse and waterproof. It keeps the panda warm in cold weather and dry in the rain.

The giant panda is our national animal. We should protect them well.

---

[1] BROWN G, YULE G. Teaching the spoken language [M]. Cambridge: Cambridge University Press, 1983: 16-20.

以上演讲介绍了这位学生所喜爱的大熊猫的一些信息。学生能够组织好一个独白语篇，把一件事情或者一个话题说得清楚、完整，这表明学生具备了使用长话轮进行交际的能力。

在外语课堂教学中，教师需要首先为学生提供使用短话轮进行交际的语言材料。这是因为，短话轮交际容易实现，难度较低，所提供的句式和语块可以很快地用于交际。在使用短话轮交际的过程中，学生可以获得自信心和成就感，这对英语学习来说是十分重要的。在学生使用短话轮进行互动交际的基础上，为学生提供使用长话轮进行交际的语言材料，使学生逐渐过渡到能够使用长话轮表达意义相对完整的思想，进入使用语言进行交际的高级阶段。

三、课堂口语教学的IRF三话步互动交际模式

口语课堂教学的主要教学目标之一是培养学生使用语言进行交际的能力。如何在课堂口语教学中实现这一目标一直是外语教学领域努力探索的热门话题。

20世纪70年代，英国伯明翰学派通过对英国小学课堂语言教学的研究，创建的伯明翰课堂教学模式[1]，是课堂教学中师生互动交际的经典教学模式。

根据伯明翰课堂教学模式，课堂上师生之间互动的基本方式是三话步互动交际。典型的课堂三话步互动交际包括教师发起话轮（Initiation）—学生回应（Response）—教师反馈或后续话语（Feedback or/and Follow-up），简称为"IRF三话步互动"交际模式[2]。请看以下课堂教学片段：

（教师请学生看图片，谈论乌龟和兔子赛跑）

T：Who is fast? （I）

Ss：The rabbit is fast. （R）

T：Yes. The rabbit is fast. （F）

---

[1] SINCLAIR J M，COULTHARD R M. Towards an analysis of discourse：the English used by teachers and pupils [M]. London：Oxford University Press，1975.

[2] 范文芳. 马靖香. 中国英语课堂上的IRF会话结构与交际性课堂教学模式研究 [J]. 中国外语，2011（1）：65-71.

这是一个典型的 IRF 三话步互动交际模式。

在许多情况下，教师对学生的回答不满意。这时，教师通常就会再次发起话轮（reinitiation，即 RI），直至满意的回答出现，这时就会出现 IRF 大于三话步互动的交际模式。请看以下课堂片段：

（教师在使用图片教授学生单词 hacksaw）

T：What's this?　　　　　　　　　　　　　　　　　　（Ⅰ）

S：Hacksaw.　　　　　　　　　　　　　　　　　　　　（R）

T：Yes. It's a hacksaw. What do we do with a hacksaw,

　　this　hacksaw?　　　　　　　　　　　　　　　　　（F，Ⅰ）

S：Cut trees.　　　　　　　　　　　　　　　　　　　　（R）

T：Do we cut trees with this?　　　　　　　　　　　（RI）

S：No. No.　　　　　　　　　　　　　　　　　　　　　（R）

T：Hands up. What do we do with this?　　　　　　　（RI）

S：Cut wood.　　　　　　　　　　　　　　　　　　　　（R）

T：Do we cut wood with this?　　　　　　　　　　　　（RI）

S：No.　　　　　　　　　　　　　　　　　　　　　　　（R）

T：What do we do with that then?　　　　　　　　　　（RI）

S：Sir.　　　　　　　　　　　　　　　　　　　　　　　（R）

T：Cleveland.　　　　　　　　　　　　　　　　　　　　（RI）

S：Metal.　　　　　　　　　　　　　　　　　　　　　　（R）

T：We cut metal. Yes, we cut metal with a hacksaw.　（F）

在以上会话中，在一个典型的 IRF 三话步互动之后，教师进一步提出问题发起新一轮三话步互动交际："What do we do with a hacksaw, this hacksaw?"。学生的回答不正确，教师便多次反复发起话轮，最终学生做出了正确回答："Metal."。这时，教师给出正面反馈："We cut metal. Yes, we cut metal with a hacksaw."。

交际语言教学提倡以互动的方式学习语言。IRF 三话步互动交际模式是教师组织课堂教学的经典互动交际教学模式。教师可以利用这一模式讲授、复习、检查词汇和语法等学习内容，引导、启发学生就某一问题进行讨论，通过互动进行意义协商，在互动交际中使学生理解和生成话语，获得语言知识，培养语言交际能力。

第四节　课堂口语教学的原则

课堂口语教学的目标是培养学生的口语交际能力，即能够使用清晰、可理解的语音语调和正确的词汇、语法，以得体的交际方式与他人进行会话交际，或者以个人独白的形式流利地表达自己的思想。

为了成功地培养学生的口语交际能力，我们提出课堂口语教学必须遵循的三个教学原则：坚持在说中培养说、坚持"三重互动"交际模式，以及坚持选择性纠错。

一、坚持在说中培养说的教学原则

（一）模仿和背诵不是说

传统的外语课堂教学推崇知识讲解和句型教学，即以教授语言知识、语言结构规则为主，通过反复操练，使学生模仿并机械记忆所学语言知识和语法规则，以期用于交际。其中，背诵句型甚至整个语篇是机械记忆的典型方式。

但是，通过模仿和机械记忆不能培养学习者使用语言进行交际的能力。曾经有一位著名的英语电视节目主持人，她播音时听起来纯正流利的口语赢得听众的羡慕，播音员本人也因此十分受人敬仰，多少人希望自己也能有那样流利的口语。但是，在一次介绍英语学习的经验时，这位播音员却"自豪"地说，学习英语口语的办法就是模仿。她说，她自己根本听不懂，也不会说英语，但是她可以轻松地模仿本族语者的语音语调完成所有的播音工作。现场听众一片哗然。虽然这位播音员完成了自己的播音工作，但是把通过机械地模仿获得和释放声音作为一个人的工作，这个事实真相不仅使人们先前对播音员的羡慕消失殆尽，而且不由得带来不可名状的悲哀。另外，有些参加国际会议的中国学者，经过精心准备可以用比较清晰流利的英语陈述自己的论文概要，但是，在听众提问环节却完全不知所措，因为他们根本听不懂听众就自己的论文陈述所提出的问题，当然也就无法在现场进行互动交际了。

目前，有些学生，甚至小孩，可以完美地模仿电影配音，有些达到了以假乱真的程度，但是他们却听不懂英语，也不能用英语表达自己的想法。这种模仿只能止于对语音语调的训练，而对于说英语却没有太多帮助。朗读和背诵不是真正意义上的说，而是鹦鹉学舌般地复制他人的语言和思想。因此，仅靠模仿和背诵不能获得真正的口语交际能力。

（二）在说中培养说的能力

具有交际意义的说指的是说话者使用语言与他人进行交流，建立和维护与他人的关系，表达自己的思想。说的过程反映了说话者思维和认知的变化，呈现了说话者的社会角色。只有满足表达交际意图的说才是真正意义上的说。

在第二章中我们提出，就像学习游泳首先必须置身于水中一样，培养听力理解能力首先必须置身于目标语环境之中。同理，要学会游泳，不仅需要置身于水中，而且还要在水中游起来，在游的过程中学会游泳。同理，培养说的能力不仅需要置身于目标语环境之中，而且要在目标语环境中说起来，在说的过程中培养说的能力。

进入中小学阶段的学生，已经具备了说话的能力，而且具有理解和使用语言的经验，获得了使用语言的能力。虽然母语和外语之间存在许多差异，但是开口学说外语却不是一件十分困难的事。在小学英语教学起始阶段，只要教师说出一个目标语中的单词，甚至一个简单的句子，大多数学生都能够轻而易举地重复出来。如果教师组织适合学生初学水平的交际活动，他们很快就会进行简单的交际。如在第一节英语课上，几乎所有的小学生都能学会说"Hello!"和"Good morning!"等交际用语。如果选择合适的教学内容和教学方法的话，学生在第一节课上就能学会"潜对话"，如教师给出指令"Touch your nose."，学生就会理解并做出身体反应。

另外，"鼓励学生及早地开口说外语也有重要的动机因素"[1]。尤其对小学生来说，能够在第一节课上就学会开口说外语，哪怕是能够复制一个句子甚至一个单词，也会使他们兴奋不已。例如，在小学一年级的第

---

[1] RIVERS W M. Teaching foreign-language skills [M]. Chicago: University of Chicago Press, 1981: 189.

一节课上，教师用直接法教授 "Touch your ears." 这句话，在教授这句话之后让学生做配对练习。大多数学生都一边兴奋地说这句话，一边试图揪对方的耳朵。下课后，有的学生还互相追赶嬉戏，继续做这个一边说 "Touch your ears."，一边揪耳朵的游戏。这样，说几乎是伴随着听同时走进了学生的外语学习生涯。就这样，他们开始张口说话了。能够开口说话标志着他们开始走上学习一门新语言的旅程。

因此，教师要创设目标语环境，坚持在说中培养说的课堂教学原则，使学生在说中发展说的能力。

二、坚持"三重互动"交际模式的教学原则

在交际语言教学框架下，课堂是一个教与学的特定场所。在这个特定的交际场所，只有教师与学生、学生与学生之间进行不同形式的互动交际，才能完成课堂教学任务，达到培养学生交际能力的目标。

（一）课堂上的"三重交际"模式

交际语言教学是当今外语教学界普遍认可的教学方法，但是，对于外语课堂上进行的交际，学者们的认识却存在很大分歧。Rod Ellis[1]对比分析了不同学者对于课堂交际的不同看法。他指出，有人认为外语课堂上的教学交际与课堂外的真正意义上的交际相去甚远，而有人却认为在外语教学课堂上可以提供真实交际的机会，就像在自然教学环境中也可以进行教学交际一样。在此基础上，Ellis 提出了自己的看法。他认为在外语课堂上，教学互动和真实互动都存在，只是二者所占比例的问题。在前人研究的基础上，范文芳[2]提出，课堂是一个特定的交际场所，在这个特定的交际场所中呈现出三种交际模式：课堂交际、真实交际和模拟交际。

1. 课堂交际

课堂教学首先具有教学的性质。课堂教学活动实际上是在课堂这个

［1］ ELLIS R. Understanding second language acquisition［M］.上海：上海外语教育出版社，1999：149-151.
［2］ 范文芳.试论小学英语课堂教学中的交际模式［M］//范文芳.大、中、小学一条龙英语教学研究与实践.北京：清华大学出版社，2005：84-87.

特定的情景中，为了完成教与学这一特定的教学目的而进行交际的场所。因此，课堂教学首先需要包含课堂交际。

在外语课堂教学中，典型的课堂交际分为两类。一类是教师"满堂灌"模式，即教师利用自己的话语权为自己选择的言语角色是给予信息，如给学生讲解课文、讲解语法规则等。这时，教师是演讲者，学生是听众。教师"满堂灌"模式属于单向语言交际，不能为学生提供互动交际的平台，因此，不能培养学生的口语交际能力。

另一类是教师与学生之间进行的互动交际。请看以下课堂教学片段：

T：（教师拿出一个玩具熊）Look. What's this?

Ss：Bear.

T：Yes, it's a bear. Say "bear".

Ss：Bear.

T：Good.

在以上对话中，教师明明知道自己拿的是 bear，却问学生是什么，这是典型的课堂交际，即为某一教学目的而组织的互动交际。这种教师明知故问式的师生问答互动是典型的课堂教学三话步互动交际模式。

像以上这种教师明知故问式的课堂交际常常被认为是与课堂外真正意义上的交际相去甚远的教学活动。事实上，这种以"这是什么?"为典型代表的明知故问式交际活动不仅发生在课堂教学情景中，也常常发生在现实生活中，尤其是在父母和孩子之间。请看以下一岁半小孩（Cathy）与妈妈（M）之间的对话：

M：（妈妈拿着一团废纸对孩子说）Cathy, throw this into the trashcan.

C：（Cathy 接过废纸）Mummy, what's this?

M：Trash.

孩子笑着把废纸扔进了垃圾箱。过了一会儿，孩子指着图画书中的一幅图，问：

C：Mummy, what's this?

M：The small one?

C：（用手指着一幅雨伞的图）No. This one.

M：You know what it is.

C：（又指着狮子的图）What's this?

M：You know what it is. Why do you ask me? You tell me what it is.

C：（笑）Lion.

在以上孩子和母亲的对话中，孩子显然是在明知故问。在儿童习得语言的过程中，这种孩子和成人之间相互明知故问的对话并不罕见。对于孩子来说，这种明知故问常常是一种语言游戏，体现了语言的娱乐功能；而对于妈妈来说，却常常是为了教给孩子某些知识。

另外，这种明知故问的对话不仅出现在孩子和家长之间，而且也出现在其他特定的交际情景中。例如在工作面试时，多数时候，面试考官都事先知道申请者的姓名和基本情况，手中也可能拿着面试对象的相关资料，但是，却常常会让面试对象先介绍一下自己，包括姓名。我们把这种交际称为"面试交际"。同理，在英语课堂教学中，教师和学生之间进行明知故问式的互动是在课堂这个特定情景中进行的课堂交际，它是为了实现教与学这个特殊的交际功能而进行的交际，它同课堂外某些特定场景中的交际，如面试交际一样，都是一种特殊场景中的真实交际，我们把这种交际称为"课堂交际"。

2. 模拟交际

通过角色扮演进行模拟交际是外语课堂教学中常用的一种教学方法[1-2]。在外语教学环境中，有大量教学内容都需要通过创设模拟情景，学生扮演角色进行模拟交际的方式来完成，如问路、野餐、商店购物、饭店订餐、飞机场安检等。请看以下商店导购员（A）和顾客（B）之间的对话：

A：Can I help you?

B：Yes, please. I want to buy this blue jacket.

A：What size do you wear?

［1］ CROOKALL D, OXFORD R L. Linking language learning and simulation/gaming ［M］// CROOKALL D, OXFORD R L. Simulation, gaming, and language learning. New York：Newbury House Publishers, 1990：3–24.

［2］ GREENBLAT C S. Designing games and simulations: an illustrated handbook ［M］. Newbury Park, CA：SAGE Publications, 1988.

B：I wear large.

A：Here you are.

B：Thank you.

请一个学生扮演商店导购员，一个或几个学生扮演顾客进行像商店购物这类模拟交际活动。

在外语课堂教学环境中，模拟交际几乎是一个包罗万象的概念。除进行像任务型教学所提倡的课堂外真实场景的模拟交际外，也可以扮演故事或戏剧里的角色。中小学生的生理、心理特点决定了他们喜欢扮演角色活动。一旦进入角色，他们就会认真起来，仿佛进入了真正的现实交际之中。

因此，教师要努力创设情景，让学生扮演角色进行模拟交际。通过扮演角色，他们逐步理解、体验语言在各个不同的模拟场景中的使用，从而培养口语交际能力。

3. 真实交际

在英语课堂教学中，许多交际活动都是真实交际活动。例如，在上课时和下课前师生之间的互相问候，以及在上课期间教师对学生的表现做出评价等。例如：

T：Good job. Here's a sticker for you.

S：Thank you.

T：You're welcome.

另外，教师用各种方式给出指令，如"Who'd like to read the words？""Who'd like to sing the song？""Work in groups, please.""Talk about your hobby."等，这些无疑都是真实交际。

课堂上做游戏与在课堂外孩子们之间，或者孩子与家长之间做游戏并没有本质上的区别，因为他们都是在真玩。例如，教师组织学生做"Simon says"游戏，教师发出指令，学生执行，当有学生做出错误反应时，教师说"Out!"，该学生就得出局，游戏继续进行下去。请看以下教学片段：

（教师在教授与电影有关的课文之前，组织学生谈论各自喜欢的电影）

T： Richard, what's your favorite movie？

S1 : I like *Harry Potter* movies.

T : Oh, *Harry Potter* movies. Many students like *Harry Potter* movies. How about you, Jane?

S2 : I love scary movies like *Ghost*.

T : What? You love scary movies? Oh, my God! Why do you love scary movies?

S2 :（笑）They're scary.

T : You're brave! I'm scared of scary movies. Maybe I should learn to see scary movies, too.

在以上教学片段中，教师问学生喜欢什么电影时，并不知道学生喜欢看什么类型的电影，通过与学生的互动交流才了解到这些信息。应该说，这与我们在课堂外交际场景中的聊天毫无区别，无疑是真实交际。

再看以下课堂教学活动：

在小学课堂上，教师根据教材中动物的图片，带领学生学习句型"Do you like the...?"及其肯定或否定回答"Yes, I do/No, I don't."。然后教师请学生拿出他们各自事先准备好的玩具动物做调查，每个学生问六名同学"Do you like my..."。学生在进行调查时，有的被调查者回答"Yes, I do.", 有的回答"No, I don't."。这里的交际活动就是真实交际。有两个很明显的情况可以清楚地说明这个活动的真实性。一个男同学拿了一只脏兮兮的小熊玩具提问，被调查的六名学生中，有四名回答说："No, I don't."。这个小男孩很沮丧地坐回到自己的座位上，一言不发。教师问他怎么了，他说："They don't like my bear."。还有一个女同学，她问一个男同学："Do you like my rabbit?"。这个男同学说："No, I don't."。这个小女孩指着对方的玩具狼，生气地说："I don't like YOUR wolf."。有趣的是，她竟然加重了单词 your 的语气。可见，这样的活动都属于真实交际，不然学生怎么会感到沮丧或生气呢？

总之，课堂是一个特定的交际场所。在这里，有教学所需要的课堂交际，有角色扮演所需要的模拟交际，也有教师与学生、学生与学生之间进行的真实交际。在外语教学中，教师要充分认识外语课堂教学中交际活动的多重特点，根据教学目标的不同创设不同类型的交际场景，与学生进行课堂交际、模拟交际和真实交际活动，有效地完成教学任务，培养学生的语言交际能力。

（二）坚持"三重互动"交际模式的教学原则

在上文中我们分析了课堂上的"三重互动"交际模式。请看以下运用"三重互动"交际模式组织的课堂教学片段。

1. 组织课堂交际呈现教学内容

本部分的教学目标是通过课文"A bird has one beak, two wings, two legs and many feathers."教授学生使用英语对事物进行简单描述。以下是其中一个教学片段。

T：（PPT 呈现森林的图片）What's this?

Ss：Forest.

T：Yes. It's a forest.（PPT 呈现鸟的图片）What do you see in the forest?

Ss：Birds.

T：Yes, birds. There are a lot of birds in the forest. What can birds do?

S1：Birds can fly.

T：Yes, birds can fly. Why can birds fly?

（箭头指向鸟的两只翅膀）Wing, wings.

Ss：（重复）Wing, wings.

T：Yes. A bird has wings, so it can fly. Please say the sentence "A bird has wings."

Ss：（重复）A bird has wings.

从以上教学片段可以看出，教师使用 IRF 三话步互动交际模式组织师生之间的互动交际，呈现了教学内容。在教师的引导下，学生逐渐理解、记忆所教授的内容。

2. 组织学生与学生之间的真实交际活动

（1）同伴之间的真实交际活动

当教师通过 IRF 三话步互动交际模式组织师生互动交际活动，完成教学内容呈现之后，就进入同伴真实交际活动阶段。在这个阶段，教师组织学生小组活动，旨在深化理解、巩固和拓展所学句型"A... has..."。

请看以下教学片段：

（在上课前，教师请学生各自带一个自己喜欢的动物玩具到课堂上）

T：Please work in groups. Talk about your animals.

请看以下小组中学生之间的互动交际：

S1：Look at my tiger.

S2：Oh, a big tiger.

S1：Yes. A tiger is big. A tiger has one head, one mouth, two eyes and two ears. A tiger has one tail and four legs.

S2：Your tiger is great. Look at my rabbit.

S1：Your rabbit is small.

S2：Yes. I have a little rabbit. A rabbit has one mouth, one nose, two red eyes and two long ears. A rabbit has four legs.

S3：I have a toy tiger, too. A tiger has one big head, one big mouth and two big eyes. A tiger has one big tail and four legs. It can run fast.

S2：Your tiger is great.

S3：Thank you.

从学生在同伴互动活动中生成的语言可以看出，学生虽然把教师所教授的语言作为句型范例，但是他们并没有进行完全的复制，而是根据自己的动物玩具的具体特征进行描述，这说明他们是在运用所学语言知识进行真实交际。

需要指出的是，在课堂教学中，课堂交际、模拟交际和真实交际三种交际模式之间并没有先后顺序之分，课堂不是按照课堂交际—模拟交际—真实交际的顺序进行的，而是教师根据教学具体情况设计不同类型的交际模式。例如，在上课开始的时候，教师和学生进行寒暄，这显然是真实交际，而后组织教学活动，使用 IRF 三话步互动交际模式进行课堂交际，或直接使用课堂交际模式呈现新知识，给学生带来新鲜感，以便使他们对所要教授的新知识留下深刻的印象。当然，教师也可以在上课开始的时候请学生进行角色扮演，即进行模拟交际，复习已经学过的内容，再进入新内容的教学阶段。

（2）小组成员合作进行真实交际活动

在完成小组中同伴之间的互动交际活动之后，教师请各组选出本组中的一个动物，大家共同丰富对该动物的描述，而后各组向全班汇报本组的描述，看哪一组说得多、说得好。

教师布置的任务以及同伴之间的互相启发，使小组成员对某个动物的描述比前一个阶段的个人描述要丰富得多、深刻得多。请看其中一组学生对 tiger 的描述：

This is a tiger. The tiger is big and strong. It is black and brown. The tiger has one big mouth and many sharp teeth. It has two big eyes and two small ears. It has four legs. The tiger is fast and scary.

We like tigers. Do you like tigers, too?

再看另一个小组学生对 bird 的描述：

Hello, everyone! Our group has a bird.

Our bird has a long beak. It eats worms. Our bird has two round and bright eyes. It can see well. Our bird has two legs. It can walk. Our bird has two wings and many feathers. It can fly in the sky. It can sing in the tree.

Our bird is beautiful. Do you like it?

各个小组分别向全班展示了本组对所选动物的描述。

从以上两个小组对各自动物的描述可以看出：在学生对自己小组所选择的动物所做的描述中，虽然使用了教师所教授的语言形式，即"A... has..."作为范例，但是，其语言形式和内容已经突破了这个范例。学生之间的合作以及向全班的陈述，完全进入了真实交际层面，如同一个竞赛小组在合作进行一场演讲比赛一样。

3.组织学生模拟交际活动

在完成真实交际活动后，教师可以组织学生通过角色扮演进行模拟交际活动。在本课教学中，教师组织学生进行采访活动。请看以下一位学生作为记者（R）对观鸟爱好者（A）所做的采访：

R：Hello. It's nice to meet you, James.

A : It's nice to meet you, too.

R : Can I ask you a few questions?

A : Sure.

R : What's your hobby?

A : I love bird watching.

R : Why do you love bird watching?

A : Birds are interesting animals. I watch birds to understand them.

R : What is interesting about birds?

A : I find many interesting things about birds. For example, birds have different beaks. Birds with different beaks eat different kinds of food. Birds with short thin beaks eat seeds and nuts. Birds with long thin beaks eat insects or nectar.

R : That's interesting. Thank you, James.

A : Thank you, Mr. Wang.

从以上采访活动可以看出，在模拟交际中，学生已经投入到自己所扮演的角色之中。他们运用自己已有的知识谈论与鸟相关的某个问题，在谈论中培养了口语交际能力。

总之，在课堂口语教学中，教师要坚持"三重互动"交际相结合的课堂教学模式，把课堂变为一个多元交际的场所，顺利地完成教与学的任务，培养学生的口语交际能力。

三、坚持选择性纠错的教学原则

在交际语言教学框架下，从初始阶段开始，我们就鼓励学生使用英语进行交际，在运用语言交际的过程中提高口语能力。

（一）从试验和犯错到验证和修正

一个人说外语的能力不是一蹴而就的，而是一个缓慢、渐进的发展过程。

二语习得的研究结果显示，在二语习得过程中，学习者的语言发展过程极其相似，他们所生成的语言呈现出规律性和系统性。二语领域研究者使用"中介语"（interlanguage）这个概念来描述这一现象。中介语指的是二语习得者所拥有的语言知识系统，这个系统在结构方面处于母语和目标语之间，使用中介语的过程是一个不断试验和犯错以及验证和修正的过程[1-2]。在这个过程中，二语习得者"不能从一个阶段跳向另一个阶段，而是需要十分缓慢地修正其中介语的语言系统，以便逐渐接近目标语系统"[3]。因此，充满错误的中介语是学习外语的必经阶段。使用"中介语过程中所犯的不同错误标志着语言习得的向前推进，是语言学习进步的标志，是学习者对目标语的语言形式和功能所做出的创造性反应。中介语中错误的语言形式是学习者用来完成语言交际功能的临时性工具，最终会被正确的形式所代替"[4]。

（二）坚持选择性纠错的原则

习得二语中介语理论表明，在外语学习过程中，学生会犯各种各样的错误，语言的发展需要经历一个漫长的试验和犯错与验证和修正错误的过程。在这样一个过程中，学生的外语水平不断得到提高。因此，面对学生所犯的错误，教师要采取理解和宽容的态度。但是，这并不意味着对所有错误都置之不理，任其发生，而是要采取一定的方式，帮助学生对某些错误进行纠正，顺利地完成中介语向目标语的发展。

在纠错时，通常我们需要从以下四个方面出发考虑问题：（1）谁纠错；（2）纠正何种错误；（3）以何种方式纠错；（4）何时纠错。对应这四个问题，我们提出一个总的纠错原则，即选择性纠错原则，作为指导教师纠错的依据。

下面我们举例阐释，教师在纠错时应该如何遵循选择性纠错原则。

1. 学生自我纠错优先

在"谁纠错"这个问题上，毫无疑问的是，我们要遵循以学生自我纠错优先的原则。

［1］ ELLIS R. Understanding second language acquisition［M］. 上海：上海外语教育出版社，1999：42.

［2］ BROWN H D. Teaching by principles：an interactive approach to language pedagogy［M］. 北京：外语教学与研究出版社，2001.

［3］ 同［1］50.

［4］ TARONE E，YULE G. Focus on the language learner［M］. 上海：上海外语教育出版社，2000：146.

同学习外语一样，在现实交际中，交际者也经常会犯错误。在犯错误之后，最经常出现的纠错模式是说话者自己发现错误，或由他人提示后进行自我纠错[1]。在课堂上，当学生出现错误时，教师不要急于打断学生的话进行纠错，而是要耐心等待，把发现错误和纠正错误的机会留给学生自己。请看以下课堂教学片段：

T：Why do you prefer to live in the countryside?

S：There is a lot of air pollution in big city. No, no. In big cities.

　　There are too many people, too.

在以上对话中，学生开始时使用了 in big city，而后自己意识到所犯的语法错误，立刻进行自我修正，重述为 in big cities。再如：

（教师跟学生做看图说话练习）

T：What did he do last night?

S：He play the badminton last night, played badminton.

T：Great. He played badminton.

在以上对话中，学生开始时使用了 play the badminton，在完成这个句子后，他意识到自己在时态和冠词使用上所犯的错误，于是进行自我纠错，重述为 played badminton。

说话者自我意识到错误并进行自我纠错，比起由教师纠正错误具有更多益处。首先，自我意识并自我纠错使说话者觉得更有面子，符合人的心理需求。其次，自我意识并自我纠错的过程是习得语言的过程。习得比学习更具有内省作用，有利于内化语言。因此，当学生犯了错误时，教师不要急于纠正，而是要耐心等待学生，观察学生是否能够自我意识并自我纠错。

那么，教师耐心等待到什么时候才进行纠错呢？一般来说，教师纠错的最佳时机是学生以某种方式发出求助信号的时候。请看以下课堂教学片段：

（在学生分组讨论后，教师请各个小组代表向全班汇报）

---

[1] SCHEGLOFF E A, JEFFERSON G, SACKS H. The preference for self-correction in the organization of repair in conversation [J]. Language, 1977, 53 (2)：361–382.

T : What did your group talk about?

S : There are four people in our group. We're talking about movies. We have different opinions and 那个,那个task...(眼睛看着教师, 露出着急、求助的神情)

T : Tastes?

S : Eh, tastes.

...

在以上对话中,学生一时找不到用来表达自己想法的语言,于是,在借助母语说出"那个,那个task..."的同时,使用表情向教师求助。这时,教师使用协商的语气,给出建议"Tastes?",满足了学生的需求,帮助学生解决了问题。

总之,学生在交际中犯错误时,教师不要急于纠正,而是要耐心等待学生自我意识并自我纠错,只有在确认学生没有能力意识并纠正自己的错误时,特别是当学生发出求助信号时再做出纠正。这样,教师便从一个掌握课堂话语权的统治者,转向一个分享话语权的会话合作者。

2. 意义纠错优先

在"纠正何种错误"这个问题上,毫无疑问的是,应该遵循以意义纠错优先的原则。

当学生的话语中出现发音、语法、语义、语篇、交际意义等不同类型的错误时,我们应该首先对影响意义表达的错误给出提示或者做出纠正。请看以下教学片段:

T : What were the two teachers doing?

S : They are communicating about some students.

T : Communicating?

S : No, no, no. They're complaining.

T : OK. Sit down, please. The two teachers were complaining about some students.

在以上对话中,学生同时犯了两个错误:一个是他使用了are去回应教师话语中的were,这是语法错误;另一个是他本来想表达complaining却错误地使用了communicating,语义表达有误。这时,教师没有关注语法方面的错误，而是使用疑问的方式提示学生在语义方面所犯的错误，学生随即进行自我纠错。

　　与语法错误相比，学生更难意识到语义方面的错误。请看以下课堂教学片段：

　　（教师请学生谈论暑期活动）

　　T：Ted, what interesting thing did you do in the summer vacation?

　　S：I went to visit Africa with my parent. We /bī/[1] a boat in Nile. Look at this photo, my father, my mother and me.

　　在以上话语中出现了两处明显的语法错误：一是 parent 应为 parents；二是 in Nile 应为 on the Nile。但是教师忽略了这两处不引起意义误解的语法错误，而是把注意力放在了澄清与纠正 /bī/ a boat 这个错误上，因为它带来了语义上的困惑。

　　T：Excuse me. You what?

　　S：We /bī/ a boat.

　　T：Do you mean you bought a boat?

　　S：No, no, no. We /bīd/ a boat in Nile.

　　T：Oh, I see. You took a boat on the Nile.

　　S：Yes, yes. We took a boat on the Nile River.

　　T：Oh, you took a boat on the Nile. That's wonderful!

　　在以上对话中，学生想要表达的意思是在尼罗河上"乘船"。其中的"乘"字，学生选择了 by 这个介词。听到学生说 /bī/ a boat，班级同学大为震惊，惊呼"土豪啊！"。但是，教师却感到困惑，于是开始与他进行意义协商。首先，教师使用 buy 的过去式 bought，试图确认他是否想表达"买"船而忘记使用过去式。这时，学生被提醒应该使用过去式，于是就把 /bī/ 变成了过去式 /bīd/。教师突然意识到原来学生是想表达 took a boat。当教师说出 took a boat 时，学生立刻欣喜地接受，纠正了自己的表达："Yes, yes. We took a boat."。这时，学生想要表达的意义得到确认，语言表达形式得以纠正。

---

[1] /bī/为自然拼音，其对应的国际音标为/baɪ/.

从以上分析可以看出，与语法错误相比，语义错误更加难以辨别，也难以纠正。但是，语言交际的目的是表达意义，纠正语义错误的意义协商过程本身也能促进学生进一步理解语言使用的规则。面对学生所犯的语法错误和语义错误，教师要毫不犹豫地遵循意义优先的纠错原则，对引起语义误解或由于语义表达不清楚而影响继续交际的错误，与学生进行意义协商式纠错。

3. 隐性纠错优先

对于"以何种方式纠错"这个问题，答案也是明确的。教师应该优先选择隐性的方式进行纠错。

显性的纠错方式，有时候也叫直接纠错，是教师直截了当地告知学生所犯的错误。教师使用显性的方式纠错是中小学英语课堂教学中十分常见的现象。请看以下课堂教学片段：

T：Where did Jenny go that night?

S：She goes to her auntie's home.

T：No, she went there.

S：Yes, she went there.

T：What did she do there that night?

S：She played games with her sister.

T：I don't think so. Read the second paragraph, "she waited for her sister for a long time", can you find it?

S：Yes.

在以上课堂教学片段中，教师两次对学生所说的话进行显性纠正。第一次是纠正语言形式，即直接使用 No 做出否定，并将 go 改为其过去式 went；第二次是纠正内容，指出学生没有提供正确的文本信息。在学生发言的过程中，教师两次直接否定学生的回答，并提供了正确答案。这样的显性纠错往往会使学生产生畏难情绪和自卑心理，造成以后不敢或不愿使用英语表达思想的后果，同时也没有给学生留出任何思考的余地。这样的纠错效果自然不佳。

与显性纠错不同，隐性纠错是以间接的、隐含的方式纠错。请看以下课堂教学片段：

T : How many monkeys do you see?

S : I can see three monkey.

T : Oh, you can see three monkeys. Perfect.

在以上对话中，学生错误地使用了单数形式，教师没有直接指出学生的错误，而是以重述的方式纠正了学生话语中的语法错误。这样，教师通过提供正确的语言输入，潜移默化地使学生习得正确的语言形式。这就是我们所提倡的隐性纠错方式。

4.结束纠错优先

对于"何时纠错"这个问题，答案也是明确的。教师应该以结束纠错为主要纠错方式。结束是相对过程而言的,指的是在学生发言的过程中,教师不轻易打断学生的话语,尽量保证学生表达过程的完整性。也就是说,纠错行为最好发生在学生完成一个相对完整的意思后进行。请看以下课堂教学片段：

T : How about your family?

S : My brother likes war movies. He don't like romance because it is boring. I like action movies. I don't like romance, too, because it's too touching.

T : Oh, your brother doesn't like romance. You don't like romance, either.

S : Yes.

在以上对话中，学生在谈到他哥哥不喜欢浪漫爱情影片时，把doesn't 说成了don't，犯了语法错误，教师并没有打断他的话进行纠正。学生在继续讲话的过程中，又在应该使用either时错误地使用了too，教师也没有立即进行纠正。直到学生完成了整个话语后，教师才使用隐性的方式，纠正了学生话语中的这两处语法错误。

纠错是课堂教学中的一个重要环节，教师所采用的纠错手段对学生语言习得的过程具有重要的影响。在课堂教学中，教师要以科学的理论为指导，借助自身的教学观察，培养自己对错误的判断力，选择纠正学生错误的最优方式。

第五节　课堂口语教学活动

在中小学课堂口语教学中，教师要组织多种多样的教学活动培养学生的口语交际能力。在本章中，我们提供四类口语教学活动，即语音训练专项活动、游戏活动、模拟交际活动和真实交际活动。这四类口语活动又分别包含了多种活动形式。

一、语音训练专项活动

在我国外语教学环境中，对绝大多数学生来说，从英语本族语者那里直接习得语音语调的机会很少。在这种情况下，模仿本族语者的录音就成为培养学生正确的语音语调的主要方式。在日常课堂教学中，除有意识地培养学生模仿本族语者录音的习惯外，教师也可以组织一些训练学生语音语调的专项活动，如模仿秀、拍手说歌谣、说绕口令和唱歌等。

（一）模仿秀活动

模仿秀活动所使用的录音材料可以是所学课文，也可以是从网络资源中选取的一些适合学生英语水平、接近学生认知水平，并且学生感兴趣的影音材料，如故事、电影片段等。模仿录音可以在课堂上进行，也可以让学生在课下自己练习，而后在课上向全组或全班展示。每学期举办一次模仿秀比赛活动可以提高学生对语音语调的重视程度，培养学生模仿本族语者语音语调的习惯，促进良好的语音语调的形成。

配音是一个具有代表性的模仿秀活动。

随着现代科技的发展，英语学习的网络资源愈加丰富。指导学生观看英语情景剧、电影等视频节目，选择其中某个片段进行模仿练习，而后进行配音活动，对于提高学生的语音语调以及语言的流畅性可以起到重要作用，同时有助于激发学生的学习兴趣。

现在有许多操作简单的手机 APP 配音软件，这些配音软件按照话题、难度、时长、题材、角色类别等进行分类，可以作为配音资源。借助 APP 模仿、跟读、录音，可以调动学生模仿的积极性，有助于语音语调的训练。配音可以是小组合作扮演角色，也可以是学生的个人独白。配音任务完成后可以请学生在课堂上表演，也可以把配音作品分享在班级的微信群中。另外，在请学生进行模仿之前，教师可以针对影音材料中的某些重点和难点部分进行一定的指导。

需要指出的是，对于大多数学生来说，成功地完成一项配音任务并不是一件简单的事，往往需要花费许多时间。因此，用于模仿秀活动的影音材料一定不要难度过大，通常的做法是请学生自主选择其中的一个段落进行模仿，切忌让学生模仿难度过大或者让学生整篇进行模仿甚至背诵。

另外，模仿录音、配音的主要目的是训练语音语调，不管学生模仿的录音多么逼真，也不能代表学生说英语的能力。因此，在指导学生模仿录音、配音活动的同时，绝不能削弱互动交际活动。

（二）拍手说歌谣

儿童歌谣是训练句子重音、韵律节奏和语调的重要手段。

英语歌谣中的节奏具有以下几个特点：（1）歌谣是以行计算的。在同一首歌谣中，每行或隔行中的音步一样多，每个音步所占的时长一样。（2）用拍一下手的时间来表示一个音步的长度。一行包括几个音步，我们在说这一行时就拍几下手。（3）有的歌谣以重读音节开始，其音步呈"重读＋轻读"模式；有的歌谣以弱读音节开始，这时要以"弱起"开始，而后进入"重读＋轻读"模式。（4）重读部分只能有一个重读音节，在落下手时完成，而轻读部分可能只有一个音节，也可能包括几个音节。不管这个轻读部分包括几个音节，都需要在提起手时完成。这时，这些轻读音节需要读得轻、短而且快，同时，音节之间的连读非常重要。（5）有时，音步的轻读部分没有任何音节，因此视其为空拍，即提起手时保持沉默。请看以下歌谣：

Good, better, best.

Never let it rest.

Till your good is better.

And your better is best.

以上歌谣由四行组成，每行包括三个音步，其音步模式为"重读＋

轻读"，即我们在说每行时需要拍三下手。说每个音步时，落下手时说这个音步中的重读音节，提起手时说这个音步中的轻读音节或空拍。在第一行中，Good、better 和 best 三个单词各为一个音步，各个音步中的重读音节分别为 Good、bet- 和 best，各个音步中的轻读分别为空拍、-ter 和空拍，即第一个音步落下手时说 Good，提起手时为空拍（保持沉默）；第二个音步落下手时说 bet-，提起手时说 -ter；第三个音步落下手时说 best，提起手时为空拍（保持沉默）。同理，在第二行中落下手时分别说 Nev-、let 和 rest，提起手时分别说 -er、it 和空拍（保持沉默）。在第三行中，落下手时分别说 Till、good 和 bet-，提起手时分别说 your、is 和 -ter。在第四行中，落下手时分别说 And、bet- 和 best，提起手时分别说 your、-ter is 和空拍（保持沉默）。

再看以下歌谣：

Red are the flowers.

Yellow are the flowers.

Flowers, flowers, flowers.

I like the flowers.

以上歌谣也包括四行，前两行分别包括两个音步，其音步模式为"重读 + 轻读"，即每个音步以重读起，说每行时拍两下手。在第一行中，Red are the 和 flowers 分别为一个音步：第一个音步落下手时说 red，提起手时说 are the；第二个音步落下手时说 flow-，提起手时说 -ers。在第二行中，Yellow are the 和 flowers 分别为一个音步：第一个音步落下手时说 yel-，提起手时说 -low are the；第二个音步落下手时说 flow-，提起手时说 -ers。后两行每行分别包括三个音步，其音步模式仍然为"重读 + 轻读"。在第三行中，Flowers、flowers 和 flowers 分别为一个音步，每个音步都是落下手时说 flow-，提起手时说 -ers。在第四行中，I、like the 和 flowers 分别为一个音步。其中，落下手时分别说 I、like 和 flow-，提起手时分别说空拍（保持沉默）、the 和 -ers。

有些歌谣以弱读开始。例如：

If all the world was apple pie,

And all the sea was ink,

And all the trees were bread and cheese,

What should we have to drink?

以上歌谣包括四行：（1）前三行的起始处各自有一个弱读音节作为"弱起"，分别为 If、And 和 And。（2）第一行和第三行分别包括四个音步。其中，第一行的四个音步分别为（弱起）all the、world was、apple 和 pie：落下手时分别说 all、world、ap- 和 pie，提起手时分别说 the、was、-ple 和空拍（保持沉默）；第三行的四个音步分别为（弱起）all the、trees were、bread and 和 cheese：落下手时分别说 all、trees、bread 和 cheese，提起手时分别说 the、were、and 和空拍（保持沉默）。（3）第二行和第四行分别包括三个音步。其中，第二行的三个音步分别为（弱起）all the、sea was 和 ink：落下手时分别说 all、sea 和 ink，提起手时分别说 the、was 和空拍（保持沉默）；第四行的三个音步分别为 What should we、have to 和 drink：落下手时分别说 what、have 和 drink，提起手时分别说 should we、to 和空拍（保持沉默）。

拍手说歌谣是训练句子重音、韵律节奏和语调的重要途径。学生们一边拍手一边说，在轻松愉快中感知英语的优美旋律，逐渐感知和习得英语的语音语调。请尝试拍手说以下经典英语歌谣[1]：

Pat-a-cake, pat-a-cake, baker's man.

Bake me a cake as fast as you can.

Roll it, pat it, mark it with a "B",

Put it in the oven for baby and me!

（三）拍手说绕口令

绕口令除像歌谣那样可以用来训练口语的重音、韵律节奏和语调外，也可以用来集中训练某些音位的发音，因为绕口令主要是以某个音位为主设置绕口效果的。另外，成功地说绕口令也可以增加学生说英语的乐趣，提高学生说英语的自信心。因此，教师可以选择一些难度与学生语言水平接近的绕口令，指导学生进行练习。

---

[1]　这首歌谣每行包括四个音步，其音步模式为"重读+轻读"，每行末的轻读音节为空拍。以第一行为例：第一行的四个音步分别为Pat-a-cake、pat-a-cake、baker's和man，重读分别落在pat-、pat-、ba-和man上，轻读分别落在-a-cake、-a-cake、-ker's和空拍上。

绕口令比韵律诗的难度要大得多。因此，开始时可以选择一些简短的绕口令，说得慢一些，但是一定要确保重音、韵律节奏、语调正确。例如：

Haste makes waste.

这个谚语可以作为绕口令来练习元音 /ā/[1]的发音。它包括三个音步，即 haste、makes 和 waste，其音步模式为"重读 + 空拍"：落下手时分别说 haste、makes 和 waste，提起手时三个都是空拍，即保持沉默。开始时说得慢些，熟练后再加快速度。用同样的方法，从慢到快说一些较长的绕口令。例如：

A snake is sliding across the street.

以上绕口令用来练习辅音 /s/。它的音步模式是"（弱起）重读 + 轻读"。它包括四个音步，分别是（弱起 A）snake is、sliding a-、cross the 和 street，等学生说熟练后再加快速度。

英语中有些音位的发音对中国学生来说是比较困难的。我们可以通过练习不同的绕口令来分别练习不同的发音。以下是几个用于专项练习某些发音的具有代表性的绕口令[2]。

（1）The rain in Spain stays mainly on the plain.（练习长元音 /ā/）

（2）A sailor went to sea to see what he could see. And all he could see was sea, sea, sea.（练习长元音 /ē/）

（3）There's no need to light a night light on a light night like tonight.（练习长元音 /ī/）

（4）Our Joe wants to know if your Joe will lend our Joe your Joe's banjo.（练习长元音 /ō/）

（5）Can you can a can as a canner can can a can?（练习短元音 /ǎ/）

---

［1］ /ā/是自然拼音，其所对应的国际音标为/eɪ/。

［2］ 这部分从（1）到（18）中，自然拼音与其对应的国际音标对照依次为：/ā/~/eɪ/、/ē/~/iː/、/ī/~/aɪ/、/ō/~/əʊ/、/ǎ/~/æ/、/ĭ/~/ɪ/、/ŏ/~/ɒ/、/oǒ/~/ʊ/、/ou/~/aʊ/、/oi/~/ɔɪ/、/j/~/dʒ/、/sh/~/ʃ/、/zh/~/ʒ/和/th/~/θ/。相同的辅音未标出。

（6）I wish to wish the wish you wish to wish.（练习短元音 /ɪ/ 和辅音 /w/）

（7）Bob got a proper copper coffee pot.（练习短元音 /ɒ/）

（8）The cook took a good look at the cookery book.（练习短元音 /ʊ/）

（9）Mary found a mouse in the house, so she shouted loud and ran out.（练习元音 /ou/）

（10）A noisy noise annoys the boys.（练习元音 /oi/）

（11）Harry hunts heavy hairy hares.（练习辅音 /h/）

（12）A gentle judge judges justly.（练习辅音 /j/）

（13）A fly and a flea flew into a flue.（练习辅音 /f/）

（14）Do tongue twisters twist your tongue?（练习辅音 /t/）

（15）Two wicked witches watched two white watches.（练习辅音 /w/）

（16）She sells seashells by the seashore.（练习辅音 /s/ 和 /sh/）

（17）It's usually true that one cannot measure their pleasure in treasure.（练习辅音 /zh/）

（18）The thought I thought I thought wasn't the thought I thought.（练习辅音 /th/）

需要指出的是，无论是说歌谣还是绕口令，我们都应先指导学生听录音进行模仿，以便他们能够以正确的语音语调自如地脱口而出。

（四）唱歌

英文歌曲是练习英语语音语调以及发音技巧的重要材料，因为唱好英文歌，不仅需要认读歌词，学会单词发音，还需要把它们在音乐旋律中以自然而优美的方式唱出来。这涉及重读、轻读、连读、韵律节奏等。如果这些技巧掌握不好，唱出来的歌就不好听。另外，唱歌可以使发音更加清晰，演唱更加流畅，减轻母语的口音影响。同时，唱歌时气息的流动反映了英语口语中气息的自然流动。因此，唱歌有助于改进口语的重音、韵律节奏和语调，使英语说得更加自然流畅。

在课堂教学中，演唱歌曲的主要目的是用来帮助训练语音语调。因此，在选择歌曲时，我们首先应该注意歌曲的难易度，因为难度太大的歌曲不适宜用来练习语音语调。有时，我们可以根据需要对原文歌曲做少许改编，以便降低其难度，达到我们用于训练初学者语音语调的目的。请看以下英语《字母歌》原文版本：

The Alphabet Song

A, B, C, D, E, F, G

H, I, J, K, L, M, N, O, P

Q, R, S, T, U, V

W, X, Y, and Z

Now I know my ABCs.

Next time won't you sing with me?

在以上这首原版英文《字母歌》中，第二行中的最后五个字母 L，M，N，O，P 的密度大、速度快，初学英语字母表的学生很不容易把这五个字母唱清楚。这样的话，不仅不能达到通过唱歌使发音清楚的目的，而且还可能挫伤学生的学习积极性。另外，最后一行"Next time won't you sing with me?"，难度也比较大，学生很难流畅地演唱，于是我们通常就将其改编为以下版本。请看我国英语教学中经常使用的版本：

The Alphabet Song

A, B, C, D, E, F, G

H, I, J, K, L, M, N

O, P, Q, R, S, T

U, V, W, X, Y, Z

X, Y, Z.

Now you see,

I can say my ABCs.

这个改编过的版本，学生很容易学会演唱，并且可以做到发音清晰，演唱更加流畅，于是能够达到通过唱歌训练语音语调的目的。

当然，改编原文歌曲常常会牺牲原版歌曲中的一些积极元素。例如，原版字母歌的第二行，即 H，I，J，K，L，M，N，O，P，把这么多字母放在同一行，为的是使它的最后一个字母 P 与其他行末尾的字母 G、V、Z 以及最后一行的最后一个单词 me 取得押韵的效果，而改编版本的第二行以 N 结尾就与其他行失去了押韵。但是，在歌曲和诗歌中，有一行不与其他行押韵也是常见的情况，并不是错误。因此，在初学英语字母表时可以先使用这个改编版本，当学生可以很流利地说、唱字母歌时，我们再考虑学唱难度较大的原文版本。

选择歌曲时除需要考虑难易度以外，最好还要考虑歌词的内容，即歌词的内容最好与课堂教学内容接近，以便歌词中生词不会太多，而且学生可以至少粗略地理解歌词的意思。请看以下歌曲：

I See Something Blue

Blue!

I see something blue.

Blue!

I see something blue.

Blue, blue, blue, blue...

I see something blue.

以上歌曲是学习颜色初期可以使用的简单歌曲。它的歌词和句子简单，意思容易理解，还容易与身边的环境联系起来。在熟悉演唱一种颜色后，教师可以让学生使用其他所学颜色的单词替换 blue 来演唱。

歌曲不仅是训练学生语音语调、韵律节奏的理想素材，还能激发学生学习英语的兴趣，营造轻松愉快的学习氛围，有利于学生排解压力，增强学习动机。

二、游戏活动

（一）闪卡式游戏

闪卡式游戏是英语课堂上练习单词的常用活动。教师把所学过的一些单词的图片藏在背后，而后迅速呈现其中一个，让学生用英语快速说出它的名称。教师也可以先让学生看一遍所有的单词卡片，而后拿走其中的一张，再出示剩余的图片，问学生缺了哪个单词。

闪卡式活动也可以使用多媒体在电子屏幕上进行。教师点击或者闪出某一个图片，学生迅速说出它的英文名称。教师也可以在黑板上贴图片、写单词，而后去掉某个图片或擦掉某个单词，请学生迅速说出被取走的图片或被擦掉的单词。

闪卡式游戏具有神秘和敏捷的特征，对中小学生具有很大的吸引力。同时，它简单易操作，可以作为日常课堂教学中常用的游戏活动。

（二）猜一猜游戏

猜一猜游戏总是对学生具有巨大的吸引力。猜一猜游戏可以有多种不同的形式。教师可以经常变换形式，组织猜一猜游戏活动。

例如，教师先出示一些物品，如动物玩具、玩具车、文具等，请学生一起说出它们的名称，而后把它们放进袋子里，再让学生把手伸进袋子里摸这些物品，一边摸一边说。教师也可以出示一叠图片或单词卡，让大家一起朗读，而后把它们藏到身后，随意抽出一张，问学生教师手中拿的是什么图片或什么单词。

猜一猜游戏可以有许多不同的版本，例如，教师可以请两个学生到讲台来。教师给其中一个学生看一张图片或单词卡，如 monkey，而后这个学生表演图片上的内容，让另一个学生猜。

另外，学生很喜欢看到教师猜不出来的情况出现。因此，教师可以让学生主持猜一猜游戏，让教师猜。例如，一个学生把卡片藏在背后，抽出一张来让教师猜，教师偶尔故意猜错让学生笑一笑。

（三）竞赛游戏

1. 现场发现（spotting）

利用句型"I see..."就现场的情况进行比赛。例如，学习颜色单词之后，教师可以组织学生就眼前所看到的颜色进行比赛，不能迅速说出的一方出局：

S1 : I see a red jacket.

S2 : I see a blue jacket.

S1 : I see a black jacket.

S2 : I see black pants.

S1 : I see a purple schoolbag.

S2 : ...

2. 自由选择

自由选择的对象可以是实物、玩具、图片等，也可以是单词、语块等。

教师把一些实物、玩具、图片或单词卡等放在一起，两个学生轮流拿，一边拿一边说。根据学生的英语水平和需要练习的语言目标，教师可以将自由选择游戏用于抢说单词。例如：

S1：Rabbit.

S2：Panda.

S1：Bear.

S2：Tiger.

……

教师可以将自由选择游戏用于抢说句子。例如：

S1：I like the tiger.

S2：I like the elephant.

S1：I like the monkey.

S2：I like the wolf.

……

教师还可以把想要练习的单词或语块贴在黑板上或用 PPT 呈现。所练习的语言内容最好是按照类别分类，如一组名词 desk、bed、table、dinner、sky；一组动词 jump、run、sing、write、travel；一组形容词 hot、red、angry、worried、friendly；一组介词 in、out、between、behind、among；一组介词短语 in the water、in the sky、on the ground、between the desks、next to the supermarket 等。分类练习也可以在更精细的层面上进行，如规则名词复数练习：apples、cows、trees、colors、cultures；不规则名词复数练习：feet、teeth、children、fish、peaches、men、women 等。按照某个类别组织自由选择活动，不仅可以培养学生的语言能力，而且也可以培养学生的思维能力。

需要指出的是，所谓"分类"是教师心中掌握的原则。一般来说不需要跟学生讲出来，目的是使学生能够根据自己对语言的理解，逐渐体验和内化语言的规则，以便帮助学生在现实交际中，不依赖死记硬背的语言规则而生成语言，而是依靠内化语言所形成的语感创造性地使用语言。

自由选择竞赛可以在全班范围内进行，也可以在小组范围内进行。例如，比赛可以首先在教师和全班学生之间进行。教师说一个单词，学生说一个，教师或者学生不能迅速说出来的一方被淘汰。在这个过程中，教师可以在适当的时候，假装不能及时说出来或者说错而被淘汰，而后请同学推荐或者毛遂自荐上台，对阵全班学生。

（四）接龙游戏

在学习英语的初始阶段，可以经常组织学生做接龙游戏说单词。当学生的口语水平达到一定程度时，可以做接龙游戏说句子、讲故事等。

1. 接龙说单词或句子

接龙说单词或句子指的是让第一个学生说一个单词或一个句子，第二个学生需要先重复这个单词或句子，而后增加一个单词或句子，第三个学生需要先重复前两个单词或句子，而后再增加一个单词或句子，如此接力进行下去。能重复最多单词或句子的个人或小组获胜。

接龙游戏有多种不同的版本。例如，我们可以做关联法接龙，即教师给出一个单词（如 apple），一个学生说出与其相关的另一个单词（如 red），下一个学生接着说与这个新单词相关的其他单词。例如：

S1：apple

S2：apple, red

S3：red, rose

S4：rose, plant

S5：plant, tree

S6：tree, green

S7：green, frog

S8：frog, water

……

接龙游戏不仅可以使学生复习所学过的单词和句子，而且能够锻炼学生的注意力、记忆力和反应能力。这种游戏既有趣，又具有挑战性，学生经过努力攻克难关后会产生愉悦感，获得成就感。因此它对中小学生很有吸引力，它也像闪卡游戏一样简单易操作。因此，它是日常课堂教学中可以经常组织进行的游戏活动。

2. 接龙说故事

接龙说故事指的是教师说出故事的题目或者开头一句，让学生每人说一句，以接力的方式编写故事。等学生完成接龙说故事之后，教师播放原版故事。在多数情况下，学生接龙编出来的故事与原版故事会大相径庭。相差悬殊的故事会给学生带来很大的乐趣，也会给他们带来启发，丰富他们的想象力。

接龙说故事可以用两种方式进行：一种是即兴式，另一种是准备式。即兴式接龙说故事可以由教师说出故事的题目或者开头一句，再让学生轮流即兴口头编故事。即兴式口头编故事可以训练学生敏锐的思维能力，但是它的难度比较大，尤其是英语水平偏低的学生，很难迅速地接力下去。因此，即兴式最好是用于学生英语水平比较高的班级。

准备式接龙说故事可以由教师说出故事的题目或者开头一句，再让各个小组分头编写自己的故事，而后以小组为单位向全班汇报。准备式接龙游戏的好处是，它可以培养学生合作学习的能力，而且小组学生群策群力可以编出比较成功的故事。请看以下初中课堂准备式接龙说故事活动的案例。

教师提供的故事题目是 "There was an old lady who swallowed a fly."。全班分为五个小组分头编写故事，而后以小组为单位向全班汇报。10 分钟之后，教师请各个小组进行汇报，结果发现每个小组编写的故事都很离奇有趣。有两个小组是以所给的题目为故事的第一句来编写的，有一个小组是以所给的题目为最后一句来编写的，另外两个小组则把这句话用到了故事的中间。请看一个以题目为第一句编写的故事[1]：

There was an old lady who swallowed a fly. She was scared and she felt sick. She ran to the toilet and threw up. After vomiting, she felt thirsty. She drank some fruit juice and a lot of water. She felt weak, so she went to bed and fell into a deep sleep.

When she woke up, she felt weaker. She was worried. She took

---

[1] 在这里呈现时修改了句子中的词汇、语法错误。

a taxi and went to see her doctor. Her doctor examined her and said, "You're in perfect health."

"What?" she asked in surprise. "Is my cancer gone?"

"Yes," said the doctor. "Your cancer is gone. You're in perfect health now!"

It was a miracle!

编写和讲述离奇的故事不仅培养了学生英语口语能力，而且培养了他们的想象力和创新能力。同时，分享各自编写的离奇故事给学生们带来了无穷的乐趣。完成接龙说故事活动后，教师播放了原版故事。学生们睁大眼睛、竖起耳朵，完全沉浸在教师播放的原版故事之中，因为原版故事比他们所编写的故事更加离奇。原版故事的梗概如下：

The old lady swallowed a fly. She swallowed a spider to catch the fly. She swallowed a bird to catch the spider. She swallowed a cat to catch the bird. She swallowed a dog to catch the cat. She swallowed a cow to catch the dog. She swallowed a horse to catch the cow, and of course, she died.

接龙编写故事是一个有趣、有益的口语活动，可以作为课堂上的一个常用的口语训练活动。

（五）概念图式（conceptual schema）游戏

像成人一样，儿童也具有发散性思维特征。这种思维方式使小学生具有好奇心，喜欢形式多样化，愿意求得与众不同的答案。他们也具有好胜心，喜欢做出多种多样的答案来战胜自己的同伴。儿童在学习英语时的发散性思维模式，使他们对开放的教学方式，如概念图式游戏具有极大的兴趣。请看以下概念图式游戏范例（图3-1）：

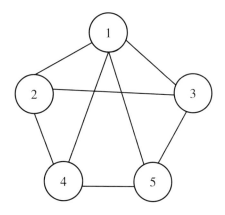

图 3-1 概念图式游戏范例

首先在序号"1"里给出一个单词，如 teacher，而后请学生在其他某个序号（如序号"5"）里填写与 teacher 具有某种联系的其他单词，如 student，并用自己给出的这个单词和已有单词造句。

S1：My teacher loves his students.

而后请其他学生也用这两个单词说句子，直到学生不能说出更多的新句子为止。学生可能说出许多句子，如：

S2：My teacher is strict with his students.

S3：My teacher told a story to his students.

S4：Teachers help their students.

S5：Students learn from their teachers.

…

而后请另一个学生开始另一轮游戏，请他在其他某个序号，如序号"3"里填写与序号"1"或序号"5"具有某种联系的单词，如 homework，并用自己给出的这个单词和已有的任何一个单词说一句话。

S1：Some students do not like homework.

而后请其他学生也使用这三个序号中的任意两个单词说句子，直到学生不能说出更多的新句子为止。学生可能说出许多句子，如：

S2：Students have a lot of homework every day.

S3：Teachers give students homework.

S4：Teachers check students' homework.

S5 : Students must do homework.

...

在做这个游戏的过程中，每个序号的变化都可以看成是一个思维发散点。首先，学生可以自己找出这个单词，即确定这个发散点，而后围绕这个发散点，从多个角度寻找与该发散点相关的某种联系。学生每找到一种联系，就是找到解决该问题的一种方案。

根据学生的英语程度、学生的兴趣以及时间的长短等，这个游戏可以做得简单或复杂。但是，无论具体怎样操作这个游戏，学生都是在发散思维状态中说英语。概念图式游戏是一种使学生同时得到语言训练和思维训练的游戏形式。

三、模拟交际活动

模拟交际活动是外语口语课堂教学中一种不可或缺的活动形式。模拟活动主要分为两大类：一类是模拟真实情景活动，另一类是表演活动。

（一）模拟真实情景活动

模拟真实情景活动中的"真实情景"指的是课堂外真实世界的情景。模拟真实情景活动就是创设课堂外的真实情景，如购物、饭店点餐、问路、医院看病等，让学生通过角色扮演模拟这些场景中的活动，如购物场景中的售货员和顾客、街上的警察和行人、图书馆的图书管理人员和读者、妈妈和孩子等。这些真实情景，实际上就是任务型教学中所提倡的任务。

模拟活动是中小学阶段的学生最喜爱的课堂活动之一。学生在模拟的情景中十分投入地进行角色扮演，积极表达思想，主动进行互动交际。相对于过去听说法影响下的机械操练和死记硬背来说，模拟真实情景活动给外语学习带来了质的飞跃，有利于培养学生使用英语进行交际的能力。

（二）戏剧表演

戏剧表演是一种集语言和表演艺术为一体的活动，是培养学生在情景中理解和运用语言的重要手段。戏剧表演既是表演的艺术，更是语言的艺术。戏剧表演活动是集培养学生英语语言能力，特别是口语能力和素质教育于一体的重要手段。

目前，在许多中小学的英语课堂教学中都融入了戏剧表演活动，但是，多数学校都是以课外活动的形式进行的，而没有纳入课堂教学活动的一部分。作为课外活动，戏剧表演能够创设外语教学的环境，但是参加课外戏剧表演的学生人数毕竟较少。对大多数学生来说，不是表演戏剧，而是观看戏剧。

实际上，戏剧表演应该成为一种课型，即戏剧课，"作为英语教学的一种形式——英语戏剧课，在小学英语教学中有其独特的魅力"[1]。通过戏剧课，每个学生都有机会在戏剧中扮演一个独特的角色。这为学生提供了使用语言、理解语言和运用语言的机会，也培养了学生与他人合作的意识。

四、真实交际活动

培养学生的口语能力归根结底是为了培养学生在现实生活的真实情境中进行交际的能力。因此，在课堂上，教师需要努力为学生创设真实交际场景，组织学生进行以真实交际为主的教学活动，让学生在活动中说英语、用英语，不断提高口语交际能力。

（一）描述性活动

1.看图说话

看图说话是目前课堂上最常见的口语活动之一，也是我国目前各级类别的口语考试中最经常使用的形式。

一些教师想当然地认为，出示一张图片，让学生用不低于某个数量的句子进行描述是一项简单的任务。其实，看图说话实际上是一项难度很大的真实交际活动。"仿佛很有理由认为，在一些情境中，说自己需要说的话时感到舒服，而在另外一些情境中，却感到不那么舒服。"[2]面对考官，描述一张即使是熟悉的图画也不是一件容易的事情，甚至可能会因为交际压力，完全不知道应该说什么。即使本族语者也可能出现这种

---

[1] 张美新.小学英语戏剧课的研究与实践［M］//范文芳.大、中、小一条龙英语教学研究与实践.北京：清华大学出版社，2005：56-60.
[2] BROWN G，YULE G. Teaching the spoken language［M］. Cambridge：Cambridge University Press，1983：35.

状况，就更不用说学习外语的学生了。因此，在课堂上，教师要经常提供机会，指导学生进行看图描述活动，以培养他们看图说话的能力。

看图说话可以是一个人独白，也可以是两人配对，或多人进行会话。

在目前的英语课堂上，教师经常使用一张图片或多媒体课件出示一幅图片让学生们进行看图说话活动。但是，多数教师是规定让学生使用某个句型看图说话。在这种情况下，学生往往不感兴趣，于是导致无话可说，教学效果不佳是可想而知的。张美新[1]介绍了她在小学英语课堂上利用图片和玩具组织学生自由说的成功做法。例如，教师发给每个学生一张简图，如一座大桥或者一个儿童乐园，让学生们各自在图上（空中、地上、水中……）任意泼墨，自由发挥。结果是，每个学生都根据自己的喜好完成了一幅个性化的图画。这时，教师让他们到台上或在小组中介绍自己的杰作，学生就会情绪盎然，滔滔不绝地说个没完没了。

另外，教师也可以给出一张图片，并提出一些问题让学生回答，作为对学生看图说话的引导。例如：

（1）What are these people doing?

（2）List the objects in the picture.

（3）What are these people talking about?

（4）Use five words to describe this person.

2. 介绍自己的物品

教师可以让学生把自己喜欢的玩具带到课堂上来向同伴介绍，也可以引起学生滔滔不绝地自由说。每个学生所喜欢的玩具不一样，于是介绍它们时所使用的语言就会各不相同。由于学生所介绍的是自己喜欢和熟悉的玩具，在介绍时自然就会兴趣盎然，有话可说。一般来说，学生在把玩具带到课堂上来，准备介绍给同伴之前，都已经主动事先做了准备，即准备了介绍自己最心爱的玩具时想说的话，这自然就会促进学生自主性学习。而在课堂上，新奇的玩具、多样的语言给同伴带来视觉和听觉上的全新感受。当一个学生介绍完自己的玩具时，教师可以请演讲者就自己的介绍提出问题，也可以请同伴对介绍进行评论或补充。例如，教

[1] 张美新. 以"说"求得"真"和"活"——英语口语教学漫谈［J］. 教育发展研究，2001（9）：63-65.

师说"What do you have to say about it？"时，学生的热情总是异常高涨，争先恐后地开口说话。

总之，在课堂上，教师可以对某个游戏活动稍微加以改进，如将教师提供实物或图片让学生谈论，改为由学生谈论自己带来的物品；由教师提供一幅图让学生谈论，改为让学生完成一幅图而后谈论等，这样就可以使教学活动与学生的个人生活融合起来，增加真实交际的成分，大大地改善教学效果。因此，怎样根据自己的教学实际，在借鉴的基础上创新，是每个教师应该不断探索的课题。

（二）调查法

调查法指的是就某个物体、话题或观点进行问卷调查。问卷调查可以在课堂上进行，也可以在课后进行。调查法可以用于英语学习的初始阶段，也可以用于高年级阶段。以下是小学英语课堂上的一次调查活动。

在做本次调查前，教师通过课堂交际复习了年、月、日以及询问生日的表达法"When is your birthday？"，然后发给每个学生一张调查表，表格中写着 Grandfather、Grandmother、Father、Mother 和 You，请每个学生调查 5 名同学的家庭成员的生日，如表 3-1 所示：

表3-1 家庭成员生日调查表

Who	Grandfather	Grandmother	Father	Mother	You
Student 1					
Student 2					
Student 3					
Student 4					
Student 5					

调查的问题可以是"When is your grandfather's birthday？""How about your father？""When is your birthday？"等。为了完成调查任务，学生不得不开口说话，运用学过的语言知识，结合自己的交际策略，主动地去询问、做记录，在教师规定的时间内完成调查。调查法是基于解决问题设计的任务，它能够吸引学生积极主动地投入到学习中。同时，

调查法使每一个学生都开口说话，与他人进行交际，相对于其他类型的小组活动而言，杜绝了保持沉默、随大流的现象。使用调查法可以问许多真实交际问题，如"What's your favorite sport？"等。这样的调查具有真实的意义，能够锻炼学生在真实交际中的口语能力。

（三）头脑风暴

头脑风暴活动指的是就某一个指定的话题在短时间内说出尽可能多的想法。头脑风暴的理念是，我们往往是从许多的想法中才能找到好的想法。因此，从任何角度与指定话题相关的想法都是有价值的，因为有些想法看起来不存在直接联系，但是却可能引发其他好的想法。

头脑风暴活动可以在全班范围内进行，也可以在小组内进行。头脑风暴活动可以有多种形式[1]。

1. 利用头脑风暴说单词

教师给出一个话题，让学生说出相关的单词，越多越好。例如：

（1）说出描述大城市的单词；

（2）说出描写人的外貌的单词；

（3）说出球类运动；

（4）说出以字母表中的每个字母开头的一种动物；

（5）说出夜间出行的动物；

（6）说出非陆地行驶的交通工具。

2. 根据某一要求说句子

（1）说出你妈妈在家里做的事情；

（2）说出你生气时想干的事情；

（3）说出你昨天晚上的活动；

（4）说出你有钱时想干的事情。

3. 为句子改词

教师先给出一个句子，让学生对句子做出改变，一次只能改变一个单词，但是改变后的句子必须仍然有意义。例如，教师给出句子"Peter played flute in the band."，让学生进行为句子改词活动。

---

[1] CULLEN B. Brainstorming before speaking tasks [J/OL]. The Internet TESL journal, 1998, 4 (7) .http://iteslj.org/Techniques/Cullen-Brainstorming/.

（1）Peter played flute in the band.

（2）Peter played flute in the orchestra.

（3）Peter played flute in the park.

（4）John played flute in the park.

（5）John played soccer in the park.

（6）John watched soccer in the park.

（7）John watched soccer near the park.

（8）John watched soccer near a park.

…

（四）一分钟自由演讲

个人独白语篇属于口语交际中的长话轮。运用个人独白语篇进行自由演讲，讲述某一事件、陈述个人的观点是一个人口语能力的重要体现。自由演讲活动不仅能够培养学生独白语篇的能力，而且是培养学生独立思考、自主学习的好方法。

一分钟自由演讲指的是请学生就某一个话题轮流做简短的演讲。教师安排学生在课下轮流准备一个简短的演讲，利用每堂课开始或结束前的一分钟，请一个或数个学生演讲。

在这一分钟的自由演讲中，学生可以就自己感兴趣的任何话题，如天气情况、个人爱好、家庭成员、新闻、故事等进行独白陈述。在刚刚开始这个活动的时候，教师可以找英语程度比较高的学生做，教师也可以在课下帮助学生准备这个报告，以便起到示范作用。

当然，一分钟只是概数，略长或略短的演讲都不用严格追究。请看以下初中学生借助图片介绍健康食物金字塔的一分钟自由演讲[1]：

The "Big Six" Food Group Pyramid

Good afternoon! Let me introduce the "Big Six" food group pyramid to you.

We all have our favorite foods. Eating would be boring if we do not have our own favorites. But our body needs different types of food every

---

[1]　这是一名初中学生一分钟演讲稿的修改稿。改编稿成为"范文芳. 清华初中英语　八年级上册. 北京：清华大学出版社，2011：89."中的一段课文。

day for us to stay healthy.

Do you know what is a healthy diet?

Look at this picture. It's the "Big Six" food group pyramid. The pyramid shows us the six important food groups: grains, vegetables, fruits, meat, milk and fats. The best diet should include different types of food from all the six food groups every day.

Please notice that grains, vegetables and fruits sit at the bottom of the pyramid. That means we need to eat more of these foods. For our health, we also need enough food from the milk and meat groups.

The sixth group includes oils, fats and sweets. Cookies, French fries, candy and sweet soft drinks appeal to our appetite, but they are not nutritious and they contain a lot of fats and sugar. They provide energy but they may lead to weight gain, diabetes and tooth decay. They sit at the top of the pyramid. That means you should eat only very little of them.

When you choose food to eat, you should think about the six food groups and the amount you should eat in each group.

一分钟自由演讲是教师为学生发展口语能力提供的个人展示和分享平台。在这个平台上，学生通过自主学习，畅所欲言，自由地表达自己的思想，与别人分享自己的观点，锻炼自己面对众多听众发表演说的能力。

（五）小组合作口头汇报

以小组为单位，小组成员之间合作完成一项任务，而后在课堂上向全班做口头报告是培养学生口语交际能力的另一个重要的课堂口语活动。

1. 小组代表汇报

小组合作口头汇报可以有多种形式。其中一种形式是，让学生听或阅读一个语篇，如一个有趣的故事、一则新闻。当学生理解语篇后，教师提出具有挑战性的问题，把学生分成小组讨论解决问题的方案，然后小组选出代表向全班汇报，从中评选出最佳方案。请看以下一个公开课的案例：

教师先带领学生阅读以下故事[1]。

Billy the Cat

Billy the Cat went to fly a kite. There was a lot of wind. That was great! Billy let the string of the kite go little by little. The wind took the kite up, up and up.

Billy was so happy that he clapped his hands. The string of the kite flew out of his hands. Billy jumped up to catch the string.

"Hooray, I got it!" Billy caught the string. Then he felt light. What happened? The kite flew Billy into the sky.

Billy and the kite flew up, up and up. They flew so high that Billy was very scared.

教师带领学生完成这个故事的学习后，给学生提出一个问题"How could Billy return to the ground?",然后把学生们分成五个小组进行讨论，要求讨论后每组派代表向全班汇报讨论的结果。

学生们很快按小组进行热烈讨论。10 分钟后，教师宣布讨论结束，请各个小组派代表向全班汇报。各组代表在汇报时纷纷给出 Billy 回到地面的不同办法。其中有一组的解决方案是这样的：

Billy saw a man on the ground. He shouted, "Help! Help!" The man said, "Please clap your hands again." Billy clapped his hands again.

"Ouch!" Billy fell to the ground.

Billy hurt his legs, but he was safe.

这个汇报一结束，全班学生不约而同地发出了雷鸣般的掌声。这个小组的方案被评选为最佳方案。

在解决问题的整个过程中，无论是小组讨论还是最后的班级汇报，学生们都处于极度的兴奋状态之中。他们竭尽全力地寻求解决问题的最佳方案，完全沉浸在使用英语进行互动交际的活动中。

---

[1] 范文芳.义务教育教科书 英语 五年级下册（一年级起点）.北京：清华大学出版社，2014：52.

2. 拼图式汇报

拼图式汇报是另一种小组合作进行的研究性学习活动。

拼图式汇报指的是就一个话题，小组成员合作完成一个相互衔接连贯的、具有比较完整意义的口语语篇，而后小组成员集体向全班汇报。用于拼图式汇报的材料很多，如谈论一个事件、描述一个物体、讲述一个故事等。例如，在学习 "The Seasons of the Year" 单元之后，教师让学生分组进行合作学习，每个小组完成对一个季节的描述。

T：We've finished studying "The Seasons of the Year". Now work in groups. Choose your favorite season and talk about it. Then each group will come to the front and report your ideas about your favorite season.

随后，各个小组进行讨论，从不同的角度谈论自己小组所选择的季节，最后形成一个对该季节的整体陈述。例如，其中一个五人小组讨论后对夏季形成如下整体描述：

S1：The Earth moves around the sun. It is tilted 23.5 degrees. The Earth turns around the sun and the Earth's tilt leads to the changing of the seasons. When our part of the Earth is tilted toward the sun, we have summer. Summer includes June, July and August. Summer days are long and hot.

S2：Summer is a great season in many ways. In summer, plants grow fast and flowers are in full bloom. Butterflies and bees fly around. We have fresh fruits such as strawberries, cherries and grapes to eat. We have fresh vegetables such as cucumbers, tomatoes and bell peppers to eat. Ice cream is a daily treat.

S3：Summer is a season for light clothes. Girls and mothers wear hats and dresses. Boys and fathers wear T-shirts and shorts. With light clothes, it is much easier to move around. It is a great sight to see different colors of umbrellas open in the summer rain, too!

S4：In summer holidays, people can go to the beach. Adults like to lie in the sand and enjoy the sunlight. They like to sit under a beach umbrella and watch sea birds and listen to sea waves. They like to swim in the sea and cool down.

S5 : Children like to play in the sand. They like to build sand castles. They like to play beach ball. They like to pick up sea shells and starfish. They like to swim in the sea, too.

All : Summer is such a great season. We enjoy summer. We enjoy life.

拼图式汇报活动首先在小组中进行，学生们就一个明确的任务自由地进行互动交际，依靠小组成员的集体智慧共同完成一个长话轮，即生成一个具有相对完整结构和意义的口语语篇。拼图式汇报活动有助于训练和提高学生的口语表达能力，对于培养学生的合作精神也具有重要作用。

第六节　从说的技能训练到说的能力培养

语言是意义和形式的统一体。口语教学既要教授学生语言形式，又要对学生进行说的技能训练。

一、语言是意义和形式的统一体

语言是意义和形式的统一体。一方面，语言的意义是由语言的形式，即词汇和语法体现出来的；另一方面，语言的意义和形式是一个不可分割的有机整体，二者缺一不可。

（一）语言是表达交际意义的手段

语言是用来表达交际意义的，离开了交际意义，即使是完全正确的语言形式也不能算作语言。请看以下句子：

Colorless green ideas sleep furiously.

以上这个句子出自美国著名语言学家 Chomsky。英语本族语者都知道它是形式正确的句子，但是它却不能体现任何交际意义。因此，这样的句子虽然语法形式正确，但是却不能用于交际。能够生成语法形式正确但不能表达交际意义的句子，不是我们学习语言想要达到的目标。

在外语课堂教学中，有些教师为了教授语言的形式而常常忽略语言的交际意义。请看以下课堂对话练习：

T : How do you go to school?

S1 : I walk to school.

S2 : I jump to school.

S3 : I go to school by bus.

S4 : I go to school by train.

S5 : I go to school by plane.

在以上课堂对话中，所有学生的回答都使用了正确的词汇语法形式，但是其中的一些回答，如"I go to school by plane."等不能表示任何真实的交际意义。

总之，语言是表达意义的手段。我们学习语言所要追求的目标是能够在交际情景中生成具有交际意义的话语。

（二）语言交际意义的表达方式

正确的词汇语法形式和得体的语言表达方式是成功地表达语言交际意义的前提。

1. 正确的语言形式是表达语言交际意义的基础

正确的语言形式是表达语言交际意义的基础。不正确的语言形式，虽然有时能够表达意义，但不是我们学习语言应该追求的目标。请看以下在加拿大某一宾馆，一位中国客人（A）和服务台工作人员（B）之间的对话：

B：Can I help you?

A：She's room's light is broken.

B：OK. I'll have it fixed.

在以上对话中，A 使用的是典型的中国式英语。虽然听者 B 可以大致理解这句话的意思，顺利地完成了交际任务，但是这种拼凑起来的句子不是我们学习语言所要达到的目标。而且在许多时候，不正确的语言形式往往会给理解带来困难，甚至误解。请看以下来自一位英语老师（A）和学生（B）之间的电话谈话录音：

A：Hello!

B：Hello. I'm in the airplane now.

A：So you were not late.

B：No. I have arrived at the airport at ten or nine.

A：Ten or what?

B：Ten... oh, ten zero nine.

A：You mean...

B：Ten o'clock and nine minutes.

A：Oh, did you mean nine past ten?

B：Right, nine past ten.

A：I see. Great. Have a safe and sound trip.

B：Thank you.

在以上对话中，说话者 B 的话语中多处出现语法错误，如把 on the airplane 说成 in the airplane，把"I arrived..."说成"I have arrived...",把 nine past ten 说成 ten o'clock and nine minutes 等。这些都没有引起对方的误解。但是，当她把 nine past ten 说成 ten or nine，甚至使用 ten zero nine 进行解释时，交际就无法顺利进行了。在经过几轮意义协商后，对方才最终理解了他想要表达的意思，即 nine past ten。可以看出，错误的词汇语法形式会给交际带来严重障碍。

2. 得体的方式是表达语言交际意义的必要条件

正确的词汇语法形式是实现语言交际意义的基础，但是，使用得体的方式，即在合适的场合、合适的时间以合适的方式对合适的人说合适的话，是实现语言交际意义的必要条件。请看以下学生（S）和外教（T）之间的对话：

S：Here's my homework.

T：Great. I'll return it to you tomorrow.

S：You'd better return it to me this afternoon. I need it to write more homework.

在以上对话中，学生使用"You'd better..."向外教提出要求，其词汇语法毫无问题，但是，这个句子是命令语气。学生使用这样的语气跟教师说话是粗鲁的，因而其表达方式是不得体的。虽然外教能够明白他的意思，即"学生今天下午需要这个作业本"，但是却很难接受这个命令。不得体的话语不仅不能达到交际的目的，而且还可能导致人际关系的破裂。

得体的方式是表达语言交际意义的必要条件。只有使用得体的表达方式才能顺利地实现语言的交际意义，达到交际的目的。

总之，语言的意义和形式是一个有机的整体。使用语言的目的是为了表达交际意义，即进行交际。成功地表达交际意义必须使用正确的词汇语法形式和得体的语言表达方式。

二、从学说话到为交际而说话

语言是用来表达交际意义的，表达交际意义需要使用正确的词汇语法形式和得体的表达方式。学习使用正确的词汇语法以及得体的表达方式，流利地表达意义就是学说话（learn to talk）。因此，口语课堂教学的任务之一是帮助学生获得词汇语法知识，掌握说话的语言技能，即教学生学说话。同时，学说话的目的是为了进行交际。因此，教师不仅需要训练学生说话的语言技能，而且需要培养学生运用语言技能进行交际、表达思想，即为交际而说话（talk to communicate）的能力，培养学生的口语交际能力。

学说话和为交际而说话是一个有机统一的整体，前者是基础，后者是目的。在课堂教学中，教师既要重视训练学生的语言技能，又要重视对学生语言交际能力的培养。

（一）帮助学生学说话

在学生学说话的过程中，教师需要向学生传授语言知识，并对学生进行说的技能训练，使学生学会说话。这时，教师的角色是知识的传授者和技能的训练者，学生的角色是语言学习者和实践者。

需要指出的是，学会说话意味着交际者需要具备两个方面的能力：一个是能够使用正确的词汇语法形式表达意义，另一个是语言表达要具有流畅性。

在外语教学领域，语法的正确性和表达的流畅性曾经是一个十分有争议的问题。传统的语法翻译法强调语法的正确性，但是在20世纪70年代中后期出现的交际语言教学，曾一时反对语法教学，认为交际不应该追求语法的正确性，而是要追求表达的流畅性。于是，有些教师在教学中开始忽视对语音、词汇、语法及其表达方式等语言形式的教学，把注意力集中在语言流畅性方面。其结果是，学生口语中语言的正确性大幅度下降，有些学生的口语虽然听起来比较流畅，滔滔不绝，但是却常常是胡编滥造，词不达意，不能表达交际意义。

因此，教师在帮助学生学说话的过程中，既要重视词汇语法形式的正确性教学，又要重视语言表达的流畅性。

（二）培养学生为交际而说话的能力

在课堂教学中，教师不仅要注重培养学生说话的语言能力，而且要注重培养学生运用语言进行交际，即为交际而说话的能力。在培养学生为交际而说话的能力的过程中，教师的角色不再是知识的传授者和语言技能的训练者，而是听者和意义的协商者，学生的角色也从学习者转化为说话者和意义的协商者。

在学生为交际而说话的过程中，作为听者和意义协商者，教师要从理解学生的交际意义的角度出发倾听学生的话语。当学生能够顺利地表达交际意义时，教师作为听者倾听学生的话语并做出适当的回应。当学生的语言表达引起交际困难时，如学生的话语出现令人费解、引起误解或不得体等交际问题时，教师要从意义协商者的角度出发与学生进行意义协商，而不是从教师的角度出发去纠正学生的错误。请看我们在本章第四节中使用过的对话，在这里要特别注意教师和学生之间进行意义协商的过程：

> T : Ted, what interesting thing did you do in the summer vacation?
>
> S : I went to visit Africa with my parent. We /bī/ a boat in Nile. Look at this photo, my father, my mother and me.

在以上话语中出现了两处明显的语法错误：parent 应为 parents；in Nile 应为 on the Nile。但是教师忽略了这两处不引起意义误解的语法错误，而是把注意力放在了澄清与纠正 /bī/ a boat 这个错误上，因为它带来了语义上的困惑。

在以上对话中，学生谈论自己的旅行是为交际而说话，教师和其他学生都是听者。当学生的语言表达 /bī/ a boat 引起听者误解时，教师作为意义协商者与他进行意义协商，最终澄清了他想要表达的意义。

这种学生作为说话者为交际而说话，教师和其他学生为理解而进行意义协商的课堂交际活动，与教师作为知识传授者和技能训练者培养学生学说话的课堂活动大不相同。请将以上会话与以下改编的会话进行比较：

（教师拿着一张一家人划船的图片）

> T : What did they do on the lake?
>
> S : They /bīd/ a boat.
>
> T : /bīd/ a boat? No, took a boat.
>
> S : Yes. They took a boat.

T : That's right. They took a boat. Sit down, please.

在以上改编的会话中，教师让学生描述图片上的事件，这是在训练学生学说话。其中，当学生使用 /bīd/ a boat 时，教师便立刻进行纠正，以便学生学到正确的词汇语法形式。这里，师生之间在进行一个教与学的活动，而不是说话者与听者之间进行的意义协商，教师是语言知识的传授者和语言技能的训练者，学生是学习者，因而不是真实交际。

总之，在英语口语课堂教学中，教师肩负着双重使命。一方面，需要对学生进行说的技能训练，使他们获得正确的词汇语法知识和得体的表达方式；另一方面，需要对学生进行说的能力培养，使他们能够运用正确的词汇语法知识和得体的表达方式进行语言交际，最终成为一个会说话、会交际的社会人。

本章小结

本章共分为六个小节探讨说的能力培养。在第一节和第二节中，我们先后对中小学英语课堂口语教学的现状和中国学生英语口语障碍进行了分析。在第三节中，我们讨论了课堂口语教学三要素，主要包括课堂口语教学的目标、用于课堂口语教学的语言材料以及课堂口语教学的 IRF三话步互动交际模式。在第四节中，我们探讨了课堂口语教学的三个教学原则，即坚持在说中培养说的教学原则、坚持"三重互动"交际模式的教学原则和坚持选择性纠错的教学原则。在第五节中，我们讨论了课堂口语教学的活动，包括四大类：语音训练专项活动、游戏活动、模拟交际活动和真实交际活动。本章的最后一节，即第六节，是从宏观上对口语教学所做的一个简短的总结概括和意义升华。

第四章　多媒体与英语课堂听说教学

　　20 世纪 50 年代，伴随着听说法的诞生，"磁带加录音机"走进了外语教学的课堂，使科学技术成为辅助外语教学的工具。如今，随着多媒体技术的进步与发展，外语教学已经进入了多媒体辅助教学的时代。在外语课堂教学中，教师可以利用丰富的多媒体资源，借助现代化的多媒体手段，改进外语课堂教学模式，提高外语课堂教学效率。

　　学生外语听说能力的培养离不开目标语环境。在目标语师资有限的外语教学环境中，多媒体在课堂听说教学中起着不可或缺的重要作用。合理地利用多媒体手段辅助英语听说教学，是新时代每一个外语教师面临的任务。

第一节 多媒体课堂教学现状分析

一、西方多媒体教学的起源与发展

科学技术作为外语教学的辅助手段经历了一个飞速发展的过程。

20世纪50年代，伴随着听说法的诞生，"磁带加录音机"作为辅助外语教学的手段走进了外语教学的课堂。磁带和录音机的出现使听说法在外语教学环境中得以实施。本族语者的录音不仅改善了目标语输入的数量和质量，而且也使反复操练句型的教学方法成为可能。

从20世纪60年代开始，计算机技术在以美国为代表的西方国家得到迅速发展。随着这一新兴技术对社会各个领域的影响愈加明显，教育工作者开始研究如何把先进的计算机技术和语言教学结合起来，例如，如何运用计算机测试外语学习者的预测和假设能力[1]、电脑对教授阅读理解技巧的媒介[2]等。后来，学者们逐渐意识到人机之间的互动效应，于是更加注重课堂中人的存在，对学习者在多媒体互动环境下的教学理论和不同学习风格的学习者在使用多媒体进行自主学习过程中呈现出的不同偏好[3-4]等问题进行研究。

随着计算机技术的发展，计算机辅助语言学习（computer-assisted language learning，即CALL）日臻完善并逐步运用于外语教学。Tafazoli和Golshan[5]将计算机辅助语言教学的发展历程分为三个阶段：

［1］HIGGINS J. Reading and risk-taking: a role for the computer ［J］. ELT journal, 1984, 38（3）: 192-198.

［2］NYNS R R. Using the computer to teach reading comprehension skills ［J］. ELT journal, 1988, 42（4）: 253-261.

［3］ROBINSON G L. Effective feedback strategies in CALL: learning theory and empirical research ［M］// DUNKEL P. Computer-assisted language learning and testing: research issues and practice. New York: Newbury House Publishers, 1991: 155-167.

［4］PETER M. Investigation into the design of educational multimedia: video, interactivity and narrative ［D］.Milton Keynes: Open Univeristy, 1994.

［5］TAFAZOLI D, GOLSHAN N. Review of computer-assisted language learning: history, merits and barriers ［J］. International journal of language and linguistics, 2014, 2（5-1）: 32-38.

（1）行为主义计算机辅助语言教学（Behaviouristic CALL）；

（2）交际法计算机辅助语言教学（Communicative CALL）；

（3）一体化计算机辅助语言教学（Integrative CALL）。

第一阶段的行为主义计算机辅助语言教学开始于20世纪50年代，于20世纪六七十年代走向实施阶段。在这个阶段，计算机用于辅助教学主要是基于行为主义的学习理论设计学习软件或系统，使教学方式程序化，方便对学生进行句型操练。这时，计算机的主要作用是代替教师做一些体力劳动，即不知疲倦地将学习材料传递给学习者，以便实现通过大量的、反复的机械训练使学生形成语言习惯的教学目的。同时，它也为学习者提供个性化学习的空间，使学习者可以根据自己的情况掌握学习进度。

第二阶段的交际法计算机辅助语言教学在20世纪七八十年代占据主导地位。在当时兴起的交际教学法理念的支配下，教育者的主要目标是运用计算机在教学中实现学习者之间以及学习者与计算机之间的互动交际。其中，典型的互动交际方式就是将电脑游戏用于教学活动中，激发学生参与到会话、谈论、写作、进行批判性思维等互动性交际教学活动中。John H. Underwood[1]为交际法计算机辅助语言教学提出了一系列原则，包括：（1）注重形式的使用而非形式本身；（2）尽可能多地使用目标语；（3）创造一个在屏幕上和屏幕下都使用目标语的自然语言环境；（4）绝不做任何书本能做的事等。

第三阶段的一体化计算机辅助语言教学出现在20世纪90年代中期。一方面，在社会认知理念框架下，教育者不再推崇单一的教学方法，开始采用折中主义教学方法；另一方面，计算机技术，特别是多媒体技术取得飞速发展，为实现折中主义教学理念奠定了基础。于是，计算机辅助语言教学进入了一个新的时期，即整合了计算机和互联网资源的一体化计算机辅助语言教学时期，使计算机辅助语言教学迈上了一个新的台阶。首先，教师借助多媒体技术，可以将听、说、读、写等多种语言技能结合起来进行综合训练。其次，多媒体技术可以将学习者带入更加真

---

[1] UNDERWOOD J H. Linguistics, computers and the language teacher: a communicative approach [M]. Rowley, Mass.: Newbury House Publishers, 1984.

实的语言环境中进行互动交际。再次，借助多媒体技术，学习者可以方便地掌握学习进度，实现自主性学习。一体化计算机辅助语言教学受到教育界的普遍认可并得到大力推动，于是获得大范围的普及和发展。

随着多媒体技术的进一步变革，在理论方面，学者们区分了同步与非同步人机互动方式。Mark Warschauer[1]对以计算机为媒介的互动交际模式给出如下定义：（1）电脑媒介的同步交际，主要指人们在真实时空中通过电脑软件同时同步参与聊天和讨论，如聊天室；（2）电脑媒介的非同步交际，主要指人们之间的交流因计算机媒介而延迟，如电子邮件；（3）通过互联网阅读和编写在线文件。

在实践中，研究者们也努力探索同步性与非同步性交际对学习效果的影响。Pérez[2]考察了同步性和非同步性对话日志对外语学习的影响。她发现这两种模式对学习者的学习过程、词汇量的大小和语言生成能力都具有促进作用。同时，她还发现同步性和非同步性模式对外语学习的促进作用不产生显著性差异。

科学技术的进步是永无止境的，多媒体用于辅助外语教学的方式也在不断地更新。多媒体技术的发展使外语教学从课堂内向课堂外延伸，从城市向农村延伸，从英语本族语国家向非英语国家延伸。点击一个网上链接，发送一个手机微信或QQ信息，都可以成为学习英语的渠道。如今，计算机已经成为外语教学不可或缺的辅助手段。

二、中国多媒体课堂教学的现状

（一）中国多媒体课堂教学的发展

在我国，多媒体辅助外语教学基本上经过了与发达国家相类似的发展阶段[3]，即初期发展阶段、实质性发展阶段和繁荣发展阶段。

[1] WARSCHAUER M. On-line communication [M]//CARTER R，NUNAN D. The Cambridge guide to teaching English to speakers of other languages. Cambridge：Cambridge University Press，2001：207-212.

[2] PÉREZ L C. Foreign language productivity in synchronous versus asynchronous computer-mediated communication [J]. CALICO journal，2003，21（1）：89-104.

[3] 徐欣. 多媒体技术在小学英语教学中的应用现状调查研究：南京市赤壁路小学的个案分析 [D].南京：南京师范大学，2014.

在 20 世纪 60 年代至 80 年代的初期发展阶段中，我国的外语课堂教学中普遍使用的是"磁带加录音机"。在条件好一些的学校，特别是大学里，备有幻灯机等设备。在这一阶段，国内学者对国外多媒体的发展进行介绍，并对多媒体运用于课堂教学的作用表示了积极乐观的态度。何克抗[1]指出了多媒体教学的四个重要意义：（1）多媒体计算机的交互性有利于激发学生的学习兴趣和认知主体作用的发挥；（2）多媒体计算机提供外部刺激的多样性有利于知识的获取与保持；（3）超文本功能可实现对教学信息最有效的组织与管理；（4）多媒体计算机可作为认知工具实现最理想的学习环境。

在 20 世纪 90 年代中后期，我国的多媒体辅助外语教学得到长足的发展，进入实质性发展阶段。在这一阶段，CD、VCD、投影仪等设备的使用逐渐增多。在大学里，多媒体语言实验室基本得到普及，这使学生能够接收到更多的目标语视听输入材料。可惜的是，在这个阶段，多媒体设备还基本没有走进中小学教室。

进入 21 世纪后，我国多媒体外语教学进入繁荣发展阶段。在这一阶段，多媒体设备走进了中小学的教室里，有些中小学甚至建起了语言实验室，中小学外语教师开始学习使用多媒体辅助外语教学。其中，最主要的是自己动手制作 PPT 课件用于外语课堂教学。

随着时代的推移，多媒体在硬件和软件方面都不断得到改善。在硬件方面，越来越多的学校为教室配备了先进的多媒体设备；在软件方面，各种计算机软件、网络平台等资源不断推陈出新，使多媒体运用于课堂教学呈现出繁荣发展的景象。

（二）我国多媒体教学的现状

随着信息技术的快速发展，多媒体在我国的教学领域已经基本普及，教师对多媒体的运用也越来越得心应手，各种学习软件的开发和推广促进了我国课堂教学的改进。与此同时，多媒体教学在发展过程中也存在着不可忽视的问题。我们需要客观地看待多媒体教学的现状，理性地分析与对待所取得的成绩和目前所面临的问题，以便进一步促使多媒体辅

---

[1]　何克抗. 多媒体教育应用的重大意义及发展趋势［J］. 现代远距离教育，1997（1）：6-11.

助教学走上更加健康发展的道路。

1. 多媒体教学取得的成绩

进入 21 世纪以来，多媒体已经被广泛运用于我国的课堂教学中。从小学到大学，各个学科的教师都尝试使用多媒体辅助课堂教学，改进教学方法，提高教学效率和教学水平。我国的多媒体教学在设备配置、教师理念与技术、配套资源的开发，以及教学模式多样化等方面均取得了巨大的成绩。

①多媒体设备基本普及。从宏观层面看，随着高科技在教育领域的运用以及外语教育教学理念的更新，我国教学的环境和条件也取得了质的飞跃。外语课堂教学已经告别了"录音机加磁带"阶段，进入了多媒体时代，即 E 教学时代。大多数县级以上的学校配备了多媒体教学设备，有的学校甚至配备了先进的视听教学实验室。计算机辅助多媒体教学使教学形式实现了多样化。学生不仅可以听录音、看视频，还可以借助网络资源进行自主学习，跟读、录音、测试、纠错、评价等多项功能都被运用于外语教学的各个环节。教学环境和教学条件的改善极大地提高了外语教学的效率。

②教师理念更新，多媒体运用技术提高。在经济发达地区，多媒体辅助教学的状况令人欣喜。在这里，多媒体设备的质量、普及率和使用率都相对较高。同时，这些区域的师资力量也相对较强，教师对多媒体设备的运用也相对熟练。某些条件好的中学还配备专门的多媒体技术人员协助教师使用多媒体辅助教学，并且有定期对教师进行多媒体使用技术的培训，如 PPT 制作技巧、微课制作与运用，以及多媒体如何介入翻转课堂等。最为可喜的是，越来越多的教师在教学实践中体会到多媒体为外语教学提供的便利及其对教学的促进作用。因此，教师的教学理念发生了巨大变化。从最初不愿意接受培训到如今大多数教师积极肯定多媒体的作用，并主动学习多媒体技术，参加各类多媒体辅助教学的培训，越来越多的教师能够熟练地操作多媒体设备、制作比较精美的课件、书写规范的电子教案、制作微课等，创造性地运用多媒体，使多媒体的使用成为外语课堂教学不可或缺的辅助手段。

③配套资源推陈出新。许多出版社在出版教材的同时配备了相应的

多媒体资源，如可以更改的 PPT 课件模板、多媒体课程光盘以及电子教案等。这些多媒体资源为教师提供了极大的便利，使教师可以根据自己教学的实际情况对已有课件和教案进行修改和增减，节省了备课时间，拓宽了备课思路。一些先进的多媒体教室实现了网络化，教材的多媒体辅助资源和网络平台的学习资源定期更新换代，确保信息的时效性和科学性。教师在课堂上可以随时利用网络进行信息检索，学生也可以在多媒体教室的网络平台上进行自主学习。

④教学模式多样化。多媒体的介入改变了单一的传统课堂教学模式，带来了教学模式的多样化，使教与学实现了以下四个相结合：课内课外学习相结合、网上网下学习相结合、大班小班学习相结合和面授自主学习相结合[1]。四个相结合的多样化教学模式有利于克服传统课堂教学模式单一化的弊端，把教学从课内延伸到课外；从线上延伸到线下；知识讲解时可以大班上课，技能训练时采用小班上课，大班小班有机结合，促使资源利用实现最优化；把面授与自主学习结合起来，充分发挥学生的主观能动性，有利于学生综合素质的培养。

简而言之，多媒体设备的普及和教学配套资源的不断推陈出新，教师教学理念的改变，教师运用多媒体技术的不断提高以及教学模式的多样化等，都从不同角度见证了我国多媒体用于辅助教学的发展。

2. 多媒体教学存在的问题

我国多媒体教学虽然得到了长足的发展，但是在许多方面仍然存在一些不可忽视的问题。这些问题表现在以下几个方面：

①区域之间存在差异。我国多媒体教学的发展呈现出不平衡的状态。由于全国范围内经济发展水平的不平衡，不同区域的教育水平和教育资源存在差异，中小学多媒体辅助教学也相应地呈现出区域性差异，包括城乡之间的差异[2]。

在经济发达的地区，条件优越的学校，多媒体设备先进，教师使用

---

[1] 庄智象，黄卫，王乐. 我国多媒体外语教学的现状与展望［J］. 外语电化教学，2007（1）：20-27.

[2] 史舒人，张景生. 县城和乡镇中小学多媒体教室的建设及问题分析［J］. 电化教育研究，2004（1）：76-80.

多媒体的技术与水平普遍较高。无论是学校还是教师个人，都比较重视多媒体在教学中的使用，教师得到相关培训的机会较多。相比之下，在经济欠发达的乡、镇、村级学校，多媒体辅助教学的状况不尽如人意。一方面，在这些区域，一般没有条件为每个教室配备多媒体设备，英语教师也普遍不具备运用多媒体辅助教学的能力。他们可能建有一两间先进的多媒体教室，但是仅有的这一两间多媒体教室也只有在进行教学比赛或者公开课展示的时候才投入使用。另一方面，在一些县级学校，或者较为发达的乡镇中学，由于政府和社会的支持，多媒体设备基本能够满足教学的要求。但是，由于部分学校在教学理念、技术能力和管理水平等方面较薄弱，这些先进的多媒体设备常常形同虚设。

②滥用网络教学资源。许多中小学教师使用多媒体辅助教学的主要原因在于，网络多媒体资源便捷、丰富，教学材料可以选择的空间较大[1]。但是，事实上，从网络上直接拿来的资源往往不能完全适合所教授的学生的水平，或者不十分切合教学目标。因此可以说，直接从网络资源中拿来的做法为教师提供了便利，但也引起一些教学不认真的教师敷衍了事，影响教学效果的问题，达不到使用多媒体辅助教学预期的积极效果。

③课件制作粗糙。除从网络上直接拿来的网络资源外，有的教师的课件制作实际上是"课本搬家"，即把课本上的教学内容完全照搬，包括把课本上的插图扫描到课件上，制成电子课件，其结果是，学生由看纸质板课本变为两眼盯着屏幕听教师宣读电子课件。同时，这种做法不可避免地导致了由电子课件的呈现取代教师在课堂上应该组织的教师与学生、学生与学生之间的互动交际活动。

④滥用多媒体技术。有些教师在PPT制作上花费了大量的时间和精力，把本来可以通过实物和现实情景呈现的内容制成动画，将大篇文字、图片、音频、视频同时堆积在课件中。这样，课堂气氛和教学过程看上去热热闹闹，"可时间一长，问题就出来了：学生听完课后，脑子里闪现的全是那些跳动的画面，而重点字句相比之下黯然失色，在脑海中留不

[1] 刘晓明. 多媒体在小学英语教学中的应用 [J]. 中国校外教育，2010（2）：166.

下一点印象"[1]。这种盲目地追求所谓使用多媒体多方位呈现教学内容的形式，忽略了教学内容和教学目标，最终不能达到使用多媒体辅助教学的根本目的。

⑤在教学设计中，缺乏统筹观念。对课堂容量没有正确的把握，使多媒体课件的信息容量过大，超过学生可以承受的范围，有时给学生带来心理压力，使教学效果受到影响。"上课节奏快，图像、幻灯片变换太频繁，投影幕上文字太多等，容易造成视觉和大脑疲劳，从一定程度上降低了教学效果。"[2]

多媒体教学已经走进了我国中小学英语教学的课堂，起到了辅助和促进英语教学，特别是英语听说教学的积极作用，引发了外语教学的巨大变革。但是，多媒体的不合理使用在某种程度上影响了既定教学目标的实现。怎样进一步利用多媒体优势更好地辅助课堂教学，避免其负面影响，是我们应该从理论和实践上进一步深入探讨的重要课题。

［1］ 梅德明. 大中小学一条龙英语人才培养模式研究：第2卷［M］. 上海：上海外语教育
　　出版社，2004：330.
［2］ 梁春敏，刘坤，张新华，等. 不同学生群体对组织学与胚胎学多媒体教学的反馈［J］.
　　解剖学杂志，2003，26（6）：555，608.

第二节　多媒体在课堂听说教学中的功效

多媒体技术的快速发展为课堂教学提供了多方面的优势，如激发学生学习动机、培养学生的交际能力、拓宽学生的文化知识、提高教学效率、加强师生互动、创造良好的课堂教学环境以及为课外教学提供可能[1]。对于外语听说教学来说，多媒体具有更重要的作用。下面，我们从五个方面阐释多媒体在课堂听说教学中的功效。

一、优化目标语输入

一般来说，生理和心智正常的儿童在短短几年内都可以自然而然地获得母语的交际能力，而"成年人外语学习的完全成功率十分低。部分原因是因为外语学习缺乏一种有真实性社会交际意义的、活的语言大环境"[2]。因此，提高学生听说能力的首要任务就是要提高目标语输入的数量和质量，创设外语学习的自然语言环境。

在第二章中，我们提出课堂听力教学要遵循教学内容相对开放的原则，尽可能多地为学生提供可理解性目标语输入。但是，在我国外语教学环境中，教师几乎是许多学生可以接触到的唯一的目标语输入者，这不仅远远不能满足培养学生听说能力所需要的语言输入的数量，而且局限于收听英语教师单一的语音语调、语言风格、语言习惯等，很难培养学生适应不同的交际情境和不同的交际对象。

总之，在外语教学环境中，单纯地依靠任课教师很难为学生提供一个输入数量充足、质量上乘的目标语环境。借助多媒体资源，教师可以从多种渠道选择与所教授内容相关的教学材料，包括音频、图像、视频和文字，建立语言输入的多模态教学资源，为学生提供丰富的目标语视

---

[1] MIN P. The use of multimedia technology in English language teaching: a global perspective [J]. Crossing the border: international journal of interdisciplinary studies, 2013, 1（1）: 29-38.

[2] 梅德明. 大中小学一条龙英语人才培养模式研究：第2卷［M］. 上海：上海外语教育出版社，2004：318.

听输入，为提高学生的听说能力创设前提条件。内容丰富、形式多样的多媒体资源和先进的多媒体技术，在一定程度上弥补了外语教学环境中目标语输入量匮乏和目标语输入者单一的缺陷。

二、创设口语交际的自然环境

在外语教学环境中，借助多媒体资源可以创设口语交际的自然环境。

首先，利用多媒体技术可以创设真实或者接近真实的语言环境，引发互动交际。杨慧[1]介绍了她在教授小学一年级学生 animals 这个话题时利用多媒体手段为学生创设理解动物的自然情景的做法。在学习 animals 时，"我并没有直接给学生展示一些动物（如 bear、tiger、panda 和 elephant 等）的图片或教具，而是让学生听这些动物的叫声"。听到动物的叫声，学生自然就会去积极猜测是什么动物。这时，自然而然地就可以引起教师与学生之间的对话：

T：What's this?

Ss：Bear（熊）.

T：Yes, it's a bear. Bear.

Ss：Bear.

而后继续播放其他动物的叫声，继续进行师生互动。在生动形象的环境中，学生逐渐学习了不同动物的名称，理解了所要学习的句型：

T：What's this?

Ss：It's a/an tiger/panda/elephant.

利用多媒体手段有助于在自然情景中生动形象地呈现所要教授的教学内容，自然而然地引起师生之间的互动交际，使学生在不知不觉中理解、记忆所要学习的内容。

其次，教师可以利用多媒体手段制作课件创设贴近日常学习、生活的情景，成功地"让学生在有声有色的语言环境中，积极主动地参与学

---

[1] 杨慧. 运用信息技术培养学生创新思维能力［M］//范文芳. 大、中、小一条龙英语教学研究与实践. 北京：清华大学出版社，2005：71–73.

习和运用"[1]。杨慧介绍了她在教授"May I have…?"这个句型时的案例。她利用多媒体制作课件创设了如下教学情境：

情景1：在一个寒冷的冬天，一个衣裳单薄的小孩在风中行走。

情景2：在一个炎热的夏天，烈日下有一个小孩。

教师播放课件后，让学生配对话表演，安静的教室里马上沸腾了。"May I have a coat, please?""May I have an ice cream, please?"……学生不由自主地用已学过或接触过的英语知识，来表达自己的意愿。

张亚萍[2]介绍了自己采用多媒体组合的方式教授一篇对话课文"Jobs"的做法。"上课一开始，我播放了一首题为'Occupations'（职业）的美国歌曲，形象地呈现了多种职业的景象，有总裁、会计、教师、小贩等，画面生动幽默，旋律明快，容易上口，学生很容易在这种轻松的气氛中进入英语语音环境。根据声像画面，我要求学生说出录像中出现的各种职业，并请学生谈谈他们最感兴趣的职业。结果学生都踊跃回答。"

可见，借助多媒体，教师可以比较容易地创设口语交际的自然环境，使学生在自然环境中，自然而然地理解所教授的语言的意义，并引发师生之间的互动交际。

三、激发学生的学习兴趣

借助多媒体手段可以从多个方面激发学生的学习兴趣。

第一，利用多媒体手段，可以组合影像、图形、文字、动画、声效等多种媒体技术，创设虚拟情景，使所教授的内容生动形象。由多媒体呈现的教学情境直观、画面生动、声音逼真有趣，符合中小学生的心理特点和认知水平，对中小学生具有强烈的感染力，能够吸引他们的注意力，激发他们的学习兴趣。

第二，教师可以精心设计制作多媒体课件，形象地呈现所要教授的

［1］　杨慧.运用信息技术培养学生创新思维能力［M］//范文芳.大、中、小一条龙英语教学研究与实践.北京：清华大学出版社，2005：71-73.

［2］　张亚萍.多媒体组合优化中学英语听说教学［J］.中国电化教育，1999（6）：23-24.

语言内容，激发学生的学习兴趣和求知欲。杨慧[1]介绍了自己制作多媒体游戏教授小学生英语句型的做法。在教授"What's this?"这个句型时，"我精心设计了一套多媒体的游戏。学生最先看到荧屏上出现无数个问号'?'重叠在一起，我按一下播放键，当荧屏的右上角一个'?'显示为一只长耳朵，学生就会不由自主地用英语说出 ear 这个单词，但它究竟是一种什么动物呢？于是我引出这个英语句型，启发学生努力去猜测，并且通过轮番地按下播放键与暂停键，分层次地在荧屏上展示这种动物的各个部位，逐渐从局部到全部，不断引起学生的好奇心，边看边猜边说英语，这样就自然而然地形成了现代技术教学的乐境与奇境"。因此，杨慧指出运用多媒体教学，生动形象，富有感染力，能够极大地调动学生学习的积极性，培养学习兴趣。

　　第三，利用多媒体可以为学生提供多种不同类型的教学资源，满足学生不同的学习兴趣。在多媒体语言实验室，学生可以根据个人的兴趣选择学习软件。例如，对动物感兴趣的学生可以选择动物软件；对语音知识感兴趣的学生可选择语音软件；想与计算机进行人机对话的学生可以选择人机互动软件；想自己制作英语动画的学生可以选择动画制作软件……这样根据个人的不同兴趣选择学习内容能有效地激发学生的学习积极性，真正体现因材施教的教学原则。

　　总之，多媒体的合理运用符合学生的认知特征和心理特征，能够有效地激发学生的学习兴趣，为学生提供多种选择，有利于提高学习效率。

四、减缓学生的心理压力

　　在外语学习的过程中，许多学习者会产生脆弱感、防卫感和拘束感[2]。因此，教师的任务之一就是帮助学生减缓心理压力、减轻焦虑，帮助他们树立学习的自信心，以便使他们在无忧无虑的心理状态下完成学习任务。使用多媒体辅助英语教学可以减缓学生的心理压力，使他们增

［1］　杨慧.运用信息技术培养学生创新思维能力［M］//范文芳.大、中、小一条龙英语教学研究与实践.北京：清华大学出版社，2005：71-73.
［2］　BROWN H D. Teaching by principles: an interactive approach to language pedagogy［M］.北京：外语教学与研究出版社，2001：57.

强自信心。一方面，在多媒体环境中呈现的语言输入，容易使学生融入语言情景中，使他们把注意力集中在伴随语言出现的画面、背景音乐等辅助媒介上，暂时放下学习的重担，减缓心理压力。在身心轻松的状态下，有利于理解和接收语言输入。另一方面，许多学生，尤其是在学习外语的初始阶段，因为语言知识匮乏，担心出丑，于是不敢开口，不敢尝试，常常具有明显的焦虑情绪。特别是当他们在说话时，由于某种原因引起同伴的哄堂大笑时，他们便感到窘迫难耐，不再愿意张口。口语课堂上不敢发言导致口语水平偏低，而口语水平偏低又反过来导致更不愿意张口，于是形成恶性循环。

借助多媒体手段，学生可以根据自己的理解能力和现有水平自主地安排学习内容，着重练习自己学习中的难点部分，随时查阅困扰自己的各种背景知识，如语法解释、词汇、发音、文化等。例如，语音基础差一些的学生可以把注意力放在模仿发音上，他们可以观察真人视频、动画视频中的语言示范者的面部表情甚至口形的变化，模仿其语音语调。由于面对的是视频中的示范者，没有面对老师和同学的心理压力，学生能够放下怕犯错误而引起尴尬的心理负担，敢于张口试错和犯错，最终取得学习上的进步。学习上取得进步必然能够增强自信心，而自信心的增强又反过来促进学习能力的进一步提升。

总之，教师可以借助多媒体资源，帮助学生减轻减缓心理压力，增强自信心，使学生在轻松愉快的心境下，提高英语听说能力。

五、提高外语课堂教学的效率

多媒体是一种通过计算机和外部设备操作、编辑搜索、存储等综合处理的技术和方法，并将各种媒体信息单独或以合成的形态表现出来。多媒体具有四大特性[1]:（1）信息媒体的多样性。包括音频、视频、图形、图像、文本等。（2）可表达的信息量大。利用多种手段，有效、有序地组织海量信息，为用户提供一个清晰、有组织的信息集。（3）多种技术的集成性。用软件和硬件的新技术，将不同性质的信息媒体和设备集成

---

[1]　庞志成.多媒体的最新技术和发展趋势［J］.知识经济，2015（1）：88.

为一体,使用计算机为中心,综合处理各种信息。(4)处理过程的交互性。使用者更具主动性和可控制性。

多媒体技术可以把多种信息媒体,包括音频、视频、图形、图像、文本等组合起来融为一体的特性,使人们在短时间内获得大量的、跨越时空界限的知识和信息成为可能。因此,合理利用多媒体辅助课堂听说教学,必然能够提高课堂教学的效率。

一方面,在课堂上,教师可以迅速地调用不同的多媒体手段,如录音、投影等,来实现教学目标,而且还能以任意的方式对不同的资源进行组合完成不同的教学任务。例如,教师可以将教学内容的相关背景知识、目标语言知识、语言重点和难点等制成课件播放,这可以极大地节省教学材料呈现所需要的时间,提高课堂教学的效率。

另一方面,使用多媒体可以在有限的时间和空间内展现更多更好的教学内容,从而提高课堂教学的效果。Shih[1]建立了一种网络 blog 教学与面对面授课相结合的混合式教学模式。研究发现,根据学生之间的反馈以及教师的反馈,利用 blog 这种多媒体方式可以随时获得有趣的学习资源,同时它为随时进行复习提供了方便,可以有效地提高学生学习的满意度,并且激励他们更加有效地进行学习。

杨春慧[2]指出:"学生根据个人兴趣选择教学软件,根据个人学习进度自定步调,在一个身心放松的环境中自主学习,因而在课堂上始终处于积极思考的状态,提高了学习效率。计算机集中了多种媒体的技术,激发了学生继续使用计算机进行学习的热情。计算机所具有的及时反馈的优越性又使得刺激 – 反应的时间大大缩短,能及时反馈学生学习的效果,巩固所学的知识内容,提高了课堂时间的利用率。"

[1] SHIH R. Blended learning using video-based blogs: public speaking for English as a second language students [J]. Australasian journal of educational technology, 2010, 26(6): 883–897.

[2] 杨春慧. 试论多媒体计算机辅助英语教学的特点 [J]. 外语电化教学, 2000(1): 46–47.

第三节　多媒体课堂听说教学的原则

多媒体时代的到来给外语教学，特别是外语课堂听力教学带来了巨大变化。在上一节中，我们详细论述了多媒体辅助英语听说教学所产生的功效。但是，"多媒体教学只是一种手段，而不应成为一个目的，教学的目的自始至终都是使学生掌握外语交际的技能和知识，所以多媒体教材的编辑使用、多媒体手段在课堂中的运用都应以教学法的原则为指导。各种现代化的教学手段都应为达到教学目的服务。如果没有科学的先进的外语教学法，仅凭先进的仪器设备是无法体现真正意义上的先进的教学的"[1]。因此，在使用多媒体进行教学时，教师应该遵循一定的教学原则，以便使多媒体更加有效地辅助英语教学。

一、认知原则

多媒体资源为课堂上创设目标语环境提供了极大的便利，在一定程度上弥补了外语教学环境中目标语输入在数量和质量上的匮乏。但是，如何合理地使用多媒体资源对听说教学起着至关重要的作用。"在中小学阶段，运用录音、幻灯片、录像（包括 VCD、DVD）及计算机辅助英语教学等教学技术手段进行英语教学效果好差的关键在于是否有大量的合适的试听资料和学习软件"[2]。

在网络资源极大丰富的今天，十分容易找到甚至制作大量的视听材料和学习软件。但是，我们必须首先考虑的是视听材料是否适合既定的教学目标以及所教授的学生的认知水平。从某种意义上来说，视听材料的难易度是决定试听材料是否能够达到既定教学目标的首要因素。因此，在选择视听材料时，我们首先要考虑的是学生的认知水平。就此，我们提出多媒体听说教学的第一个原则，即认知原则。

---

[1]　李惟嘉. 外语多媒体教学的原则及实施［J］. 北京第二外国语学院学报，2001（4）：24-30.

[2]　梅德明. 大中小学一条龙英语人才培养模式研究：第2卷［M］. 上海：上海外语教育出版社，2004：343.

　　贯彻认知原则主要涉及两个方面：一是视听材料应该是可理解性输入；二是视听材料需要多方位一体化。

　　第一，视听材料应该是可理解性输入。Krashen[1]提出，理想的语言输入应该具备可理解性，即语言输入既不能低于或接近学生的现有水平，也不能远远超出他们的现有水平。应该说，可理解性对试听材料的要求比对面对面语言输入的要求显得更加重要，因为在面对面交际中，语言输入偏难或偏简单时可以及时地进行人为的调节，但是当语言输入为视听材料时，却无法进行现场调节。因此，如果视听材料远远高于学生现有水平的话，学生就会不知所云甚至可能放弃收听而开小差，或者把注意力只放到视听材料中的非语言媒介上，这样就达不到学习语言的目的。相反，如果视听材料过于简单，对学生没有任何挑战性，便不能有效地激发学生的思考，使学生失去学习的兴趣，从而阻碍学习的发生。因此，为学生提供视听材料必须认真考虑视听材料的难易度，使它具备可理解性特征，既不能没有难度，又不能难度过大，要符合学生现有的认知水平。

　　需要指出的是，视频材料的难易度是由多个因素决定的，包括语言本身（如词汇语法）的难易度、材料中所含文化信息是否陌生、语速的快慢以及学生对语音语调（如口音）是否熟悉等。因此，在选择视频材料时，教师要对视频材料的综合因素进行统筹考虑，使学生的现有水平和视频材料的难易度与总体水平之间存在一定距离，即产生适度的信息差（information gap），满足可理解性语言输入的难易度要求。

　　第二，所选择的视频材料需要多方位一体化。借助多媒体可以向学生提供丰富多样的视频材料，但是，这些视频材料不是任意材料的堆积，而是要基于教学目标，围绕同一主题的，"教学材料需要能够提供多种教学内容，从不同角度呈现同一概念的实例"[2]，使所提供的视听材料多方位一体化，以便学生在不同的情景中，从不同的角度、不同的层面理解语言的意义，深刻理解所教授的语言和文化，并将这些知识内化为

---

［1］　KRASHEN S D. The input hypothesis: issues and implications［M］. London: Longman，1985.

［2］　梅德明. 大中小学一条龙英语人才培养模式研究：第2卷［M］. 上海：上海外语教育出版社，2004：337.

自己的一部分，最终能够无意识地理解语言输入，自动化地生成语言。刘静[1]介绍了她通过播放与课堂教学内容主题一致，但是角度不同的视频材料收到的积极的教学效果。在小学二年级课堂上教授"The Three Little Pigs are Scared."的内容后，她让学生完整地观看了童话故事《三只小猪》。"这节课后的课间我经常看到几个学生边跑边喊：'The big bad wolf is chasing us.'。看来学生不仅理解了句子的含义，而且还能在真实情景中灵活运用，做到举一反三。多媒体的应用形成了一个令人神往的、饶有趣味的教学场景，引起了学生的注意，激发了学习激情。在课堂上学生兴趣盎然，踊跃发言，在愉快的课堂情景中不但丰富了知识，开阔了视野，还提高了口语表达能力。"

总之，在课堂听说教学中，教师需要提供符合学生认知水平的、多方位一体化的视听材料，以便学生可以在充足、优质的语言输入中提高自己的英语听说能力。

二、互动交际原则

传统的教学方法情景法，利用视频，特别是通过播放电影片段呈现语言输入，使学生在语境中理解语言输入，取得了一定的教学成效。但是，情景法播放视频的主要目的是传授语言知识，缺乏教学互动交际，因此它不能成功地培养学生的语言交际能力。如今，我们借助多媒体进行听说教学不能重蹈传统教学法的覆辙，而是要借助多媒体手段，在课堂听说教学中强化互动交际。就此，我们提出多媒体听说教学的第二个原则，即互动交际原则。

在多媒体辅助教学的课堂上，教师、学生和多媒体三者构成了课堂上参与互动交际的三方主体。在以培养交际能力为目标的英语课堂上，教师要充分借助多媒体创设交际情景，组织师生互动、生生互动以及人机互动，让多媒体为课堂互动交际服务，而不能喧宾夺主，让多媒体取代课堂互动交际的现象发生。

---

[1] 刘静.让课堂变成英语学习的乐园［M］∥范文芳.大、中、小一条龙英语教学研究与实践.北京：清华大学出版社，2005：68.

　　学习语言的目的在于使用语言进行交际，反过来，只有通过语言交际才能真正提高语言交际能力。因此，无论是在配备多媒体设备的普通教室，还是在多媒体辅助语言教学的语言实验室，教师都要遵循互动交际原则，努力创设不同的互动交际活动，提高学生的听说能力。

三、以多媒体手段为辅的原则

　　多媒体辅助听说教学比传统的听说教学具有许多优势。例如，利用多媒体资源可以优化目标语输入，激发学生的学习兴趣，降低学生的心理压力，提高课堂听说教学的效率，为创建自主学习的平台提供便利条件等。但是，我们必须认识到多媒体在课堂听说教学中始终起着辅助教学的作用，处于从属地位。就此，我们提出多媒体听说教学的第三个原则，即以多媒体手段为辅的原则。

　　首先，在课堂听说教学中，人必须占据主要地位，扮演主要角色。学生是学习的主体，教师处于指导地位。教师是课堂互动交际的组织者、引导者，这个角色是机器无法替代的。因此，在课堂教学中，教师应该把主要时间和精力用在组织教师与学生之间、学生与学生之间的互动交际活动中，而不应该是看上去纷繁多样的多媒体课件展示，或集体看电影。计算机不能取代教师，屏幕不能取代黑板，视频材料也不能取代黑板上的简笔画，更不能取代课堂上人与人之间的互动交际活动。

　　其次，使用多媒体为的是达到利用传统教学方式不能达到的目的，如借助多媒体资源优化目标语输入，而不是用来替代通过传统方式可以更有效、更便捷地达到的目的。例如，教师可以通过身边的实物使用直接法教授的内容，就无需使用多媒体展示它的照片；可以直接出示的图片，就无需扫描后放在屏幕上；可以让学生从家里带来自己的玩具向全班同学进行介绍，就无需播放视频资料。也就是说，传统课堂上那些具备现实交际意义的常规教学手段应该保留并继续使用，而不能一味地被多媒体所替代。因此，为了取得使用多媒体达到预期的效果，教师应该根据既定教学目标和教授内容，充分考虑课程的哪部分教学内容，在哪个环节使用多媒体辅助教学，而不是简单地让多媒体充斥在整个课堂教学过程中。中小学英语教学"因为多媒体技术的加入更显示出了光彩，然而，在课堂上过多地使用多媒体则会适得其反。作为辅助教学的一种手段，多媒体技术的存在不能作为教师的依赖，这是广大教研工作者必须认识到的"[1]。

总之，课堂听说教学必须以人为本，把多媒体设备作为辅助教学的手段，而不是为了体现教学手段的现代化，在整堂课中尽可能多地使用多媒体。简单地说，使用多媒体的原则是，"绝不做书本能做的事"[2]。

四、学生自主学习与教师监督相结合的原则

在多媒体教室上课时，需要遵守学生自主学习与教师监督相结合的原则。

传统的外语教学理念是教师讲授、学生接收，授课的方法是填鸭式，目的是通过课堂上教与学的活动，使学生掌握语言知识。传统的外语教学法语法翻译法和听说法采用的都是填鸭式教学方法，只是他们的填鸭方法有所不同：前者是通过教师的讲授和翻译练习使学生掌握词汇语法知识，后者是通过反复句型操练和替换练习使学生机械记忆所学内容，形成语言习惯。填鸭式教学方法不能培养学生运用语言进行交际的能力。

现代外语教育教学理念强调开放式自主学习，认为学习的过程是学习主体主动探究的过程，提倡调动学习者学习的积极性，使他们能够根据自己各自不同的特点，发现、选择、运用自己的学习方法进行自主性学习。在课堂教学中，教师需要为学生提供个性化的自主学习环境，为学生创设一个开放的、自主的学习场所，使他们可以充分发挥自己的主观能动性，创造性地完成学习任务。

与在配备多媒体设备的普通教室上课相比，在多媒体教室上课的最大特点在于学生每人使用一台电脑。在多媒体教室上课的主要目的是为学生提供个性化学习的平台。因此，在多媒体教室里，教师的首要任务是充分利用多媒体资源，为学生提供自主学习的环境。

---

[1] 张铁刚. 浅谈小学英语教学中如何正确运用多媒体教学 [J]. 中国校外教育，2013（2）：81.

[2] 梅德明. 大中小学一条龙英语人才培养模式研究：第2卷 [M]. 上海：上海外语教育出版社，2004：326.

在自主学习的环境中，教师可以借助多媒体资源，根据学生的不同层次、不同需要，为他们提供不同的学习内容，安排他们进行自主性学习，使每个学生各得其所，探索以个性化学习为核心，以自我教育为导向的新的教学模式。例如，教师可以利用多媒体网络教室中所存储的不同的教学软件，给不同程度的学生安排难易程度不同的听说任务，并允许他们自主地选择同一组任务中的学习材料，以符合不同层次、不同兴趣和不同性格差异的学生的需要。另外，教师也可以安排学生组成不同的学习小组，合作完成一个学习任务，如为动画片配音、看图说话、就某一视频片段进行讨论等，在培养学生自主学习能力的同时培养他们的合作精神。此外，个性化自主学习模式还可以延展到课堂教学之外。通过课堂上的指导，培养学生自主学习的习惯和能力，使他们在课堂之外运用互联网查阅资料，自主、自愿、主动地继续学习。

组织学生利用多媒体资源进行自主学习，不仅可以满足个体学生的不同需要，而且还可以培养他们以自我学习为导向的理念。但是，多数中小学生自身还不具备足够的自控能力和自我调节能力。尤其是在多媒体环境中，他们可能难以抵御丰富多样的多媒体资源，尤其是多媒体游戏的诱惑。因此，在安排学生进行自主学习的同时，教师必须充分发挥自己的监督作用，对个体学生进行实时监控，确保他们把注意力集中在学习上。

另外，面对不同的多媒体资源，许多学生在自主学习的过程中会遇到各种各样的困难，如有些学生没有能力选择适合自己程度的学习资源，他们可能没有能力正确地识别录音中的语音语调，于是不能成功地进行模仿练习，不能顺利地完成配音或者人机对话任务；也有学生甚至不知道自己对哪些学习内容感兴趣等。因此，教师要及时跟踪个体学生的情况，发现并帮助他们解决在使用多媒体进行自主学习的过程中遇到的问题。

总之，在多媒体教学环境中，要坚持贯彻以学生自主学习与教师监督相结合的原则：一方面借助多媒体资源为学生创设自主学习的平台，告别传统的填鸭式教学模式；另一方面又不能忽视对学生的监督作用，避免放养式现象的出现，以便及时地为学生提供帮助，使他们借助多媒体资源，有效地提高英语听说能力。

第四节 多媒体课堂听说教学的策略

多媒体手段的合理利用可以优化外语教学环境下的课堂听说教学。在本节中，我们讨论多媒体听说教学的四个策略，包括语境化输入策略、多元互动策略、情感驱动策略和多模态教学策略。希望这些策略能够为教师使用多媒体手段辅助教学提供一定的借鉴与启示。

一、语境化输入策略

语境化输入策略是指教师运用多媒体手段为学习者创设真实或接近真实的语境，并在真实的语境中提供目标语输入。

语境化输入（situated input）"是指把学生在二语习得中的输入放到合适的语境中去，使学生既接触到要输入的语言，同时还感受到这些材料出现的合适语境"[1]。大量研究[2-3]表明，语境化输入，特别是互动交流语境，对二语习得具有重要影响。

多媒体教学资源为听说教学语境化输入提供了得天独厚的优势。借助多媒体资源，教师可以选用多媒体软件、录像、电影、幻灯和图片等媒介，通过多模态的信息输入，为学生的听说训练提供真实或接近真实的背景信息。例如，在视频辅助的听力练习中提供交流语境信息、交际者之间的社会角色关系、交际者的面部表情和手势等信息，可以成为学习者理解听力材料的重要线索。在口语教学中，教师可以组织学生模仿视频中的角色进行角色扮演、为电影配音，或者组织学生进行在线口语交际。学生在真实或接近真实的交际语境中，会更加自如地实现语言的产出[4-5]。教师

---

[1] 李丽华，邬忠，王伟.英语词汇教学中的语境化输入［J］.长江大学学报（社会科学版），2011（3）：93-94.

[2] 杨连瑞，张德禄.二语习得研究与中国外语教学［M］.上海：上海外语教育出版社，2007.

[3] 刘爱军.多媒体网络环境下的听说教学模式探究［J］.外语界，2009（5）：60-64.

[4] 宋文斌.多媒体环境下大学英语听说教学策略研究［D］.济南：山东师范大学，2009.

[5] 贾淑华，毛健.语境化输入在大学英语听说教学中的应用［J］.考试周刊，2015（47）：89，180.

可以采用以下基本方法创设语境。

（一）直观语境创设法

教师直接提供英语的原声输入，如英语原版电影、动画、新闻视频、报纸和期刊等，使学生对英语语音、语调、交际方式产生直观印象，培养学生良好的语感、语音语调和语流，使学生沉浸在英语的自然环境中，这就是直观语境创设法。

（二）推理和归纳语境创设法

为使学生理解某一语言项目的使用规则或某一个文化现象，教师不直接讲授，而是通过多媒体为学习者提供在不同场景下这一语言元素的使用情况，让学生在真实情境中去推理和归纳，以便深刻理解和掌握该语言现象。这样的方法既有助于学生深刻理解语言现象并内化语言规则，更有利于培养学生在不同语境中使用该语言元素进行口语交际的能力。在第三章讨论口语训练遇到的文化障碍时，我们曾举例说明学生在观看英语原版视频时不理解 cross one's fingers（交叉手指）的含义，不明白英语本族语者在什么时候会做出交叉手指这个动作。这是由于文化知识的缺失而带来的理解上的困难。于是，教师为学生提供了三段分别来自著名的美剧或电影《六人行》《楚门的世界》《成长的烦恼》的小视频，这三段小视频中都出现了交叉手指的动作。教师引导学生根据不同的情境进行推断，让学生自己归纳交叉手指的含义，最终成功地理解了这个手势语的用法，即有时用于说谎，表示请求上帝原谅；有时用于鼓励，为某人加油。

（三）真实交际语境创设法

教师利用 BBS、QQ、微信群或其他网络在线交流平台，让学生在课上或课下进行真实互动交际，实践课堂上所获得的听说语言技能和交际策略，在聊天中能够增强使用英语进行交际的热情和自信心。许多中小学英语教师都创设了英语微信群或英语 QQ 群，鼓励学生们在群里用英语聊天、分享自己的故事或者有趣的所见所闻。这样的活动为学生提供了进行真实交际的语境，有利于学生听说能力的提高。

（四）图式语境创设法

教师利用多媒体视频、音频材料，将与教学内容相关的文化图式传递给学生，激活学生大脑中的已有图式，或建立新的相关图式，以帮助学生减少或消除学习障碍。例如，在学习 Thanksgiving Day 之前，为学生播放美国人庆祝感恩节的相关视频，或者向学生展示自己在美国和朋友一起过感恩节的照片。利用这些视频和照片有效地激活或建立关于英美传统节日的图式，为随后学习 Thanksgiving Day 做好必要的前期铺垫。

二、多元互动策略

在传统课堂上，交际互动发生在教师与学生，或学生与学生之间。这种师生互动或生生互动属于直线关系互动。多媒体技术的使用改变了英语课堂的互动交际模式，使课堂互动交际的主体不再停留在"二元主体"交际上，而是出现了"三元主体"交际新模式，即在师生互动和生生互动的基础上，增加了人机互动的渠道。于是，此前人与人之间的直线性互动交际模式上升为教师、学生和多媒体三方之间的立体式互动交际模式。因此，教师要充分利用多媒体手段，组织三方之间的立体交际互动活动，有效地搞好听说教学。

（一）多媒体课堂上的师生互动

在多媒体教学环境中，教师可以充分利用多媒体资源，创设师生之间互动交际的情景。例如，教师可以借助视频、课件，对学生进行提问，发起互动交际，直观、形象地导入新课；教师也可以在播放录音或视频后，从宏观方面与学生进行讨论，如讨论主题思想、说话者的态度等；教师还可以在播放视频材料的过程中随时暂停，就某个部分的内容与学生交换看法。另外，教师可以利用多媒体手段，组织学生开展竞赛或游戏活动，在互动交际中学习词汇语法，或进行语音语调专项训练等。

（二）多媒体听说课堂上的生生互动

多媒体技术使组织学生与学生之间的互动交际变得更加便利。学生在课堂上进行角色扮演类型的模拟交际活动时，教师可以利用多媒体创设场景。例如，学生以小组为单位在讲台上展示"在机场"的场景对话时，教师可以通过多媒体展示机场的画面，也可以播放航班起降信息的背景播音，使学生在逼真的视听环境中进行角色扮演，进行互动交际。教师也可以利用多媒体提供画面和声音，组织学生进行猜词比赛等，并给出理由。例如，在小学低年级学习单词 tiger 时，教师首先遮挡大部分的图片，只出示老虎的尾巴，学生进行猜测时因意见有分歧，引发了激烈的讨论和争辩。教师随后减少对图片的遮挡，学生的意见仍然存在分歧，教师随后播放了老虎的吼叫声，分歧得以消除。学生在猜测和讨论的过程中，完全沉浸在以多媒体创设的语境中。相比传统的课堂教学，多媒体为课堂上组织学生之间的互动提供了极大的便利。

（三）多媒体课堂上的人机互动

借助多媒体手段，我们可以创设逼真的语言情景，组织师生互动和生生互动，促进人与人之间的互动交际。然而，多媒体独特的魅力还在于它可以搭建人机互动的平台。在大班教学的环境中，教师和学生之间的互动往往是一对多的互动交际，难免会使一些学生被忽略，而学生与学生之间的互动交际，特别是在小组活动中，往往是少数口语能力较强、性格外向的学生得到更多的说话机会。但是，多媒体课堂上的人机互动可以有效地解决这一问题，所以教师应该充分利用多媒体资源，设计人机互动交际活动。例如，在机器上录音、配音，模拟新闻播报，与机器对讲或者进行问答对话等。在学生进行人机互动的过程中，教师可以对不同的学生给予相应的关注和指导。

另外，人与机器（通常是计算机或手机）之间的互动不应局限于课堂上，也可以延伸到课下。通过 QQ 群和微信群，教师与学生之间或者学生与学生之间可以进行一对多的互动交际，对课堂上的互动交际可以起到补充作用。

三、情感驱动策略

情感因素是二语习得效率高低的重要因素之一。学习者的学习动机、自信心与焦虑等情感因素都直接影响二语的输入与输出[1]。在多媒体听说教学中，教师应该设法利用多媒体资源激发学生的学习兴趣，培养学习

---

[1]　KRASHEN S D. The input hypothesis: issues and implications [M]. London: Longman, 1985.

者对学习内容的积极情感和态度。

　　首先，教师可以利用多模态资源设计简洁、有趣的教学内容，借助丰富的图像、音乐、视频信息，激发学生的学习兴趣，并帮助学生扫除心理障碍，释放情感压力。在多媒体环境下进行英语听说教学，教师应该加强自身多媒体技术的操作能力，以便对影视节目、歌曲等进行编辑剪裁，制作简单的动画。例如，在教授如何在超市或车站询问信息时，如果能够先播放一些相关的影视、歌曲片段，学生就可以在轻松愉悦的氛围中理解和习得相关语言。

　　其次，教师可以开发利用教材中的情感资源，适当进行情感渗透，培养学生对目标语相关文化的认同感，从而培养学生对目标语学习的融入型动机。例如，针对听力教学中涉及的一些习语，如 apple of discord 等，教师可以通过播放希腊神话电影《特洛伊》的片段，使学生理解这个习语的含义，即"不和之源"。又如，如果口语训练的内容涉及英美国家的主要节日，教师可以首先播放与这些节日相关的动画、视频节目，让学生通过观看视频感受庆祝节日的欢乐气氛。学生对影视图像的美好印象以及由此产生的愉悦的情感会在一定程度上迁移到英语学习之中。

　　最后，教师要特别注意维护学生的自尊、自信。青少年学习者正处于自我认知的关键时期，对他人的看法非常敏感，十分需要得到老师和同伴的认同。因此，教师在教学设计中，要根据学生的认知水平和语言水平，设计难易适中的听说任务，避免由于任务过于复杂而给学生带来挫败感。同时，教师要对学生在听说练习中的积极表现给予肯定反馈，以鼓励学生大胆尝试目标语的实践运用。教师的赞赏性反馈会有效地帮助学生消除紧张和焦虑。在许多英语问答游戏中，多媒体软件自带评价功能。当学生给出正确答案时，软件会自动生成笑脸或者五颗星等标志，有时还配以声音作为辅助评价，如"太棒了！""恭喜你，答对了！""恭喜你获得词汇小达人的称号！"等。当学生通过多媒体教学建立了自信心之后，他们对目标语的学习动机和认同感就会得以巩固和加强，于是自然会在学习中投入更多的精力，最终获得更长足的进步，进入良性循环。

四、多模态教学策略

在多媒体英语听说教学中，教师要充分开发并利用多模态资源，运用多媒体信息技术创新教学方式，优化课堂教学手段。多模态教学策略的应用需要注意以下几个方面的问题。

首先，多媒体听说教学中要合理配置语言、图像、声音、动作等多种符号资源，做到输入手段的多样化，充分调用学生的视觉、听觉、触觉器官来获取、传递和接收相关内容，将传统的听说教学课堂发展为视听说相结合的、内容更加真实生动的多模态教学课堂。但是需要注意的是：一方面，多模态课件的制作不能粗制滥造，简单地将多种手段进行组合；另一方面，也要避免多模态课件制作过于复杂而导致主要教学内容被淡化的后果。以制作 PPT 课件为例，教师要根据授课内容、学生的数量以及教室的大小，对 PPT 的内容进行仔细规划，包括字号的大小、颜色的深浅、每页 PPT 的文字数量、图片的搭配、超链接的设置、音频视频文件的插入等，这一切都要服务于既定的教学目标。既让学生在多模态教学环境中高效地学习，又要确保学生不会迷失在多模态的精彩纷呈里，丢失学习目标。

其次，在多模态教学中，图像、声音、动作等多种符号的输入应当服务于语言教学目标。也就是说，教师借助多媒体辅助教学时，所采用的图片、符号等图像资源一定要与所讲授的知识内容契合，确保资源的视觉效果为学习者听力理解或口语产出提供线索或是其他有益的帮助。例如，教授关于季节的话题时，教师可以选择四季分明的景色或人物图片作为辅助手段；教授关于旅游的话题，教师可以提供著名城市或景点的标志性图片来为教学服务。偏离主题的图像或声音往往会分散学生的注意力，甚至会误导学生的思路，影响学生正确理解教学内容。此外，教师可以创建课程网络平台作为课堂听说教学的补充。在课程网络平台上，教师可以为学生提供教学课件、课堂选用的视频资料以及与课堂教学内容相关的扩展材料，以帮助学生巩固和深化课堂教学的效果。尤其是对于那些听说水平偏低的学生来说，这是很重要的教学补充手段。此外，教师还可以在网络教学平台上开设个别辅导与反馈平台，有针对性地与学生进行单独互动交流活动。

最后，教师可以联合起来组成课题组设计各种微课、微视频等，如教授同一个年级课程的老师可以分工合作，根据教材中每个单元的主题制作简短的微课，解决每个单元中的教学重点和难点问题。微课可以是本单元的文化拓展、语法讲解或日常口语总结，如 How to introduce yourself 之类的口语训练片段。教师也可以联合起来共同建设多模态资源库，充分利用网络搜集、整理网站上的资料，为学生提供适合他们年龄和认知特点的微电影、纪录短片、DV 短片、视频剪辑短片、广告片段等，也可以提供一些合适的英文歌曲集、歌谣大全、绕口令大全、英文动画库、配音材料等。一个内容丰富、井然有序的多模态资源库，不仅可以为学生提供宝贵的学习资源，也方便教师在需要时提取使用。

本章小结

在当代外语教学，特别是课堂听说教学中，多媒体扮演着不可或缺的重要角色。

在本章中，我们主要探讨了多媒体与英语听说教学的相关问题。本章共包括四节：在第一节中，我们简要介绍了西方多媒体教学的起源与发展，分析了我国多媒体课堂教学的现状；在第二节中，我们分析了多媒体在听说教学中的五个功效，即优化目标语输入、创设口语交际的自然环境、激发学生的学习兴趣、减缓学生的心理压力，增强自信心以及提高外语课堂教学的效率；在第三节中，我们阐释了多媒体课堂听说教学的四个基本原则，即认知原则、互动交际原则、以多媒体手段为辅的原则和学生自主学习与教师监督相结合的原则；在第四节中，我们总结了多媒体课堂听说教学的四个策略，即语境化输入策略、多元互动策略、情感驱动策略和多模态教学策略。

通过以上讨论，我们希望能为教师在课堂听说教学中使用多媒体作为辅助教学手段提供有益的借鉴。

第五章　课堂听说教学设计与教师反馈

　　在前四章中，我们回顾了外语听说教学的相关理论，从多个角度分别探讨了听说能力培养和多媒体与课堂听说教学的相关问题。对这些问题的探讨为顺利开展课堂听说教学打下了理论基础。

　　搞好课堂听说教学进而卓有成效地培养学生的听说能力，需要将教学理论运用到课堂教学实践之中，从精心上好每一节课做起。成功的教学设计是上好每一节课的关键所在。在课堂上，教师对学生的学习行为给予及时、合理的反馈也是确保课堂教学成功的重要因素。

第一节 课堂听说教学设计中需要注意的问题

课堂教学设计需要考虑许多方面，包括选定教学内容，确立教学目标，确定教学重点和难点，设计教学活动，选择教学手段和教学策略等。课堂教学设计也需要遵循课堂教学的基本原则。

对于课堂教学设计所涉及的方面，我们已经有比较一致的认识，因此，这里不再赘述。本节主要提出在英语课堂听说教学设计中需要注意的三个问题。

一、教学活动的开展，目标语环境是前提

目标语环境是培养学生外语听说能力的前提。

在第二章和第三章中，我们使用了一个比喻来说明目标语环境是培养学生听说能力的前提条件，即学习游泳，我们必须进到水中游起来。同理，培养听说能力，学习者必须置身于目标语环境中说起来。离开了目标语环境，不可能达到培养学生听说能力的目标。因此，在设计听说教学活动时，教师应该秉承在目标语环境中组织教学的理念，使英语课堂听说教学活动的开展尽可能地在全英文教学环境中进行。

二、教学内容的选择，核心内容与开放性内容相结合是方向

核心内容指的是教材所提供的教学材料。教师必须以教材所提供的教学材料为基础制定教学目标，确定教学重点和难点。同时，教师需要为学生提供一些超越核心内容的可理解性输入，以确保学生得到大量的、优质的语言输入，因为语言输入略高于学生现有水平时，学习效果最好，语言能力才能得到进一步发展。因此，在选择教学内容时，教师应该秉承核心内容与开放性内容相结合的教学理念，以教材内容为中心，同时增加相关语言材料作为相对开放的教学内容，为学生提供充足、优质的目标语输入。

三、教学方法的采用，互动交际是关键

互动交际是培养学生语言交际能力的关键所在。

传统的外语教学注重语言知识的传授，忽视人与人之间的互动交际，而离开互动交际不可能培养学生的语言交际能力。因此，无论是在设计教学内容的呈现，还是在设计对所学内容进行复习、巩固和扩展的活动，教师都应该采用互动交际教学方法，通过组织教师与学生互动、学生与学生互动，或者在多媒体辅助教学环境下的人机互动，完成不同的教学任务，达到既定的教学目标。

第二节　课堂听说教学设计案例

在本节中，我们为小学和中学阶段各提供一个听说教学设计案例，希望能够对中小学英语教师设计教案起到一定的借鉴作用。提供的教案分别包括四个部分：课文、教案主体、附录和教学设计说明。

一、小学英语课堂听说教学案例

教师的思路不尽相同，教案的设计方式也多种多样。

在遵守课堂教学基本原则的基础上，百花齐放的教学思路和教学方式为课堂教学提供了优质的土壤。在本部分，我们对小学的课堂教学案例进行了同课异构，提供了两个版本的教案，供读者对比借鉴。

教学课文：

A Beautiful Rainbow

1. Listen, look and say.

　　orange　purple　rainbow

2. Work in groups.

　　S1：I use red and yellow.

　　S2：I use green and blue.

　　S3：I use orange and purple.

　　T：What a beautiful rainbow!

3. Let's say it!

　　　　　　　Red, green and yellow.

　　　　　　　I can see a rainbow.

　　　　　　　Orange, purple and blue.

　　　　　　　Can you see a rainbow, too?

（一）小学英语课堂听说教案设计版本Ⅰ

表5-1

基本信息	题目：A Beautiful Rainbow 学生：小学三年级学生 时长：40×2=80分钟 教材：义务教育教科书英语（一年级起点）三年级上册（清华大学出版社） Unit 1 Lesson 6
教学目标	1. 理解并拼读单词：orange、purple、rainbow 2. 理解并使用语块：a beautiful rainbow 3. 可以用两种或两种以上的颜色描述身边的物品 4. 可以在情境中使用感叹句"What a...!" 5. 可以在情境中使用句型"I use..." 6. 会说本课歌谣
教学重点	1. 词汇：orange、purple、rainbow 　语块：（1）a beautiful rainbow 　　　　（2）由and连接任意两种颜色构成的语块 2. 句型：（1）What a...! 　　　　（2）I use... 　　　　（3）歌谣：Let's say it!
教学难点	句型：1. 在情境中使用：I use... 　　　2. 在情境中使用：What a...!
教学用具	橙色和紫色彩纸、彩色蜡笔、彩虹图片、简笔画图片（如足球、向日葵、瓢虫、蝴蝶等）、多媒体课件

表5-2

步骤	目标	教师活动	学生活动	互动方式、交际类型、技能
呈现一	教授单词rainbow和语块a beautiful rainbow	1. 播放动态课件：下雨—太阳—彩虹，引出并教授单词rainbow和语块a beautiful rainbow 2. 板书、注音、贴彩虹图片： （1）rainbow＝rain＋bow （2）a beautiful rainbow 3. 说、拼写单词rainbow；教授a beautiful rainbow （对话文本见附录2对话1）	观看彩虹形成的过程；认读、理解、拼写单词rainbow；学习语块a beautiful rainbow	师生互动：课堂交际＋真实交际 听说技能训练
呈现二	教授单词orange和purple	1. 呈现图片：呈现彩虹图片，让学生说出彩虹的多种颜色，并板书：red、green、blue、yellow、pink等 2. 呈现彩色纸：出示橙色和紫色的颜色纸，教授单词orange和purple；板书、注音、贴彩虹图片，教师领读；通过与ap-ple对照学习pur-ple的发音 3. 呈现橙子和橙色蜡笔：教师呈现一个橙子和一支橙色蜡笔，使学生理解orange的两种不同语义（橙子和橙色），并再次领读 （对话文本见附录2对话2）	观看彩虹图片，说出所知道的相关颜色的单词 观察颜色纸，认读、理解、拼写单词orange和purple 观察实物，理解orange的两种语义	师生互动：课堂交际＋真实交际 听说技能训练

续表

步骤	目标	教师活动	学生活动	互动方式、交际类型、技能
练习一	深化理解、巩固单词rainbow和语块a beautiful rainbow	1. 播放歌曲The Rainbow Colors Song，让学生自由听 2. 再次播放，进行"控制听"，在重点或难点之处暂停，请学生重复歌词 3. 让学生尝试跟唱 （见附录1歌曲）	听歌曲、跟唱、独立演唱	听录音材料 听说技能训练
呈现三	教授句型What a...! 和句型I use...；使用and连接两种或两种以上的颜色构成语块	1. 呈现图片：PPT呈现未上色的大熊猫、向日葵、条纹T恤等图片，与学生讨论它们的颜色，用多媒体手段给它们上色 2. 教授句型：引导学生说出I use...and...；What a...！句式 （对话主体见附录2对话3）	讨论教师提供的图片的颜色，学说I use...句式；学习使用and连接两种或两种以上的颜色；学习句型What a...！	师生互动：课堂交际＋真实交际 听说技能训练
练习二	深化理解、巩固： 单词orange、purple、rainbow； 句型What a...！； 句型I use...； 使用and连接两种或两种以上的颜色构成语块	1. 两人对话：请每位学生抽取没有上色的图片，与同伴讨论图片内容，并使用I use...and...和What a...！句型进行对话练习 2. 学生展示：邀请学生向全班汇报自己的作品 （对话主体见附录2对话4和个人展示）	两人一组谈论抽到的图片；各人分别给自己抽到的图片上色；两人一组谈论完成的作品；请学生向全班汇报自己的作品	学生个体活动；两人配对活动；个体学生向全班汇报；真实交际 听、说能力培养

续表

步骤	目标	教师活动	学生活动	互动方式、交际类型、技能
呈现四	教授本课的课文，即"Work in groups."版块	1. 播放录音"Listen, look and say"：第一遍指导学生听并跟读单词；第二遍请学生一边听一边将图与单词orange、purple和rainbow连线，确保正确理解词义 2. 播放录音"Work in groups."和"Let's say it!"：从自由听到控制听	听录音跟读；听录音，将图与单词连线 听录音，学习课文	全班活动：听录音材料，巩固所学单词 收听课文录音材料
练习三	进一步学习本课的课文	1. 分角色朗读：组织学生4人一组，朗读课文"Work in groups."版块 2. 汇报表演：邀请小组向全班表演分角色朗读课文	分角色朗读课文 在班级表演	小组活动；模拟交际 训练听说技能
呈现五	教授本课"Let's say it!"版块的歌谣	1. 播放录音：教师播放录音"Let's say it!"，请学生一边听，一边跟读 2. 指导学生拍手说歌谣	听、跟读歌谣 拍手说歌谣	师生互动：课堂交际；模仿语音语调；表演活动
创新活动	深化理解、巩固、拓展本课所学内容；培养创新与合作精神	小组表演赛：1. 鼓励学生改编歌谣，或给歌谣谱曲演唱 2. 小组表演赛	以小组为单位，准备表演赛：改编歌谣、为歌谣谱曲；以小组为单位表演	真实交际 听说能力培养
作业	巩固本课所学内容；拓展创新	1. 听录音：请学生听、跟读本课录音 2. 分角色朗读：请学生自行组合，分角色朗读课文 3. 设计作品：以小组为单位，设计一幅多颜色作品，如花色布料，并进行语言描述	听录音读课文；找合作伙伴，分角色朗读课文；小组成员合作，完成一幅多颜色作品，并进行语言描述	模仿语音语调；复习、巩固所学课文；真实交际

附录1：歌曲

The Rainbow Colors Song

Red, orange, yellow, green, blue, purple, pink

Red, orange, yellow, green, blue, purple, pink

It's a rainbow! It's a rainbow!

A beautiful rainbow in the sky!

It's a rainbow! It's a rainbow!

A beautiful rainbow in the sky!

Red, orange, yellow, green, blue, purple, pink

Red, orange, yellow, green, blue, purple, pink

It's a rainbow! It's a rainbow!

A beautiful rainbow in the sky!

It's a rainbow! It's a rainbow!

A beautiful rainbow in the sky!

A beautiful rainbow in the sky!

A beautiful rainbow in the sky!

附录2：对话

对话1

T： What's the weather like?

Ss： It's rainy.

T： Yes. How about the sun?

Ss： The sun is shiny.

T： Yes. It's rainy. The sun is shiny. When it's rainy, and the sun is shiny, what may happen?

Ss： ...

T： A rainbow may appear in the sky. Look! A rainbow! A beautiful rainbow.

Say "rainbow".

Ss : Rainbow.

T :　A beautiful rainbow.

Ss : A beautiful rainbow.

T :　Do you like the rainbow?

Ss : Yes.

T :　Yes. I like the rainbow, too. Look, rainbow is "rain" plus "bow".

对话 2

T :　Look at the picture of beautiful rainbow. There're many colors in the rainbow. What are they? What are the colors of the rainbow?

Ss : Red. Green. Blue. Yellow. Pink...

T :　Yes. The rainbow has many colors. It has red, green, blue, yellow, pink. It also has orange and purple. Please say "orange".

Ss : Orange.

T :　Please say "purple".

Ss : Purple.

T :　Great. There're many colors in the rainbow. The rainbow is colorful. The rainbow is beautiful.

对话 3

T :　What's this?

Ss : A panda.

T :　Yes. It's a panda. What color are pandas?

Ss : Black and white.

T :　Great. What color do we use to color the panda?

Ss : Black and white.

T :　Let's use black and white to color the panda.

　　 What color is our panda?

Ss : It's black and white.

T : Oh, what a cute panda!

Ss : What a cute panda!

T : What about the flower, the sunflower? What color do you want to use to color the sunflower?

Ss : Yellow, white, brown...

T : Great. Let's use yellow, white and brown to color the sunflower. What color is our sunflower?

Ss : It's yellow, white and brown...

T : Oh, what a beautiful flower!

Ss : What a beautiful flower!

T : What about the T-shirt? What color do you want to use to color the T-shirt?

S1 : I use red and white.

T : OK. You want to use red and white, so your T-shirt is red and white. What a beautiful T-shirt!

Ss : What a beautiful T-shirt!

S2 : I use...

S3 : I use...

对话 4

A : Look at my picture.

B : Oh, it's a bird.

A : Yes. What's your picture?

B : I have a football. What color do you want to use to color your bird?

A : Red, green, purple and orange. What color do you want to use to color your football?

B : Black and white.

A : Great. Let's color our pictures.

A : Look at my bird.

B : What a beautiful bird! Look at my football.

A : Your football looks real.

B : That's true. Thank you.

个人展示

My Football

Look at my picture. It's a football.

My favorite sport is football. I'm happy to get a picture of a football. I use black and white to color my football, because I want it to look real. My friend, Judy, likes my football. Do you like it, too?

S1 : What a great football!

S2 : I like your football.

...

T : Good job!

教学设计说明：

本课"A Beautiful Rainbow"需要两个课时来完成教学。本教学设计按照两节课的时长设计了教学步骤。首先，本课教学设计明确了教学目标，确定了教学重点和难点。其次，本课教学案例设计了清晰的教学过程，既有教师引导讲授，又有学生自主学习和创新活动。教学活动发生在目标语环境中，在教师与学生、学生与学生之间的互动交际中，培养学生的听说能力。

下面，我们就主要教学活动和教学内容相对开放的两个方面的设计进行较为详细的说明。

1. 主要教学活动丰富

本课主要教学活动包括五个呈现活动、三个练习活动和一个创新活动。

（1）呈现活动

在本课的设计中，共包括五个呈现活动。呈现的形式包括教师讲解、板书、多媒体、图片、实物。

在呈现教学内容的过程中，教师作为说话者引起师生互动交际，利用 IRF 三话步互动交际模式，引出所要教授的生词、语块、句型和歌谣等。学生作为听者回应教师的话语，进行师生互动交际。另外，在呈现过程中创设了多次真实互动交际活动。通过师生之间的互动交际，培养学生在面对面交际中的听力理解能力，以及学生作为听者的回应能力。

呈现一主要是教授本课三个生词之一 rainbow 和语块 a beautiful rainbow。在呈现一部分，教师首先利用多媒体课件以动态的形式呈现下雨—太阳—彩虹，使学生在情景中理解彩虹的形成，从而引出单词 rainbow 和语块 a beautiful rainbow。因为学生已经熟悉单词 rain，而 bow 是个单音节单词，其发音简单，容易拼写，所以，教师通过拆分复合词的方式教授单词 rainbow，即 rainbow=rain+bow。这样，本课中这个看起来比较长的生词就变得简单了。而在语块 a beautiful rainbow 中，beautiful 是学生已经熟悉的单词，因此，理解和学会说这个语块也不是一件难事。

呈现二主要是教授本课的另外两个生词：orange 和 purple。在呈现二部分，教师首先利用彩虹图片与学生谈论构成彩虹的颜色，使学生理解组成彩虹的多种颜色，并引出生词 orange 和 purple，而后再使用颜色纸进一步加深学生对这两个生词的理解。教授单词 orange 的难点在于其语义：橙子和橙色。学生已经熟悉它的第一个意思"橙子"，于是使用一个实物"橙子"和一张橙色纸对照，也可以使用橙色蜡笔等，使学生理解 orange 的两个不同语义。单词 purple 可以通过拆分音节来教授，即 pur-ple。后一个音节 -ple 虽然其发音比较难，但把它与学生非常熟悉的单词 ap-ple 中的第二个音节对照学习，读音问题就会迎刃而解。

需要特别说明的是，让学生列举彩虹的颜色时，教师不应囿于七色彩虹的共识里。事实上，彩虹是由许多种颜色构成的，人们常说的"赤橙黄绿蓝靛紫"是最容易识别出来的颜色，是彩虹的主要颜色，但是彩虹包含许多过渡色。例如，附录 1 的原版英文歌曲 *The Rainbow Colors Song* 里就包括 pink。因此，教师让学生观察彩虹并列举彩虹的颜色时，要秉承开放的理念，鼓励学生仔细观察和独立思考，培养学生的批判性思维，鼓励学生说出自己观察到的颜色，而不去强调所谓"共识"中的"七色"。

呈现三主要教授句型（I use... 和 What a...!），并学习使用 and 连接两种或两种以上的颜色构成语块。这三个语言项目中没有生词，学习的重点和难点在于理解它们的语义。在呈现三部分，利用多媒体课件呈现具有两种或多种颜色的动物 panda、植物 sunflower 和生活用品 T 恤等，并让学生讨论它们的颜色，然后给它们上色。在情景中使学生理解所要教授的语言项目，并帮助学生拓宽思路，从彩虹想到其他具有两种或多种颜色的动物、植物、生活用品等，并学习使用两种或两种以上的颜色描述它们。

呈现四教授本课的课文。到这一步为止，教师已经通过师生面对面互动交际，教授了课文中的所有生词和语块，即完成了听前的知识储备。因此，教授课文实际上就是整体输入影音材料，培养学生接收和理解影音材料的能力。在播放录音听力材料的过程中，首先采用自由听，即整体播放录音的方式，让学生从宏观上理解课文的意思，并在听后分别说出他们听到了什么，然后采取控制听的方式，即在某些地方，根据学生的实际情况，如学生跟读有困难的地方暂停，给予重点关注和训练，并进行有针对性的指导。

呈现五教授本课的歌谣。本课的歌谣是对本课所学语言内容的巩固、扩展与灵活应用。本歌谣是由学生已经熟悉的语言写成的，不存在语义理解问题，只是需要学习其语音语调，进行听力和口语流利性的训练。因此，在听录音的基础上，指导学生以拍手说歌谣的方式学说这首歌谣是件轻松愉快的事。

（2）练习活动

在本课中设计了三个练习活动，这三个练习活动主要是用来深化理解、巩固、拓展本课所学的相关语言内容。

这三个练习活动包括了个人活动、两人配对活动和小组活动。练习活动主要是学生与学生之间的互动交际活动，包括真实交际和模拟交际。练习活动也包括了学生个体独白活动。通过学生与学生之间的互动交际，培养学生作为说话者和听者参与真实交际的会话能力。通过个体学生的独白活动，培养学生作为说话者生成长话轮的口语能力。

练习活动一安排在呈现一和呈现二之后，为的是深化理解、巩固、拓展在呈现一和呈现二部分所学的生词 rainbow 和语块 a beautiful rainbow。这个练习活动是通过歌曲 *The Rainbow Colors Song* 进行的。这首歌的曲调简单优美，其歌词主要由单词 rainbow 和语块 a beautiful rainbow 以及学生所熟悉的颜色单词组成，非常适合用在这里组织学生进行练习活动。

练习活动二安排在呈现三之后，主要用于深化理解、巩固、拓展在呈现三部分所学句型 What a...! 和 I use...，以及使用 and 连接两种或两种以上的颜色构成语块。这个练习活动是通过学生完成各自的任务（为自己抽到的图片涂颜色）和谈论自己完成的作品，为学生提供机会进行同伴互动交际和个体独白。这是课堂上的真实交际。

练习活动三安排在呈现四之后。呈现四通过听力材料和朗读学习本课的课文。练习活动三为的是进一步深化理解、巩固所学课文。这个练习活动是通过小组活动进行的。每个小组的四个学生分角色朗读课文。这是典型的学生与学生之间进行的模拟互动交际。

（3）创新活动

创新活动采取了小组合作的方式，围绕本课的主要内容，即彩虹和颜色进行。学生以小组为单位，可以改编歌谣，也可以为歌谣谱曲，而后进行表演赛。

需要说明的是，请学生改编歌谣或者为歌谣谱曲，是促使学生动脑筋思考问题、解决问题的方式，旨在使学生在学习语言的同时，发展多元智能，培养综合素质。因此，不管学生改编歌谣或谱曲的水平高低，都应该给予鼓励。同时，改编歌谣，尤其是为歌谣谱曲，可以发挥一些学生的音乐特长，对其他学生来说，也是一个欣赏他人与互相学习的机会。

2. 教学内容的相对开放

从以上教学步骤的分析可以看出，本课的教学活动围绕教学目标，通过多种多样的教学活动，成功地完成了教学内容。同时，教学内容又没有局限于本课所提供的教学内容之内，而是从多个角度扩展相关教学内容，使教学内容相对开放。通过教学内容的相对开放，增加可理解性语言输入，开阔学生的思维。例如，用于练习活动一的歌曲 *The Rainbow Colors Song* 就是对本课教学内容的拓展，为学生增加了可理解性语言输入。再如，对大熊猫、向日葵、条纹 T 恤等的上色活动，扩展了由两种或多种颜色组成的动物、植物或生活用品的相关知识。再如，在呈现过程中，教师多处使用略高于所教内容的语言，如单词 sunflower 和 colorful，句子 What are the colors of the rainbow? 和 The rainbow is colorful. 等，使教学内容相对开放。

总之，通过本课的教学活动，学生可以较好地掌握本课的教学内容，达到既定的教学目标。

（二）小学英语课堂听说教案设计版本 Ⅱ

表5-3

基本信息	题目：A Beautiful Rainbow 学生：小学三年级学生 时长：40 × 2=80分钟 教材：义务教育教科书 英语（一年级起点）三年级上册（清华大学出版社） Unit 1 Lesson 6
教学目标	在本课结束时，学生能够： 1. 就颜色进行问与答 2. 用两种或更多颜色描述身边的物品 3. 会用简单的感叹句 4. 说唱颜色歌谣，尝试改编
教学重点	1. 学习词汇：orange、purple、rainbow 2. 学习句型： （1）复习 What color is it? It's... （2）I like____ and ____. I use ____ and ____ to draw a ____. （3）What a beautiful rainbow!
教学难点	1. purple中的 -ple的发音 2. 说唱颜色歌谣，尝试改编
教学用具	彩色粉笔、水彩笔、多媒体课件、图片

表5-4

	互动方式、交际类型	技能	教师活动	学生活动	设计意图
步骤			教学活动		
1.导入	全班活动 真实交际 课堂交际模拟交际	面对面听说	（1）教师出示多种颜色的水彩笔，对学生说："I have so many beautiful markers. Which one do you like？"，引导学生复习已经学过的颜色词 （2）教师随意抽取已学过的颜色的水彩笔，让不同的学生扮演小老师领读单词：red、yellow、green、blue、black、white、pink、brown	学生回答教师的提问，如"I like the blue one." 其他同学跟读	通过引导学生复习有关颜色的相关词汇，激活学生的已有图式，为学习新内容做准备 学生扮演小老师的角色有利于提高学生的学习积极性
2.呈现	全班活动 课堂交际	面对面听说及拼写	（1）教师分别呈现橙色和紫色水彩笔，问学生："What color is it？" （2）引出单词orange和purple，示范正确发音及拼写，让每个学生或一排学生拼读	学习orange和purple的发音及拼写	让学生掌握orange和purple的意义及用法
3.呈现	全班活动 听力活动课堂交际	影音材料听说及拼写	（1）老师播放录音，让学生看图听录音 （2）学生看图，将单词orange和purple与图片连线，感知词义 （3）教师再次播放录音，学生跟读，重点强调新单词orange和purple的读音及拼写	学生根据录音，看图连线；跟读重点单词	通过听录音，借助图片，实现新学词汇的音、形、义统一

续表

			教学活动		
步骤	互动方式、交际类型	技能	教师活动	学生活动	设计意图
4. 呈现练习	全班活动	听说	（1）教师呈现含有两种颜色的动物bee的幻灯片，提问"What color is the bee?"	学生根据老师呈现的幻灯片回答问题"It's black and yellow."等	教师通过呈现两种颜色的动物图片，引导学生学习用两种颜色描述事物
	两人活动		（2）教师呈现panda和tiger的图片，让学生跟同伴练习，邀请学生展示	学生根据老师出示的图片，回答问题进行互动交际：A：What color is the panda? B：It's black and white. A：What color is the tiger? B：It's black and orange.	
	课堂交际		（3）分给不同小组由两种颜色组成的图片，如zebra、sunflower、dress、car等引导学生谈论	学生和同伴互问互答，练习对话：A：What color is the...? B：It's...and...	
5. 呈现练习	全班活动 小组活动	面对面听说及拼写	（1）教师在PPT上呈现书上彩虹的图片，问学生："What's this?"引导学生理解单词rainbow的词义，学习其发音和拼写	学生跟读rainbow，并练习拼写	通过呈现彩虹图片，教授学生用多种颜色描述周围的事物
			（2）教师问："What are the colors of the rainbow?"，引导学生说出多种颜色	学生列举自己看图辨认出来的颜色	

续表

			教学活动		
步骤	互动方式、交际类型	技能	教师活动	学生活动	设计意图
5. 呈现 练习	课堂交际	面对面听说及拼写	（3）让学生听书上的歌谣并回答听到几种颜色，分别是什么颜色 （4）让学生拍手说歌谣竞赛"Let's say it!"（小组竞赛或男生队和女生队竞赛等） （5）鼓励学生改编歌谣	学生听歌谣并回答问题 参加拍手念歌谣竞赛 有能力的同学进行尝试	通过听过渡到拍手说歌谣，复习所学过的颜色词，体会歌谣的韵律美 培养学生大胆创新的精神
6. 呈现 练习	全班活动 两人活动 真实交际	面对面听说	（1）教师拿三种颜色的粉笔，一边在黑板上画简笔画，一边呈现对话，并带领学生跟读： A：I like red, white and blue. I use red, white and blue to draw a plane. B：What a beautiful plane! （2）教师让每个学生用自己喜欢的颜色（至少用三种）画出一个物品或动物 （3）让学生向同伴介绍自己的画：I like____,____ and ____. I use ____,____ and ____ to draw a ___.一位学生介绍完毕后，同伴使用感叹句评价：What a beautiful/lovely/big/small/pretty _____ ! （4）邀请学生向全班描述自己的画	学生看教师画简笔画，并跟读句子 学生用水彩笔完成简笔画 学生用语言描述自己的画，与同伴分享	通过画简笔画，进一步练习颜色和感叹句的用法 画简笔画并向同伴描述，进行真实交际
7. 总结和 作业	个人活动	听、说、唱	课后让学生听并学唱英文歌曲 The Rainbow Colors Song，将歌词写下来	学生课下独立完成作业	巩固学过的颜色词汇

教学设计说明：

本节课的主要教学目的是学习颜色，用两种或两种以上的颜色描述周围的事物，并学习使用简单的感叹句。

在导入环节，教师利用实物（水彩笔）引出"颜色"话题，引导学生复习已经学过的颜色词汇，再通过组织学生扮演小老师领读活动，带领同学说这些单词，有效激活学生已有的颜色图式。

在正式授课的环节，教师仍然用水彩笔作为道具，引出本课生词 orange 和 purple，并对生词进行说、读和拼写操练。教师通过听录音，让学生做"对号入座"练习，画线将图片和单词连接起来，实现新学单词的音、形、义统一。至此，教学活动的重点主要在词汇上。

之后，教学活动上升到句子层面。教师首先进行示范，用两种颜色描述蜜蜂，而后让学生跟同伴进行两人活动，复习操练句型"What color is it? It's _____ and _____."。教师再以同样方式引出两种以上颜色的句子，用彩虹作为范例进行描述。这个环节的拍手说歌谣竞赛使学生在欢快的气氛中巩固所学的颜色词和表达方式，练习英语歌谣中的韵律节奏。

在最后一个教学环节，教师一边用三种颜色画简笔画，一边说出新句式，为学生做出范例，然后让学生用自己喜欢的颜色动手画简笔画，画完后向同伴展示、分享，练习新句式。这样的教学形式符合低龄学习者，使他们在做游戏中进行模拟交际或真实交际，轻松愉快地完成学习任务。

作业是听并学唱一首有关彩虹颜色的歌曲，并写下歌词。用轻松的、与课上所学内容契合的歌曲作为作业，既能激发学生的学习兴趣，又能帮助学生有效地巩固和拓展所学的新知识。

本节课的整个教学过程都是在充分的听与说的过程中完成的。其中既有全班范围内的个人活动，也有两人活动和小组活动。教学手段，如实物教学、简笔画和拍手说歌谣等，符合低龄儿童的特点。交际类型涵盖了课堂交际、模拟交际和真实交际，突出了互动交际在培养听、说能力中的重要地位。

二、中学英语课堂听说教学案例

教学课文（九年级）：

Unit 7 Teenagers should be allowed to choose their own clothes.

1a　Read the statements below. Circle A for agree or D for disagree.

1. Teenagers should not be allowed to smoke.　　　　　　　　　　A　D

2. Sixteen-year-olds should be allowed to drive.　　　　　　　　　A　D

3. Students should not be allowed to have part-time jobs.　　　　A　D

4. Sixteen-year-olds should be allowed to get their ears pierced.　A　D

5. Teenagers should be allowed to choose their own clothes.　　　A　D

1b　Listen and circle T for true or F for false.

1. Anna can go to the shopping center by bus.　　　　　　　　　T　F

2. Anna wants to get her ears pierced.　　　　　　　　　　　　T　F

3. Anna wants to choose her own clothes.　　　　　　　　　　　T　F

Tapescript：

Anna：　Mom，can I go to the shopping center with John? He just got his driver's license.

Mom：　No way! I don't think sixteen-year-olds should be allowed to drive. They aren't serious enough. I'm worried about your safety.

Anna：　But Gaby's getting her ears pierced at the shopping center and I want to watch.

Mom: Sixteen-year-olds shouldn't be allowed to get their ears pierced either. They're too young.

Anna: I agree, but it's fun to watch. Can I take the bus then?

Mom: Well, OK.

Anna: Great! I want to buy a new skirt, too.

Mom: What kind of skirt? Maybe I should go with you.

Anna: Aww, Mom. I'm not a child. I think teenagers should be allowed to choose their own clothes.

Mom: Well, I just want to make sure you get something nice.

教学设计：

表5-5

基本信息	题目：Teenagers should be allowed to choose their own clothes.（1a, 1b） 学生：初中三年级学生 时长：40分钟 教材：义务教育教科书 英语 九年级全一册（人民教育出版社）Unit 7
教学目标	（一）知识与能力目标 1. 通过听，获取和记录有关不同观点；根据所给出的信息，补全文本的关键信息 2. 能够口头跟读重要句子，复述重要信息 3. 能够谈论允许和不允许做的事情，并针对被允许和不被允许的事情发表自己的观点 （二）情感目标 1. 客观、大胆地表达自己的观点 2. 正确理解行为准则，培养良好习惯 （三）学习策略 在情境中预测、提取关键信息
教学内容	1. 语音：语流中的连读现象 2. 词汇：allow, mall, pierce, license, safety, earring... 3. 词组和句型： （1）I agree./I disagree. （2）I don't think... （3）should（shouldn't）be allowed to do...
教学重点	1. 有关允许和不允许的表达法 2. 表述不同观点并阐释理由的表达法 3. 含情态动词should的被动语态结构should be allowed to do
教学难点	含情态动词should的被动语态结构should be allowed to do
教学用具	PPT、CD、多媒体设备

表5-6

			教学活动		
步骤		互动方式、交际类型	技能	教师活动	学生活动	设计意图

步骤		互动方式、交际类型	技能	教师活动	学生活动	设计意图
听前	1	小组活动 真实交际 全班活动 真实交际 两人活动 真实交际 课堂交际	说 （陈述）	（1）热身导入：Do you have any family rules? What are they? Do you agree or disagree? Why? （2）询问观点：教师请学生通过举手的方式对1a中的五个观点进行表态agree 或disagree，统计双方观点的人数，引出should/shouldn't be allowed to do sth. 的用法，鼓励学生用该结构表达同意/不同意的观点，并给出理由 （3）看图预测：请学生观察课文中的三幅小图，引导学生关注青少年开车、买衣服、戴耳环现象，回答以下问题：What's the relationship between the two speakers? What are they talking about?	学生以小组为单位进行讨论，小组派代表口头汇报 学生尝试使用should/shouldn't be allowed to do sth.表达自己的观点，并陈述理由 学生与同伴一起预测并讨论	通过讨论，学生说出不同的家规，以及自己对家规的看法，引出"应该/不应该""同意/不同意"的话题 教师通过总结学生的观点，就青少年应该做/不应该做的事情进行点评，引出新的语言知识，为随后的听力输入和口头输出做铺垫 通过看图预测，引导学生进入语境，为听力输入做铺垫
听中	2	全班活动 课堂交际	听 （泛听）	第一遍播放录音，进行"自由听"：请学生核实先前的预测并总结主要内容	学生根据不同的预测来听录音，获取对话的主要内容	通过带着问题听，让学生获取对话的主要内容，从整体上理解语篇

续表

教学活动					
步骤	互动方式、交际类型	技能	教师活动	学生活动	设计意图
听中 3	全班活动 课堂交际	听（精听）、写（速记）	第二遍播放录音，进行控制听，请学生完成以下任务：（1）Listen and circle T for true or F for false.（详见附录1）（2）Fill in the blanks.（详见附录2）	学生听完录音，完成1b的判断题，并填空，找到妈妈和Anna的不同观点	通过精听，让学生掌握对话中的细节信息，完整提取妈妈和Anna的不同观点
听中 4	全班活动 课堂交际	听（精听）、说（跟读磨音）	第三遍播放录音，继续进行控制听，请学生跟读录音，并在教师停顿处补全句子信息，提取支持妈妈观点的理由（详见附录3）	学生跟读录音；在停顿处补全句子信息	通过操练课文中的重要短语和句型，锻炼学生捕捉信息、重复信息的能力，使学生能够较熟练地使用这些语言表达方式
听后 5	全班活动 课堂交际	说（复述）	复述：教师提供关键词，请学生复述对话中的主要内容。go to the mall, get one's driver's license, sixteen-year-olds, be not serious, get one's ears pierced, buy a new blouse, should/shouldn't be allowed to do sth. ...	学生根据关键词复述对话	通过复述，引导学生对全篇内容进行整体梳理，检验学生对语篇内容的理解和记忆，培养学生运用新学的表达方式进行口头输出的能力
听后 6	小组活动 真实交际	说（陈述）	话题拓展：组织学生以小组为单位，任选以下一句为开头，使用should/shouldn't be allowed to do sth. 向妈妈或老师口头陈述自己的观点，内容与家规或校规有关： "Mom, I want to say..." "Dear teacher, I want to say..."	学生对家庭规则或者学校规则进行小组讨论，并形成统一观点，选代表进行汇报	学生运用所学语言，讨论自己所关心的问题，并发表自己的看法，如看电视、朋友聚会、用手机、穿校服等，鼓励学生深化对规则的思考，大胆陈述自己的观点，促进口语表达能力的提高

续表

	步骤	互动方式、交际类型	技能	教师活动	学生活动	设计意图
				教学活动		
作业	7	个人活动 模拟交际	做、说	（1）海报制作：（使用should/shouldn't be allowed to do sth.）Suppose you were the parent in your family, please set family rules on the poster and try to explain your reasons. （2）拓展听："Rules of host in America"，记录你所听到的宴客之道	学生课下制作海报，制定家庭规则，并口头陈述规则理由 听并记录美国宴请客人时的风俗习惯，即文化规则	假设学生是家长，引导学生制作家庭规则的海报，有利于学生换位思考，客观理解规则的重要性，同时进一步练习所学语言知识 通过课下拓展听，把本课所学话题延伸到文化、风俗习惯领域，为学生提供进一步了解英语文化的机会，进一步训练听力技能

附录1：

1b　Listen and circle T for true or F for false.

1. Anna can go to the shopping center by bus.　　　　T　F

2. Anna wants to get her ears pierced.　　　　T　F

3. Anna wants to choose her own clothes.　　　　T　F

附录2：

1. I'm sorry. You _____ go with John. I don't think sixteen-year-olds _____ be _____ to drive.

2. I don't think sixteen-year-olds _____ be allowed to get their

_____ _____.

3. What kind are you going to buy? Maybe I should _____

_____ _____.

4. Anna : Mom. I'm not a _____. I think _____ should be

allowed to _____ their own _____.

附录 3 :

1. I don't think sixteen-year-olds should be allowed to drive. They

aren't _____.

2. I don't think sixteen-year-olds should be allowed to get their ears

pierced. They _____.

3. Maybe I should go with you. I just _____.

教学设计说明 :

以上是以人民教育出版社 2014 年版的 Go for it 九年级教材中 Unit 7 Teenagers should be allowed to choose their own clothes. 中 Section A, 1a~1b 部分为例进行的教学设计。这是一节典型的听说课，以听力材料为依托，教师组织学生进行听说训练。

听前阶段，教师以小组讨论引入话题——家庭规则。学生以小组为单位，与同龄人讨论自己家中的规则，尤其是与自己相关的规则，并发表自己的真实看法，对自己认为不合理的规则进行有理有据的评判。因此，学生在这个环节进行的是真实交际。随后，教师让学生通过举手的方式对 1a 中的五个观点进行表态（agree 或 disagree），并引出 should/shouldn't be allowed to do sth. 结构。1a 的五个句子涉及中学生的常见行为，如吸烟、兼职、戴耳环等。教师让学生举手表态，并尝试用新学的语言方式解释自己的观点，使学生对所学话题有更深刻的思考和认识。随后教师借助图片，引导学生看图预测，教师提示图片上的典型信息（开车、买衣服、戴耳环），引导学生对将要收听的内容进行预测，包括猜测说话者之间的关系和谈话内容。教师通过听前活动，帮助学生熟悉话题，激活已有图式，准备必要的语言基础，为听力活动做好铺垫。

听中环节，第一遍播放录音，通过让学生自由听，使学生对语篇进行整体理解，并与自己先前预测的内容进行对比，判定说话者之间的关系，以及说话者的大致观点。第二遍播放录音，通过教师控制听，让学生对谈话内容进行精听，并快速记录关键信息，完成判断正误和填空任务，对妈妈和 Anna 的不同观点进行提取并记录。第三遍播放录音，再次组织学生进行控制听，让学生一边听一边跟读，教师在关键信息处暂停，请学生补全句子信息。通过第三遍控制听，学生跟读、模仿录音的语音语调，练习连读等语音技巧；教师停顿让学生补全句子信息，考查学生对内容的辨认、记忆和掌握，对妈妈不同意、不允许的理由进行提取和复述。通过三遍不同形式和不同任务背景下的听力训练，使学生对语篇全面理解和掌握。

听后阶段是检测、巩固和拓展的阶段，也是引导学生进行口语输出或其他综合技能训练的阶段。听后的第一个任务是复述，教师提供关键词，请学生对听力内容进行复述，检验学生对内容的理解和记忆，巩固学生对本节课所学语言结构 should/shouldn't be allowed to do sth. 的用法，培养学生的口语表达能力和综合归纳能力。第二个任务是小组活动，让学生与小组成员讨论并合作，以"规则"为话题，使用 should/shouldn't be allowed to do sth. 以及 I agree/disagree 表达方式，给妈妈或老师写一封信，陈述自己对一些规则的看法。学生对看电视、用手机、穿校服等家规或校规发表自己的真实观点，并阐明理由或原因。小组选出代表向全班汇报。学生和其他小组成员之间的讨论，以及小组代表汇报都是对真实观点的陈述，属于真实交际。

第一项课下任务是制作海报。让学生假设自己是一家之长，为自己的家庭制定家规，并写在海报上。这个任务使学生有了模拟角色——做家长的体验。在海报制作过程中，学生不仅可以复习并巩固本节课所学语言项目，而且也得到机会进行换位思考，理解父母的想法，体会家庭规则的必要性，从而在现实生活中逐步养成良好的行为习惯。第二项课下任务是拓展听。教师提供一篇关于美国宴请客人的风俗习惯的录音，让学生进行泛听，并记录所听到的主要文化规则。这项听力任务将与本节课所学与规则有关的话题延伸到文化、风俗习惯领域，引导学生进一步深入了解英语文化，关注英语国家的生活习俗，同时进一步训练听力技能。

听前、听中和听后三个环节的教学环环相扣，听力训练和口语表达相结合，信息获取和语言形式学习相结合，真实交际和课堂交际、模拟交际相结合，全面地培养学生的听说能力。同时看图预测、话题讨论等活动也有利于培养学生对学习策略的运用能力。

第三节　听说课堂上的教师反馈

建立科学、合理的学业评价体系是实现教学目标的必要条件。

评价可以从不同角度对教学提供反馈与启示，对教师改进教学和学生调整学习策略都能起到积极的促进作用。教育部在《义务教育英语课程标准（2011 年版）》中指出："评价是英语课程的重要组成部分。科学的评价体系是实现课程目标的重要保障……英语课程的评价要尽可能做到评价主体的多元化，评价形式和内容的多样化，评价目标的多维化"，并从多个方面就英语课程评价给出了明确的建议，具有方向性的指导意义。

由于本章内容聚焦在英语课堂听力教学上，在本节中，我们将不面面俱到地阐释听说教学的学业评价，而是就评价的一个重要方面，即课堂听说教学中的教师反馈（teacher feedback）进行探讨。教师在课堂上对学生的学习行为给予及时、合理的反馈是成功地完成教学任务，达到既定教学目标的重要因素。因此，本节聚焦于课堂教学过程中的教师反馈，以期对中小学教师有效开展课堂教学提供有益的启示。

一、教师反馈

教师反馈是对学习效果最有影响的评价方式之一，"有谁怀疑反馈是个好东西？常识和研究都已经很清楚地说明，形成性评价中包括许多反馈和使用反馈的机会，反馈可以促进行为和成绩的提升"[1]。

虽然反馈对学习的促进作用是毋庸置疑的，但是对于反馈的定义却有着不尽相同的看法。在本节中，我们提及的反馈指的是，在听说教学过程中，教师对学生在课堂教学过程中的表现，特别是语言交际表现，做出的评价（evaluation）或者点评（comments）。在这里，评价侧重于对学生的言语行为的肯定与否定，而点评则侧重于对学生的言语行为提

---

[1] WIGGINS G. Seven keys to effective feedback [J]. Educational leadership: feedback for learning, 2012, 70（1）：10-16.

供描述性的具体看法。请看以下课堂教学片段：

  T：What's that? Trevor.

  S：An axe.

  T：It's an axe, yes.

在以上教学片段中，教师提出问题"What's that?"，学生 Trevor 回答后，教师做出评价"It's an axe, yes."，即通过重复学生的回答并使用"yes"给出正面反馈。再看以下课堂教学片段：

  T：In their school, all the students must wear school uniforms every day. What do you think about the rule?

  S：I don't like the rule. I think we should wear what fits us. Some students look bad in school uniforms. What's more, wearing the same clothes every day is boring.

  T：You made your point very clear. Let's see whether your classmates agree with you.

在以上教学片段中，学生回答教师的问题后，教师使用陈述句对学生的回答进行了点评："You made your point very clear."。在这里，教师对学生的回答进行描述性点评，为学生的回答提出具体看法，即观点鲜明。

另外，评价和点评也常常同时出现。请看以下课堂教学片段：

  T：What's your favorite holiday?

  S：Halloween.

  T：Why do you like Halloween?

  S：I like to dress up in Halloween costumes.

  T：Good idea. You gave a clear reason to support yourself.

在这个对话中，教师首先对学生的回答做出了正面评价："Good idea."，随后给出具体点评："You gave a clear reason to support yourself."，对学生的言语行为同时进行评价和点评，使学生既明确自己答案的正确性，又得到教师给出的具体意见或建议，这比单独评价或点评更加有利于学生的语言发展。

二、教师反馈的类型及其需要注意的问题

教师反馈可以分为正面反馈、否定反馈和零反馈。正面反馈指的是表示认可、肯定的反馈。否定反馈指的是表示否定、意见不一致的反馈。零反馈指的是教师不提供反馈的情况。

（一）正面反馈

1. 正面反馈

在课堂教学中，教师对学生的课堂表现，如回答教师提出的问题，或就某个话题进行个人展示等，做出肯定评价或点评。这就是教师正面反馈。请看以下课堂教学片段：

T：Look at this picture. What special day is it about? Together!

Ss：Chinese New Year.

T：Yes. It's the Chinese New Year.

在以上教学片段中，教师提出问题，学生集体回答。教师对学生的回答满意，于是做出正面反馈。

2. 提供正面反馈时需要注意的问题

（1）正面反馈要明确

一般来说，当学生给出正确答案时，教师需要做出正面反馈。但是，有些时候，当学生给出正确答案时，教师却故意不给出正面反馈，而是对学生给出的正确答案提出挑战。在这种情况下，学生往往会误以为自己的回答是错误的，于是就去寻求不同的答案，而再次找到的答案却是错误的。这时，学生往往会感到沮丧，可能会对他们的学习产生副作用。请看以下课堂教学片段：

（老师首先请学生听录音，录音结束后与学生互动交流）

T：What about dialogue two? What's the relationship between the two speakers?

S1：Teacher and student.

T：Teacher and student? <u>Are you sure</u>? Let me ask Jane. Jane, what do you think is their relationship?

S2：I think it's student and student relationship.

T：Student and student relationship? What's the possible answer?

Ss：（学生之间窃窃私语）Parent and child.

T：Parent and child? Let's listen again. OK?

老师又一次播放录音后告知正确答案：

T：It's teacher and student. S1 is correct.

在以上教学片段中，第一个学生给出了正确答案，但是教师却反问："Are you sure?"，而后请其他学生回答。其他学生努力寻找与第一个学生不同的答案。当再次播放录音后，教师却做出了评价：第一个学生的回答是正确的。在教师宣布这一评价后，多个学生同时发出长长的叹息，许多学生露出无奈，甚至沮丧的表情。

可见，当学生给出正确答案时，教师应该及时给出正面反馈确认答案。像以上教学片段中所使用的那种"教学策略"，使用时需要十分谨慎。

（2）正面反馈要有梯级性

教师在提供正面反馈时，需要注意反馈的梯级性，即根据学生回答问题的层次提供相应的反馈，而不是千篇一律地使用"Good!"和"You're very smart."等进行评价。请看以下课堂教学片段：

T：Look at the picture, what are the animals doing?

S1：The tiger is sleeping.

T：OK, good! Sit down. Lily, please.

S2：Giraffe are eat leaves.

T：Yes. Good! Mark, please.

S3：Pigeons flying.

T：Yes. Good! How about you, Jerry?

S4：The monkeys are climbing up the tree.

T：Yes. Good! Sit down.

在以上教学片段中，四个学生中的第一和第四个的答案，包括语义和语法，都是正确的，而第二和第三个回答的语义正确，但是语法不正确，但是教师的反馈却完全一样，即"Good!"。另外，教师在提供正面反馈时面无表情，说话的语气也没有体现出肯定和欣赏的意思。这样的正面反馈给人的感觉是，"Good!"似乎是老师组织教学的口头禅，而不是针对学生的回答做出的正面反馈，于是减弱了真实交际的程度。

为了使正面反馈起到激励学生学习的积极作用，教师应该根据学生回答的水平，做出梯级性评价。请看以下公开课教学片段：

T：There are many teachers in our classroom. Say "Hello!" to the teachers!

Ss：Hello, teachers!

T：Yes! Everyone, we have learnt opposite words. Can you tell us some of them? Berry.

S1：（学生支吾着）

T：Oh, you're not ready yet. You'll do it later. Jerry, you please.

S2：Black and white.

T：Black and white. Great! Joe, you please.

S3：Tall and short.

T：Tall and short. That's right! Jessica!

S4：In front of, behind.

T：Wow! How do you know that? Good! Very good! How about you, Mike?

S5：Long and short.

T：Long and short. Yes. Maggie.

S6：Heavy, light.

T：Yes! Linda, please.

S7：Stand up and sit down.

T：Yes, up, down. That's wonderful! You, please.

S8：Girl, boy.

T：Oh! Girl, boy. You're great! Sally, what's yours?

S9：Clean, dirty.

T：Yes, clean and dirty. OK, good! Everybody did a very good job today. I'm very proud of you!

在以上课堂教学片段中，教师根据学生回答的不同水平做出了梯级性正面反馈。这个梯级性的正面反馈分为四类。第一类是表示"确认"的正面反馈，包括"Yes."和"That's right."，共出现了四次，即教师对学生 S3、S5、S6 和 S9 四个学生给出的正面评价。教师给出这四次确认类正面反馈，是因为学生说出的四对反义词都是上次课中所教授的内容。学生能够将所学内容在需要时呈现出来，表示他们达到了课堂教学的基本要求。教师给予确认类正面反馈，表示认可这些回答，并肯定学生的成绩。第二类反馈是表示"赞赏"的正面反馈，共出现了三次，即教师对学生 S2、S7 和 S8 三个学生给出的答案的正面评价。它们分别是："Great!"、"That's wonderful!"和"You're great!"。这三对反义词不是上次课所教授的内容，而是在先前教学中出现过的内容。教师给出这三次赞扬性正面反馈，对这些学生灵活运用所学语言知识给予赞赏和鼓励。第三类反馈是表示"高度赞赏"的正面反馈，共出现了一次，即在学生 S4 说出反义词"in front of, behind"之后，教师做出的正面反馈："Wow! How do you know that? Good! Very good!"。对于一个回答"in front of, behind"，教师为什么要使用四种形式作为正面反馈呢？这是因为，这一对介词还没有出现在先前的教学之中，一定是学生自学了教材之外的内容，并且能够灵活地运用在新的语境之中。对于这个学生的特殊表现，教师做出了高度赞扬的正面反馈。第四类反馈属于一个特殊类别，那就是，S1 没有能够按照教师的要求给出反义词。这时，教师进行了点评："Oh, you're not ready yet."并发出了指令："You'll do it later."。这种反馈对学生的学习起到了积极的推动作用，因为它既表示了对学生没有给出答案的理解，又给学生提供了可以弥补的机会。在之后的教学过程中，这个学生的表现非常突出。他多次举手主动要求回答问题，老师给了他两次机会，他都做出了令教师满意的回答。

　　从以上分析可以看出，对于不同程度的回答，教师使用了具有梯级性的正面反馈语言，肯定能够达到教学基本要求的学生的表现，赞扬和鼓励超越基本教学内容的学生的表现，大加表扬和鼓励超越本教材所学内容的学生的表现。教师对学生的学习行为做出梯级性反馈具有示范作用，它使学生们体会到：自己在课堂上的表现与得到教师反馈的程度是密切相关的。这样的反馈方式有利于鼓励学生更加努力地参与课堂活动，并在课后进行自主学习、更加积极地将所学知识融会贯通、更加积极地表达自己的观点，而不是人云亦云、随声附和地消极应对。另外，

"在实际教学中，许多老师不注意反馈，更不注意课堂用语，岂不知教师英语口语好，对学生的语感形成影响很大，而且这也是课上真实的语言交际"[1]。

（二）否定反馈

在课堂教学中，教师对学生的课堂表现，如回答教师的问题，或就某一个话题做个人展示等，表示否定、不认可的态度，这就是教师否定反馈。当学生的答案不正确时，教师往往做出否定反馈。请看以下课堂教学片段：

T：Lily, please. Please answer my question in a whole sentence.

S：On the roof there are fantastic corrections.

T：Corrections? Decorations.

S：Yes, on the roof there are fantastic decorations.

T：Good.

在以上课堂教学片段中，学生给出的答案不正确，于是，教师首先通过反问"Corrections?"表现出对答案的不认可，即做出否定反馈，而后给出正确答案"Decorations."。

实际上，否定反馈就是我们在第三章中阐释的纠错。一般来说，教师给出否定反馈容易给学生带来心理上的负面影响，因此，教师要遵守我们在第三章中所阐释的科学的纠错原则，使教师的否定反馈既具有指导意义，又能把可能造成的负面影响降低到最低程度。

（三）零反馈

一般来说，当学生回答了教师的问题，或者完成某项任务时，教师根据对学生回答的满意程度，给出正面或者否定反馈。但是，有时候，教师却没有给出任何反馈，便接着进行下一个步骤的教学。这种在学生回答了问题或者完成某项任务后，教师不给出任何反馈的情况就是教师零反馈。请看以下课堂教学片段：

（老师一边往黑板上挂灯笼模型，一边与学生互动）

---

[1] 本处的引用是本套丛书主编刘道义老师在审阅本书时的批注。由于该批注具有重要的指导意义，故引用在此，与读者分享。

T：What's Miss Wang doing？

Ss：Miss Wang is hanging up the lantern.

T：What's Miss Wang doing？

Ss：Miss Wang is hanging up the lantern.

T：OK! Good!

在以上教学片段中，学生第一次给出的答案是正确的，但是教师却给出零反馈，接着又一次提问让学生回答。学生再次回答之后，教师才给出正面反馈"OK!Good!"。

在许多时候，特别是当教师对有些学生的回答提供正面反馈，而在另一些学生回答之后却给出零反馈，会影响学生的学习情绪。因为得到零反馈的学生可能会感到老师不公平，因而可能会导致学生产生消极的心理。请看以下公开课教学片段：

T：Now I'll say some words. You say their opposites. OK？

Ss：OK.

T：Clean. Ted.

S1：Dirty.

T：Good. Light. Mary.

S2：Dark.

T：Great. Heavy. Peter.

S3：Light.

T：Empty. Jane.

S4：Full.

T：Very good.

…

在以上这个教学片段之后，教师继续进行随后的教学步骤。下课时，教师请学生们起立向在座的听课老师们说再见。这时，只见坐在教室中间部位的一个男生趴在桌子上没有站起来。当学生们跟老师们说完再见后离开座位时，这个趴在桌子上没站起来的男生"哇"地一声哭了起来。在场的老师和学生们都惊呆了。一位听课教师走过去问他为什么哭。他说："别人说对了，老师就说'Good.''Very good.'。我也说对了，老师怎么就不说我 Good 呢？"。

　　虽然由于教师做出零反馈而导致学生当场大哭不是很常见的现象，但是不难想象，教师零反馈可能会使学生非常难过。事实上，在日常教学过程中，学生常常会以某种方式表现出自己对教师所做零反馈的不满情绪，但是往往不会引起教师的注意。对于中小学生来说，有时候由于心理受到某种伤害，他们可能会从此开始不喜欢老师，进而不喜欢英语课。因此，教师要尽量避免零反馈现象。

本章小结

在本章中，我们共讨论了两个方面的问题：一是课堂听说教学设计，二是听说课堂上的教师反馈。探讨这两个问题的目的在于将前四章中讨论所获得的理论研究成果运用于课堂教学实践，为理论的运用提供范例。

在课堂听说教学设计部分，我们首先提出了课堂听力教学设计中应该注意的三个问题，即教学活动的开展，目标语环境是前提；教学内容的选择，核心内容与开放性内容相结合是方向；教学方法的采用，互动交际是关键。在此基础上，我们提供了两个同课异构的小学听说课教案和一个初中听说课案例，旨在说明在课堂听说教学设计时，应该怎样贯彻听说教学设计的基本原则。

在关于听说课堂上的教师反馈部分，我们使用典型的课堂教学片段，阐释在课堂听说教学过程中，教师对学生的课堂表现应该如何反馈，如何通过合理的教师反馈促进学生语言交际能力的提高，以期为教师评价和点评学生的学习行为提供一定的指导。

参考文献

［1］ANDERSON A, LYNCH T. Listening［M］. Oxford : Oxford University Press, 1988.

［2］ASHER J J. Learning another language through actions : the complete teacher's guide book［M］. Los Gatos, CA : Sky Oaks Productions, 1977.

［3］BACHMAN L F. Fundamental considerations in language testing［M］. Oxford : Oxford University Press, 1990.

［4］BARTLETT F C. Remembering : a study in experimental and social psychology［M］. Cambridge : Cambridge University Press, 1932.

［5］BOLINGER D. Meaning and memory［J］. Forum linguisticum, 1976（1）: 1-14.

［6］BROWN G, YULE G. Teaching the spoken language［M］. Cambridge : Cambridge University Press, 1983.

［7］BROWN H D. Teaching by principles : an interactive approach to language pedagogy［M］. 北京 : 外语教学与研究出版社, 2001.

［8］BROWN J. Rhymes, stories and songs in the ESL classroom［J/OL］. The Internet TESL journal, 2006, 7（4）［2006-04-04］. http : // iteslj.org/Articles/Brown-Rhymes.html.

［9］CANALE M, SWAIN M. Theoretical bases of communicative approaches to second language teaching and testing［J］. Applied linguistics, 1980, 1（1）: 1-47.

［10］CARREL P L, EISTERHOLD J C. Schema theory and ESL reading pedagogy［J］. TESOL quarterly, 1983, 17（4）: 553-573.

［11］CHOMSKY N. A review of B. F. Skinner's verbal behavior［J］. Language, 1959, 35（1）: 26-58.

［12］CHOMSKY N. Aspects of the theory of syntax［M］. Cambridge, Mass. : MIT Press, 1965.

［13］CLINTON H. Hillary Clinton's concession speech（full text）［EB/OL］.（2016-09-11）. http://edition.cnn.com/2016/11/09/politics/hillary-clinton-concession-speech/.

［14］CROOKALL D, OXFORD R L. Linking language learning and simulation/gaming［M］// CROOKALL D, OXFORD R L. Simulation, gaming, and language learning. New York : Newbury House Publishers, 1990.

［15］CULLEN B. Brainstorming before speaking tasks［J/OL］. The Internet TESL journal, 1998, 4（7）. http://iteslj.org/Techniques/Cullen-Brainstorming/.

［16］DUNKEL P. Listening in the native and second/foreign language : toward an integration of research and practice［J］. TESOL quarterly, 1991, 25（3）: 431-457.

［17］ELLIS N C. Frequency effects in language processing : a review with implications for theories of implicit and explicit language acquisition［J］. Studies in second language acquisition, 2002, 24（2）: 143-188.

［18］ELLIS R. Task-based language teaching : sorting out the misunderstandings［J］. International journal of applied linguistics, 2009, 19（3）: 221-246.

［19］ELLIS R. Understanding second language acquisition［M］. 上海 : 上海外语教育出版社, 1999.

［20］FINOCCHIARO M, BRUMFIT C. The functional-notional approach : from theory to practice［M］. New York : Oxford University Press, 1983.

［21］FIRTH J R. Papers in linguistics（1934~1951）［C］. London : Oxford University Press, 1957.

［22］GARDNER R C, LAMBERT W E.Attitude and motivation

in second language learning [M]. Rowley, Mass. : Newbury House Publishers, 1972.

[23] GERALD G. The importance of speaking skills [EB/OL]. [2013-10-17].http://www.geraldgillis.com/importance-speaking-skills/.

[24] GOUIN F. The art of teaching and studying languages [M]. London : George Philip and Son Ltd., 1892.

[25] GREENBLAT C S. Designing games and simulations : an illustrated handbook [M]. Newbury Park, CA : SAGE Publications, 1988.

[26] HALLIDAY M A K. An introduction to functional grammar [M]. London : Edward Arnold, 1994.

[27] HALLIDAY M A K. On grammar [M]. 北京:北京大学出版社, 2007.

[28] HIGGINS J. Reading and risk-taking : a role for the computer [J]. ELT journal, 1984, 38(3): 192-198.

[29] HORWITE E K, HORWITE M B, COPE J. Foreign language classroom anxiety [J]. The modern language journal, 1986, 70(2): 125-132.

[30] HOWATT A P R. A history of English language teaching [M]. 上海 : 上海外语教育出版社, 1984.

[31] HYMES D H. On communicative competence [M]//PRIDE J B, HOMES J. Sociolinguistics : selected readings. Harmondsworth : Penguin Books, 1972.

[32] JOHNSON K. An introduction to foreign language learning and teaching [M]. 北京 : 外语教学与研究出版社, 2002.

[33] KRASHEN S D. Inquiries and insights [M]. New Jersey : Alemany Press, 1985.

[34] KRASHEN S D. Principles and practice in second language acquisition [M]. New York : Pergamon Press, 1982.

［35］KRASHEN S D. The input hypothesis : issues and implications ［M］. London : Longman, 1985.

［36］KRASHEN S D, TERRELL T D. The natural approach : language acquisition in the classroom ［M］. New York : Pergamon Press, 1983.

［37］LEWIS M. The lexical approach : the state of ELT and a way forward ［M］. Boston : Heinle, 2002.

［38］LONG M H. A role for instruction in second language acquisition ［M］∥ HYLTENSTAM K, PIENEMANN M. Modelling and assessing second language acquisition. Clevedon, Avon : Multilingual Matters, 1985.

［39］MANDLER J M, DEFOREST M. Is there more than one way to recall a story?［J］. Child development, 1979, 50（3）: 886–889.

［40］MCCARTHY M. Spoken language and applied linguistics ［M］. Cambridge : Cambridge University Press, 1998.

［41］MIN P. The use of multimedia technology in English language teaching : a global perspective ［J］. Crossing the border : international journal of interdisciplinary studies, 2013, 1（1）: 29–38.

［42］NUNAN D. Communicative tasks and the language curriculum ［J］. TESOL quarterly, 1991, 25（2）: 279–295.

［43］NUNAN D. Second language teaching and learning［M］. 北京 : 外语教学与研究出版社, 2001.

［44］NYNS R R. Using the computer to teach reading comprehension skills ［J］. ELT journal, 1988, 42（4）: 253–261.

［45］PALMER H E. The principles of language-study ［M］. Oxford : Oxford University Press, 1964.

［46］PAWLEY A, SYDER F H. Two puzzles for linguistic theory : nativelike selection and nativelike fluency ［M］∥RICHARDS J C, SCHMITT R W. Language and communication. London : Longman, 1983.

［47］PÉREZ L C. Foreign language productivity in synchronous

versus asynchronous computer-mediated communication [J]. CALICO journal, 2003, 21 (1) : 89-104.

[48] PETER M. Investigation into the design of educational multimedia : video, interactivity and narrative [D]. Milton Keynes : Open University, 1994.

[49] PHILLIPS E M. The effects of language anxiety on students' oral test performance and attitudes [J]. The modern language journal, 1992, 76 (1) : 14-26.

[50] PINKER S. The language instinct [M]. New York : William Morrow and Company, 1994.

[51] RENUKADEVI D. The role of listening in language acquisition : the challenges and strategies in teaching listening [J]. International journal of education and information studies, 2014, 4 (1) : 59-63.

[52] RICHARDS J C. Listening comprehension : approach, design, procedure [J]. TESOL quarterly, 1983, 17 (2) : 219-240.

[53] RICHARDS J C, RODGERS T S. Approaches and methods in language teaching [M]. Cambridge : Cambridge University Press, 1986.

[54] RIVERS W M. Teaching foreign-language skills [M]. Chicago : University of Chicago Press, 1981.

[55] ROBINSON G L. Effective feedback strategies in CALL : learning theory and empirical research [M] // DUNKEL P. Computer-assisted language learning and testing : research issues and practice. New York : Newbury House Publishers, 1991.

[56] RODGERS T S. Language teaching methodology [J]. ERIC issue paper, 2001 (2) : 1-4.

[57] RUMELHART D E. Schemata : the building blocks of cognition [M] // SPIRO R, BRUCE B, BREWER W. Theoretical issues in reading comprehension. Hillsdale, NJ : Lawrence Erlbaum Associates, 1980.

［58］SCHEGLOFF E A, JEFFERSON G, SACKS H. The preference for self-correction in the organization of repair in conversation［J］. Language, 1977, 53（2）: 361-382.

［59］SCHMITT R W. Language and communication［M］. London: Longman, 1983.

［60］SCHUMANN J H. Affective factor and the problem of age in second language acquisition［J］. Language learning, 1975, 25（2）: 209-235.

［61］SCOVEL T. The effect of affect on foreign language learning: a review of the anxiety research［J］. Language learning, 1978, 28（1）: 129-142.

［62］SHIH R. Blended learning using video-based blogs: public speaking for English as a second language students［J］. Australasian journal of educational technology, 2010, 26（6）: 883-897.

［63］SINCLAIR J M, COULTHARD R M. Towards an analysis of discourse: the English used by teachers and pupils［M］. London: Oxford University Press, 1975.

［64］SPARKS R L, GANSCHOW L. The impact of native language learning problems on foreign language learning: case study illustrations of the linguistic coding deficit hypothesis［J］. The modern language journal, 1993, 77（1）: 58-74.

［65］STERN H H. Fundamental concepts of language teaching［M］. 上海: 上海外语教育出版社, 1999.

［66］SWAIN M. Communicative competence: some roles of comprehensible input and comprehensible output in its development［M］//GASS S M, MADDEN C G. Input in second language acquisition. Rowley, Mass.: Newbury House Publishers, 1985.

［67］SWEET H. The practical study of languages: a guide for teachers and learners［M］. Oxford: Oxford University Press, 1899.

［68］TAFAZOLI D, GOLSHAN N. Review of computer-assisted

language learning : history, merits and barriers [J]. International journal of language and linguistics, 2014, 2 (5-1): 32-38.

[69] TARONE E, YULE G. Focus on the language learner [M]. 上海：上海外语教育出版社，2000.

[70] UNDERWOOD J H. Linguistics, computers and the language teacher : a communicative approach [M]. Rowley, Mass. : Newbury House Publishers, 1984.

[71] UR P. Teaching listening comprehension [M]. Cambridge : Cambridge University Press, 1984.

[72] WARSCHAUER M. On-line communication [M]//CARTER R, NUNAN D. The Cambridge guide to teaching English to speakers of other languages. Cambridge : Cambridge University Press, 2001.

[73] WATSON J B. Psychology as the behaviorist views it [J]. Psychological review, 1913 (20): 158-177.

[74] WIDDOWSON H G. Learning purpose and language use [M]. Oxford : Oxford University Press, 1983.

[75] WIDDOWSON H G. Teaching language as communication [M]. Oxford : Oxford University Press, 1978.

[76] WIGGINS G. Seven keys to effective feedback [J]. Educational leadership : feedback for learning, 2012, 70 (1): 10-16.

[77] WILKINS D A. Notional syllabuses [M]. Oxford : Oxford University Press, 1976.

[78] WILLIS D. The lexical syllabus : a new approach to language teaching [M]. London : Collins, 1990.

[79] WRAY A. Formulaic language in learners and native speakers [J]. Language teaching, 1999, 32 (4): 213-231.

[80] WRAY A. Formulaic sequences in second language teaching : principle and practice [J]. Applied linguistics, 2000, 21 (4): 463-489.

[81] YOUNG D J. An investigation of students' perspectives on

anxiety and speaking［J］. Foreign language annals, 1990, 23（6）: 539-553.

［82］YOUNG D J. Creating a low-anxiety classroom environment : what does language anxiety research suggest?［J］. The modern language journal, 1991, 75（4）: 426-437.

［83］YOUNG D J. Language anxiety from the foreign language specialist's perspective : interviews with Krashen, Omaggio Hadley, Terrell, and Rardin［J］. Foreign language annals, 1992, 25（2）: 157-172.

［84］蔡基刚. 我国大学英语教学目标设定研究：再论听说与读写的关系［J］. 外语界, 2011（1）: 21-29.

［85］常晨光. 公式性语言的功能［J］. 外语与外语教学, 2004（2）: 7-10.

［86］陈琳. 辩证实践外语教育途径［M］. 北京：外语教学与研究出版社, 2013.

［87］陈琳. 让"多语种、高质量、一条龙"愿望完满实现［J］. 基础英语教育, 2008, 10（5）: 3-9.

［88］丁微微, 丁立芸. 中学英语听力教学现状的实证调查和对策［J］. 温州大学学报（社会科学版）, 2008, 21（3）: 96-100.

［89］范文芳. 儿童语言习得中的语义发展［D］. 上海：上海外国语大学, 1993.

［90］范文芳, 马靖香. 中国英语课堂上的 IRF 会话结构与交际性课堂教学模式研究［J］. 中国外语, 2011（1）: 65-71.

［91］范文芳. 大、中、小学英语教学的"一条龙"规划［J］. 外语教学与研究, 2000（6）: 442-444.

［92］范文芳. 试论小学英语课堂教学中的交际模式［M］∥范文芳. 大、中、小学一条龙英语教学研究与实践. 北京：清华大学出版社, 2005.

［93］范文芳. 小学英语实验教材 1A［M］. 北京：清华大学出版社, 2001.

［94］范文芳.小学英语一年级 1A［M］.北京：清华大学出版社，2002.

［95］范文芳.义务教育教科书 小学英语 五年级上册（一年级起点）［M］.北京：清华大学出版社，2004.

［96］冯志鹏.农村中学英语听力教学的现状与对策［J］.中国校外教育（理论），2008（9）：124.

［97］龚亚夫.英语教育新论：多元目标英语课程［M］.北京：高等教育出版社，2015.

［98］何克抗.多媒体教育应用的重大意义及发展趋势［J］.现代远距离教育，1997（1）：6-11.

［99］胡壮麟，刘润清，李延福.语言学教程［M］.北京：北京大学出版社，1988.

［100］胡壮麟.语言学教程（修订版）［M］.北京：北京大学出版社，2001.

［101］贾淑华，毛健.语境化输入在大学英语听说教学中的应用［J］.考试周刊，2015（47）：89，180.

［102］教育部高等教育司.大学英语课程教学要求［M］.北京：清华大学出版社，2007.

［103］李丽华，邬忠，王伟.英语词汇教学中的语境化输入［J］.长江大学学报（社会科学版），2011（3）：93-94.

［104］李惟嘉.外语多媒体教学的原则及实施［J］.北京第二外国语学院学报，2001（4）：24-30.

［105］梁春敏，刘坤，张新华，等.不同学生群体对组织学与胚胎学多媒体教学的反馈［J］.解剖学杂志，2003，26（6）：555，608.

［106］刘爱军.多媒体网络环境下的听说教学模式探究［J］.外语界，2009（5）：60-64.

［107］刘道义.百年沧桑与辉煌：述中国基础英语教育史［J］.中国教育科学，2015（4）：94-133.

［108］刘静.让课堂变成英语学习的乐园［M］//范文芳.大、中、小一条龙英语教学研究与实践.北京：清华大学出版社，2005.

［109］刘润清，韩宝成．语言测试和它的方法［M］．2版．北京：外语教学与研究出版社，2000．

［110］刘晓明．多媒体在小学英语教学中的应用［J］．中国校外教育，2010（2）：166．

［112］梅德明．大中小学一条龙英语人才培养模式研究：第2卷［M］．上海：上海外语教育出版社，2004．

［113］梅德明．大中小学英语教学现状调查［M］．上海：上海外语教育出版社，2004．

［114］庞志成．多媒体的最新技术和发展趋势［J］．知识经济，2015（1）：88．

［115］皮亚杰．儿童的语言与思维［M］．傅统先，译．北京：文化教育出版社，1980．

［116］钱乃荣．论语言的多样性和"规范化"［J］．语言教学与研究，2005（2）：1–13．

［117］史舒人，张景生．县城和乡镇中小学多媒体教室的建设及问题分析［J］．电化教育研究，2004（1）：76–80．

［118］宋文斌．多媒体环境下大学英语听说教学策略研究［D］．济南：山东师范大学，2009．

［119］王英华．自觉对比教学法与成人英语入门［J］．广西教育学院学报，2002（5）：23–26．

［120］晓艾，白宏太．我说，我唱，我快乐！：华大学附小"英语教学一条龙"实验纪实［J］．人民教育，2001（7）：46–49．

［121］徐欣．多媒体技术在小学英语教学中的应用现状调查研究：南京市赤壁路小学的个案分析［D］．南京：南京师范大学，2014．

［122］颜艺华．中学英语听力培养的探讨［J］．教育评论，2002（1）：76–77．

［123］杨春慧．试论多媒体计算机辅助英语教学的特点［J］．外语电化教学，2000（1）：46–47．

［124］杨慧．运用信息技术培养学生创新思维能力［M］//范文芳．大、中、小一条龙英语教学研究与实践．北京：清华大学出版社，2005．

［125］杨连瑞，张德禄．二语习得研究与中国外语教学［M］．上海：上海外语教育出版社，2007.

［126］章兼中．小学英语教育学［M］．太原：山西高校联合出版社，1996.

［127］张美新．小学英语戏剧课的研究与实践［M］∥范文芳．大、中、小一条龙英语教学研究与实践．北京：清华大学出版社，2005.

［128］张美新．以"说"求得"真"和"活"：语口语教学漫谈［J］．教育发展研究，2001（9）：63-65.

［129］张铁钢．浅谈小学英语教学中如何正确运用多媒体教学［J］．中国校外教育，2013（2）：81.

［130］张亚萍．多媒体组合优化中学英语听说教学［J］．中国电化教育，1999（6）：23-24.

［131］张正东．论中国外语教学法理论（上）［J］．基础教育外语教学研究，1999（2）：36-43.

［132］中华人民共和国教育部．教育部关于积极推进小学开设英语课程的指导意见［J］．教育部政报，2001（3）：139-143.

［133］中华人民共和国教育部．九年义务教育全日制初级中学英语教学大纲（试用修订版）［J］．基础教育外语教学研究，2000（2）：3-11.

［134］中华人民共和国教育部．全日制义务教育普通高级中学英语课程标准（实验稿）［M］．北京：北京师范大学出版社，2001.

［135］中华人民共和国教育部．义务教育英语课程标准（2011年版）［M］．北京：北京师范大学出版社，2012.

［136］朱智贤．心理学大词典［M］．北京：北京师范大学出版社，1989.

［137］庄智象，黄卫，王乐．我国多媒体外语教学的现状与展望［J］．外语电化教学，2007（1）：20-27.